언어로 지구 정복

GOGAKUNOTENSAIMADE1OKUKONEN by Hideyuki Takano
Copyright © Hideyuki Takano 2022
All rights reserved.
First published in Japan by SHUEISHA INTERNATIONAL INC., Tokyo

This Korean language edition is published by arrangement with SHUEISHA
INTERNATIONAL INC., Tokyo
in care of Tuttle-Mori Agency, Inc., Tokyo, through Imprima Korea Agency, Seoul.

이 책의 한국어판 출판권은
Tuttle-Mori Agency, Inc., Tokyo 와 Imprima Korea Agency를 통해
SHUEISHA INTERNATIONAL INC., Tokyo와의 독점계약으로 다산북스에 있습니다.
저작권법에 의해 한국 내에서 보호를 받는 저작물이므로
무단전재와 무단복제를 금합니다.

25개 언어를 배우고 현지에서
바로 써먹는 언어 습득 비결

다카노 히데유키 지음
신견식 옮김

언어로 지구 정복

일러두기

- 언어와 어학에 관해서 이전부터 교우 관계에 있는 연구자 셋에게 협력을 부탁했다. 언어학 일반과 일본어는 짓센여자대학의 야마우치 히로유키 교수와 세이신여자대학의 이와타 가즈나리 교수에게, 중국어는 오차노미즈여자대학의 하시모토 요스케 조교수에게 각각 원고 검토를 부탁했다. 어쨌든 책임은 필자에게 있다.
- 이 책에서는 '콩고족'이나 '보미타바족', '와족'처럼 '~족(族)'이라는 말을 가끔 쓴다. 이 표현은 개발도상국 지역의 민족을 대상으로 할 때 주로 쓰다 보니 멸시적이라고 간주되며 이에 동의하지만, 그렇다고 '콩고인'이나 '보미타바인'이라고만 쓰면 민족인지 국민인지 알기 어렵다. 그래서 이 책에서는 부득이한 경우만 편의상 '~족'을 쓰고, 달리 바꾸어 말할 표현이 있으면 '보미타바인'이라든가 '보미타바 사람들' 따위로 써서 '~족'을 가급적 피하도록 노력했다.
- 현재 일본어학계에서는 일본어의 '표준어'라는 용어가 그다지 선호되지 않고 '공통어(共通語)'라고 쓰는 편이다. 그렇지만 '공통어'는 '영어는 세계 공통어'라고 할 때처럼 기능을 나타내는 말이다. 그래서 아오모리현 사람과 가고시마현 사람의 공통어는 표준어라는 식으로 말할 수 있다. 만약 이 '표준어'를 '공통어'로 바꿔 놓으면, '아오모리 사람과 가고시마 사람의 공통어는 공통어다'가 되어 매우 껄끄럽다. 이 책에서는 독자가 알기 쉽도록 '표준어'를 사용했다.

한국어판 일러두기

- 로망스어의 경우 표준국어대사전에 '로망어'와 '로맨스어'로 등재되어 있으나 로망스어/로망어/로맨스어/로만어 등 여러 가지가 혼재되어 쓰이고 있으며 이 중 언어학계에서 '로망스어'가 가장 많이 사용된다는 옮긴이의 판단에 따라 '로망스어'로 표기한다.
- 미얀마에서 쓰는 언어 이름은 '버마어'가 표준 용어이므로 이를 따랐다.
- 태국의 경우 표준국어대사전에 언어명이 '타이어'로 등재되어 있으나 '태국어'가 널리 쓰여 이를 따랐고 민족이나 어족을 언급할 때 일부 '타이어'로 표기하였다.
- 교과서 예문 등에서 병기한 와어 철자 및 발음은 Dictionary of Wa: With Translations into English, Burmese and Chinese(Brill, 2013)를 따랐다.

들어가는 말

학창 시절부터 현재에 이르기까지 스물다섯 개가 넘는 언어를 배우고 실제로 현지에서 잘 써먹었다. 그렇게 말하면 '언어 천재군요!'라는 감탄도 듣지만 아쉽게도 현실은 전혀 다르다. 내가 구사할 수 있는 언어 가운데 모국어인 일본어를 제외하면 단연코 영어를 가장 잘한다. 그조차도 원어민이 하는 말은 전혀 못 알아듣고 내가 하는 말은 더듬더듬 엉성하다. 그게 가장 잘하는 언어라니 나머지야 말해서 뭐 하랴.

대체로 언어 천재라면 틀림없이 좀 더 세련될 것이다. 내가 떠올리는 이미지는 '태연한 얼굴로 위스키 잔을 기울이면서 처음 보는 외국인을 상대로 네댓 개 언어를 구사하며 위트도 넘치는 사람'이다. 여기서 왜 위스키인지는 모르겠다. 사케든 와인이든 좋지만 역시 위스키다. 아마도 나는 '국제인'과 '언어 천재'를 헷갈리나 보다. 현실에서는 어느 쪽도 본 적이 없을뿐더러 국제인이라는 말에 앞 세기의 비즈니스 엘리트 같은 이미지가 떠올라 이런 아날로그적 환상을 품는지도 모른다.

위스키는 그렇다 쳐도 '언어 천재'는 내게 이룰 수 없는 꿈이다. 천재가 되고 싶다는 말부터 잘못됐지만 그런 꿈을 가슴속 깊이 품고 있다. 하지만 현실의 나는 외국인이 눈앞에 보이면 꼭 허둥댄다. 고장 난 컴퓨터처럼 머릿속에서 분주하게 과거의 데이터를 뒤지고 단어나 음성을 찾고 문법을 끼워 맞추며 땀을 뻘뻘 흘리다가 겨우 '안녕하세요' 한마디 내뱉는 꼴이다. 심하면 말문이 막혀 아예 얼어버린다.

흔히들 영어를 말하려고 하면 머릿속이 하얘진다는데, 자랑은 아니지만 내 인생에서는 언어 열몇 개를 하면서 그런 일을 안 겪은 적이 없다. 소말리어를 한다고 알려지는 바람에 소말리아인과 만나게 됐지만 상대의 말을 알아듣기는 고사하고 '이거, 소말리어 맞나?'라는 의문에 사로잡힌 적도 있다. 상대야말로 '이 자식이 소말리어를 할 줄 안다고?'라며 의아했을 법하다.

이런 언어 천재가 있을 턱이 없다. 오히려 나만큼 어학에서 연전연패를 거듭해 괴로워하는 인간도 별로 없을 것이다.

하지만 그렇다 보니 나는 어학에 남달리 깊은 생각을 품을 수밖에 없다. 하고 싶은 말도 산더미처럼 쌓였다. 어학 얘기만 나오면 나는 순식간에 흥분하고 만다. 냉정하게 따져 보면 애초에 나의 어학은 남들이 생각하는 것과는 동떨어져 있다. 혹시 몰라 짚고 넘어가자면 여기서 '어학'이란 '언어 학습', 특히 외국어 학습을 가리킨다. 학문이 아니고 기술의 습득이다.

대개 외국어 학습이라면 입문에서 시작해 초급, 중급, 상급으로 몇 해에 걸쳐 조금씩 계단을 올라간다고 생각들 하겠지만 나는 결코 그러한 순서를 밟지 않는다. 한 언어를 몇 년 동안 공부한 적 자체가 거의 없다. 학습 기간은 길어봤자 실제로는 1년, 짧으면 2~3주, 평균하면 몇 달쯤 될까. 현지에서 만난 언어를 즉흥적으로 배우며 여행을 다니기도 한다.

목적도 보통 사람과 다르다. 내가 어학에 힘쓰는 이유는 아시아, 아프리카, 남미 등지의 변방 지대에서 미지의 거대 생물을 찾는다든가 수수께끼의 마약 지대에 잠입한다든가 하는 극도로 색다른 탐험 활동 때문이다. 이 '탐험 활동'이 의미하는 범위는 넓고 그중에는 논픽션 취재도 포함되지만, 어쨌든 목적이 달성되면 그 언어의 학습도 끝나버린다.

요컨대 내게 언어 학습과 사용은 어디까지나 탐험 활동의 도구다. 그러나 언어는 매우 강력한 도구라서 때로는 '마법의 검'처럼 보인다. 적당히 휘두르기만 해도 '열리지 않을 것 같은 문'이 스르르 열려버리기도 한다. 이런 경험을 하다 보면 문득 도구인 언어 자체에도 흥미가 샘솟기 마련이다.

마법의 검을 여러 개나 휘두르다 보니 자연스럽게 칼날을 서로 비교하거나 나름대로 분석해 본다. 그러면 이 검이 결코 마법 따위가 아니며 구조도 지극히 논리적임을 알게 된다. 다만 언어마다 논리가 다르고 각 언어끼리 비슷하거나 전혀 다른 점도 있다. 굉장히 신기한 구성이기도 하다. 각각의 언어는 그야말로 하나의 독립된 소우주다. 아프리카의 정글에서 쓰는 마이너 언어든, 전 세계에서 쓰는 영어 같은 메이저 언어든 다르지 않다. 게다가 언어를 배우면 그 언어권의 세계관이 내 몸에도 스며든다. 이 점이 재밌어서 견딜 수 없다.

어느새 나에게 언어는 '탐험의 도구'이자 '탐험의 대상'도 됐다. 새로운 탐험 테마가 눈에 들어오면 그 주제만큼이나 현지에서 쓰는 언어에도 가슴이 두근두근 뛰었다. 언어부터 시작해 미지의 세계로 파고드는 것이 이십 대 초반에 이미 나의 특기가 되어버렸다.

이 마법의 칼은 부작용도 강렬했다. 하나의 주제가 끝나면 그 어학도 끝나고 말기에 언어의 학습이든 사용이든 기간이 짧다. 그리고 언어 능력은 안 쓰면 사막에 뿌린 물처럼 금세 증발해 버린다. 억울하다. 가뜩이나 언어 천재가 아닌데 언어를 배우면 배울수록 천재의 길이 멀어져 간다.

언어 하나를 좀 더 착실히 배우면 좋겠다고 나도 생각한다. 하지만 나는 마치 약물중독자처럼 계속해서 새로운 언어를 붙잡고 배워서 현지인과 이야기해 보고 싶다. 새로운 언어 우주를 탐험하고 싶다. 어학의 마력은 이리도 무섭다.

도대체 어학의 어떤 면이 그렇게 매력적인가. 언어를 조금이라도 할 수 있으면 무엇을 알 수 있을까? 언어를 단기간에 익히려면 어떤 방법이 효과적일까. 이를 독자 여러분에게 어떻게든 잘 전달하고 싶다. 문제는 방법이다. 어학은 남에게 전달하기가 어렵다. 영어 이외의 언어를 배운 적이 없는 사람에게 갑자기 지금 내 생각이나 감각을 말한들 이해받지 못할 수도 있다.

어떡할지 정말 고민하다 결국 내 체험을 처음부터 이야기하는 수밖에 없다고 결론을 내렸다. 처음에는 영어조차 한마디도 못 했던, 일본에서 나고 자란 지극히 평범한 젊은이가 극적으로 변해가는 모습을 간접 체험할 수 있다면 가장 좋은 방법이 아닐까.

이런 취지로 쓰기 시작한 언어 에세이지만 뜻하지 않게 점차 청춘의 기록을 닮아가기 시작했다. 젊은 시절의 나는 언어를 배우며 실로 여러 가지 일에 놀라고 웃고 흥분했다. 때로는 의기소침하고 스스로에게 절망도 했다. 그러한 경험 하나하나가 그대로 피와 살이 됐다. 바보 같은 젊은이가 똑똑한 어른이 아니라 더 바보가 되어버린 걸지도 모르지만 나의 변화와 성장은 분명 어학에서 크게 비롯되었다.

이 책에서 언어나 언어학을 다소 자세하게 설명할 때도

있다. 어렵거나 귀찮다는 느낌이 들면 그런 부분은 넘어가도 상관없다. 그저 듣도 보도 못한 변방의 기행문으로 혹은 세계의 민족과 문화를 즐기며 배울 만한 에세이로 읽어도 좋다.

다 읽고서 언어와 어학을 좋아할 사람이 조금이라도 더 생기면 고마울 따름이다.

차례

들어가는 말 ··· 005

1장 인도에서 맞이한 어학 빅뱅 전야
(영어)

혼자 간 인도에서 처음 겪은 영어 ··· 017
정확성에 집착하며 대화하는 사람은 없다 ··· 029
빈털터리가 되어 어학의 진실에 눈을 뜨다 ··· 038

2장 아프리카 괴수 탐험과 어학 빅뱅
(프랑스어) (링갈라어) (보미타바어)

프랑스어라는 마법을 얻다 ··· 051
콩고 탐험대를 습격한 '고질라' 출현 ··· 061
어학 빅뱅이 터지는 순간 ··· 076
웃기는 링갈라어 학습 ··· 088
수수께끼의 괴수는 프랑스어로 뭐라고 부를까 ··· 099
언어는 친해지는 특효약이지만 ··· 110
다개국어 화자라서 혼란에 빠지다 ··· 118
정체성 위기에 시작한 보미타바어 학습 ··· 128
민족어의 관점으로 밝힌 음벰베의 정체 ··· 138

3장 남미와 유럽에 걸쳐 로망스어와 정면 승부

(이탈리아어) (스페인어) (포르투갈어) (프랑스어)

이탈리아어와의 황당한 첫 대결 ··· 153
계획도시처럼 질서정연한 스페인어 ··· 173
마술적 리얼리즘의 콜롬비아 여행 ··· 188
브라질 포르투갈어에 참패하다 ··· 205
아프리카 문학으로 불문과 졸업 대작전 ··· 217
프랑스어와의 마지막 전투 ··· 226

4장 골든트라이앵글의 다언어 세계

(태국어) (버마어) (중국어)

이상적인 어학 학교에서 태국어를 배우다 ··· 237
치앙마이에서 만난 태국어의 신세계 ··· 246
모두가 만족한 만화 언어 학습법 ··· 257
마약왕 아지트에서 샨어를 만나다 ··· 268
적진 한복판에서 배우는 버마어 레슨 ··· 283

5장 세계에서 가장 신기한 '나라'의 언어

중국어 버마어 와어

말맛이 살아 있는 중국어의 충격	⋯ 301
사상 최고의 어학 교사, 모 선생님	⋯ 314
편하게 외우고 싶어서 탐험하다	⋯ 328
중국, 태국, 일본 사이에서 길을 잃다	⋯ 341
중국 방언 윈난어로 와어 배우기	⋯ 361
세계에서 가장 불가사의한 '나라'의 언어 사정	⋯ 375
표준어와 시골말의 크레바스에 빠지다	⋯ 384
'안녕하세요'도 '고마워요'도 없는 세계	⋯ 399

에필로그 그리고 어학의 여정은 계속된다	⋯ 416
감사의 말	⋯ 431
옮긴이의 말	⋯ 435
참고 문헌	⋯ 441

1장

인도에서 맞이한
어학 빅뱅 전야

영어

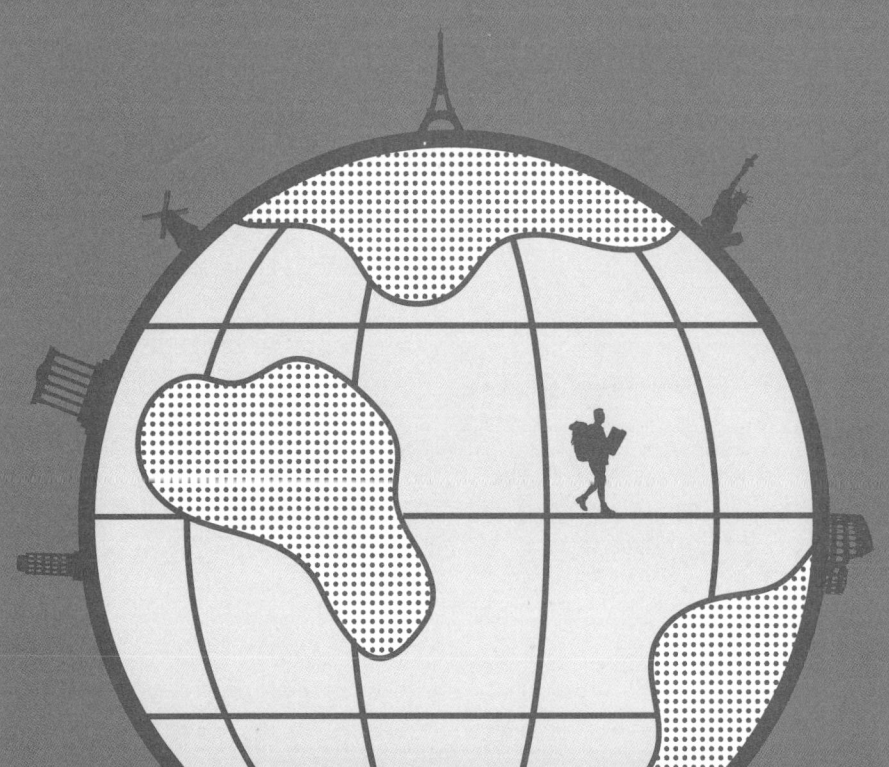

혼자 간 인도에서 처음 겪은 영어

얼굴이 새를 닮은 영어 원어민 여성이 눈앞에서 뭔가 열심히 말한다. 나는 멍하니 보고 있었다.

'어떡하지. 하나도 못 알아듣겠군……'

이곳은 인도 콜카타. 처음 떠난 해외여행에서 맞이한 첫날이었다. 택시 기사나 호텔 프런트 직원은 말 한마디만 주고받으면 되니 그렇다 치는데, 처음으로 제대로 대화다운 얘기를 나누려니 상대방의 말을 전혀 못 알아먹겠다. 동요하는 동시에 묘하게 납득도 했다. '역시나'라는 기분이다. 스스로의 영어 학습 역사를 되돌아보면 당연한 일이었다.

아버지가 영어 교사였으나

아버지는 영어 교사였지만 어렸을 때 나는 어학에 특별히 관심이 없었다. 영어는 친숙한 존재였다. 친숙하지만 친밀하지 않은 존재라고 해야 할까. 아버지는 고등학교 영어 교사인데다 공부도 열심히 한 사람이었기에 영어 신문 《재팬 타임즈》나 미국 《타임》을 정기 구독했다. 그 밖에도 영어책이 집안 곳곳에 놓여 있었지만 나에게는 '아버지의 작업 도구'로만 보였다. 회사원인 아버지가 《일본경제신문》이나 《주간동양경제》《전국시대 무장에게 배우는 리더십》같은 책을 읽어도 대부분 아이들은 흥미를 보이지 않을 것과 마찬가지다.

아버지는 아침마다 미군 라디오국이 방송하는 FEN(현 AFN)을 틀었다. 주로 자신의 공부를 위해서지만 아마 자식들 보고 영어와 친해지라는 의도도 있었을 것이다. 매일 아침을 먹으면서 미국인 아나운서의 말을 무심히 들었지만 딱히 배운 것은 없었다. 음악을 듣듯 흘려들었기 때문이다. 나뿐 아니라 세 살 터울의 동생도 여남은 해를 계속 들었지만 결과는 같았다.

흘려듣기만 해도 영어가 유창해진다는 문구로 광고하는 어학 교재가 여전히 있지만 그런 일은 절대 생기지 않는다. 만약 누군가 영어나 다른 언어를 흘려듣고도 듣기나 대화를 할 수 있게 되었다면, 흘려들었다기보다는 집중해서 귀를 기울였을 것이다. 물론 그 사람이 어학의 천재라면 이야기는 달라지지만, 천재라면 어떤 방식으로든 습득할 테니 굳이 학습법을 따져봐야 소용없다.

아버지는 몇 번인가 나와 동생에게 영어를 가르치려고 시도했지만 그때마다 보름을 못 넘겼다. 부모가 교사 역할을 해도 아이는 순순히 말을 듣지 않는다. 이내 말다툼이 벌어지거나 아이들이 졸기도 하고 서로 짜증이 나서 그만두게 된다.

자녀가 영어를 배우게 하려는 아버지의 시도는 대부분 수포로 돌아갔지만 한 가지는 주효했다. 바로 NHK 라디오의 〈기초 영어〉였다. 초등학교 6학년이 되자 아버지가 매일 들으라고 시켰다. 무려 아침 6시 5분부터 25분까지 20분간이었다. 그 전에 개를 산책시켜야 해서 매일 새벽 5시 30분이면 일어나야 했다.

이를 매일 1년 동안 지속했다. 듣기를 빼먹은 날은 단 하루뿐인데 늦잠을 자서 그랬다. 그날 저녁 2층에서 1층으로 내려가는 계단에서 마주친 아버지가 느닷없이 "너 오늘 기초 영어 안 들었지"라고 말한 기억이 아직도 생생하다.

아침잠이 많고 공부도 열심히 안 하고 아버지 말씀에 순종하지도 않던 내가 왜 〈기초 영어〉만은 계속 들었는지 의문이다. 딱히 재미있는 줄도 몰랐으며 그렇다고 영어를 좋아하게 된 것도 아니었다. 내 나름대로 '내년부터 중학생이니까 영어 정도는 좀 공부해야지'라고 생각했는지도 모르겠다.

이듬해 중학교 1학년 때도 〈기초 영어〉나 그보다 한 단계 높은 수준인 〈속 기초 영어〉를 들었지만 첫해처럼 하루도 빼먹으면 안 된다는 긴장감은 없었다. 일주일에 몇 번씩 들은 정도다. 결국 2년에 걸쳐 매일 20분씩 들은 NHK 라디오 강좌가 어른이 되기 전에 받은 유일한 영어 회화 수업이었다.

〈기초 영어〉 덕분에 중학교 영어 수업은 비교적 여유롭게 들었지만 물론 그걸로 다 해결될 만큼 세상이 호락호락하지는 않다. 나는 어릴 적부터 차근차근 노력하는 데 영 서툴렀다. 동사 활용이나 단어 철자 암기처럼 단조로운 작업이 도저히 성미에 안 맞았다. 금세 졸음이 쏟아져 잠든다.

거꾸로 말하면 이런 게으른 성격 때문에 늘 어떻게 하면 편하게 외울지를 고민했다. 이를테면 이런 학습법을 시도해봤다. 영어에서 동사가 중요하다지만 교과서에 나오는 동사를 모두 외우기는 불가능하다. 아니, 불가능하지는 않겠지만 너무 귀찮다. 그렇다면 가장 많이 나오는 동사를 엄선해서 열 개만 외우면 되지 않을까? 그것만 기억하고 나머지는 버린다. 버리면 안 좋다는 것도 알지만 어차피 모조리 외우지는 못하니 하는 수 없다.

그런데 가장 많이 나오는 동사는 뭘까. 그걸 알아야 열 개를 고를 수 있다. 그래서 교과서 처음부터 끝까지 동사의 출현 빈도를 알아봤다. give나 do라든가 take라든가 하는 동사의 개수를 바를 정正자를 쓰면서 셌다. 중간부터 마치 달리기 경주 관중이라도 된 기분으로 '아, 선두의 do를 take가 맹추격 중이구나! 힘내라!' 따위로 응원도 했다. 시간 가는 줄 모르고 빠져들어 이 과정에서 많이 외웠다.

최종적으로 상위 10위까지 뽑아도 거기서 끝이 아니다. 어디까지나 '내가 외워야 할 동사'를 뽑으므로 이미 외운 동사는 필요 없다. 암기한 단어를 빼고 11위 이하의 동사를 위로 보낸다. 하지만 외웠는지 아닌지는 테스트를 해봐야 알 수 있다. 테스트 표를 만들어 스스로 풀어본다. 정답을 맞힌 단어는 빼고 틀린 단어만 넣어 'MY 동사 BEST 10'을 만든다. 마치 프로야구에서 감독이 선발 선수를 뽑는 것 같다. 어디까지나 선발일 뿐이다. 시간이 지나면 그 안의 동사를 내가 다 외울 수도 있다. 그 동사는 더 이상 10위 안에 넣어두면 안 되기 때문에 뺀다. 대기 중인 동사를 새로 10위 안에 올린다. 기분만은 프로야구 감독이다.

결과적으로 교과서에 나오는 단어들을 척척 외웠다. 힘들기는커녕 뜻밖의 낱말이 상위권에 오르기도 하는 것을 지켜보며 순수하게 재미있었다. '편하게 하려고 온갖 궁리를 짜내기'는 언어를 좋아하게 된 이후에도 매번 시도하면서 그야말로 세 살 버릇이 여든까지 갔다.

어린 시절 나에게 영어는 딴 과목과 마찬가지로 의무적으로 배우는 과목일 뿐이었다. 고등학교에 들어가자 환경이 바

뛰었다. 내가 진학한 곳은 와세다대학 고등학원이라는 와세다대학 부속학교였다. 학력 편차치가 매우 높기로 유명한 이 학교는 들어와서 보니 정말이지 구제 불능이었다. 대학 입시가 없고 모두 자동으로 와세다대학으로 진학하기에 학생 대부분이 놀라울 만큼 공부를 하지 않았다. 선생님도 가르칠 열의가 없었다. 기말시험 같은 것도 터무니없이 쉬워서 시험 당일에 교과서 해당 범위를 한 시간 정도 읽기만 해도 70점은 받았다. 그런데도 교과서를 한 시간이나 읽기가 괴로워서 나는 특히 취약했던 수학과 물리에서 번번이 낙제점을 받았다.

다만 영어만큼은 최대한 공부하려고 노력했다. 장래에 세계의 비경으로 가서 신비한 고대 유적을 발굴하거나 미지의 동물을 찾으러 탐험하고 싶었기 때문이다. 외국에 가려면 영어는 당연히 할 줄 알아야 했다.

무기력이 가득한 학교에서 영어과에 딱 한 명 열혈 선생님이 계셨다. 평소 수업 시간에도 가차 없이 학생들에게 발음 연습을 시키는 선생님이었는데 3학년 때 느닷없이 엄청난 여름방학 숙제를 내줬다. 《뉴욕타임스》《타임》《뉴스위크》 등에서 뽑은 기사를 A4 용지 서른 장에 복사해서 나눠 주며 전부 번역하라고 했다. 정치, 경제, 사회, 사회, 문화, 과학 등 폭넓은 분야에서 '본고장'의 정취가 물씬 풍겼다.

학생들 대부분은 숙제 자체를 무시했다. 그래도 문제 될 일은 없었다. 나는 숙제에서 느껴지는 본고장 냄새가 좋았고 단조로운 작업은 싫어도 도전은 좋았다. 그래서 고생해 가며 전부 번역했다. 그런데 열혈 선생님은 2학기 초 수업에서 "제대로 다 한 건 다카하시뿐이다"라며 정작 내 이름은 잘못 부르며 칭찬했다. 그때는 정말 울화가 치밀었다. 반에는 다카하시라는 친구도 있었기에 더욱 그렇다. 수업 후 딴 친구가 "대단하네!"라며 말을 걸자 다카하시가 "아냐, 나 아닌데. 뭔가 잘못된 것 아니야?"라고 대답하는 것이 들렸다. 옆에서 "그거, 나야!"라고 하기는 쑥스러워서 말도 못 꺼내고 혼자서 이를 갈았다. 정말 영어에는 좋은 추억이 없다.

대학 문학부에 들어가자 전국에서 치열한 입시 전쟁을 뚫고 온 학생들이 모여 있었다. 우리 학교 출신은 대개 이들에 비하면 극단적으로 학력이 떨어진다. 이곳 출신치고는 영어를 나름대로 하던 나도 영어 실력은 하위권이었을 것이다.

아담한 체구의 낯선 할머니가 알고 보니 저명인사

대학교 1학년 말에 인도 여행을 가면서 내 인생의 모든 것이 극적으로 달라졌다. 나는 탐험부에 가입했지만 1학년 때는 별다른 활동을 하지 않았다. 탐험부 동아리방이 굉장히 찾기 힘든 곳에 있어서 처음에는 좀처럼 찾아내지 못했다. 다른 부원들이 신입생 환영 합숙에 갈 즈음 겨우 위치를 알아내어 들어갔다. 즉 완전히 뒤처지는 바람에 동아리 활동에 녹아들지 못했다. 2학년이 되기 전 봄방학에 다른 1학년은 친해진 선배들과 함께 태국의 소수민족 마을에 들어가 살거나 이리오모테섬에서 서바이벌 합숙을 하는 등 다양하게 활동했다.

나는 참가하는 그룹도 없이 탐험부로서 가장 낮은 수준의 활동이라 할 만한 '혼자 해외여행'을 선택했다. 목적지는 인도였다. 선배들 얘기를 들어보니 태국이나 중국보다는 문화적 차이가 클 텐데 남미나 아프리카보다는 여행하기 수월하고 경비도 적게 들기 때문이었다.

그렇다 해도 나에게는 터무니없는 도전이었다. 원체 영어를 못했으니까. 그 몇 달 전에 근처에 홈스테이로 와 있던 미국인 여고생에게 와세다대학을 한번 안내했는데 놀랄 만큼 말이 안 통했다. 나는 영어를 전혀 못 알아들었고 무슨 말을 하고 싶어도 머리가 하얘져 입이 떨어지지 않았다. 그러다가 둘 다 입을 다물고 말았다. 이 사건은 심한 트라우마가 되어 나를 짓눌렀다.

하물며 인도라니. 일본인과 외모도 전혀 다른 사람들에게 둘러싸여 내가 영어로 말을 주고받는 모습은 전혀 상상할 수 없었다. 참고로 당시의 나는 인도의 언어 사정 같은 것은 전혀 몰랐다. 막상 인도에 가보니 날마다 내 상상력을 훌쩍 뛰어넘는 일들이 벌어졌다. 영어만 따져도 첫날부터 예사롭지 않은 체험을 했다.

　여기서 첫 장면으로 돌아가 보자. 한밤중에 게스트하우스에 도착해 이튿날 아침 식당에서 다른 손님들을 따라 쭈뼛쭈뼛 아침을 시켜서 먹고 있었다. 같은 숙소에 묵던 백인 여성이 말을 걸어왔다. 키가 아주 작아서 150센티미터 정도밖에 되지 않았다. 코가 뾰족하고 눈을 바쁘게 움직여서 작은 새처럼 보였다. 버드 씨라고 부르기로 한다.

　내가 말을 전혀 못 알아들었던 이 버드 씨는 묘하게 끈질겼다. 사진 앨범을 펼쳐서 차근차근 이야기보따리를 풀어냈다. 한참 씨름을 하다 겨우 알게 된 사실은 버드 씨가 뉴질랜드에서 혼자 왔고 독실한 가톨릭 신자이며, 콜카타에 사는 가톨릭 지인이 이전에 뉴질랜드를 방문한 적이 있어서 이번에는 그 사람을 찾아갈 생각이라는 것이었다. 하지만 인도가 처음이고 길거리가 무서워서 혼자서는 돌아다닐 수 없으니 나에게 함께 가자는 것 같았다.

　당시 인도의 도시, 특히 콜카타는 범죄가 많은 혼돈의 장소라는 인상이 외국인 사이에 널리 퍼져 있었다. 알고 보니 이 인상이 틀리지도 않았지만 딱 맞지도 않았다. 당시 인도에서는 소매치기나 사기, 도난은 드물지 않았지만, 강도나 살인, 강간과 같은 흉악 범죄는 드물었기 때문이다. 적어도 외국인 여행자한테는 그랬을 것이다. 하지만 인도, 특히 콜카타가 흉악 범죄 소굴이라는 소문도 나돌아서 필요 이상으로 무서워하는 사람이 많았다. 버드 씨도 그중 한 명이었을 것이다.

나도 첫 해외여행의 첫날이고 콜카타는 어디가 어딘지도 모르지만 버드 씨가 주소는 안대서 함께 릭샤(인력거)를 타고 나갔다. 다행히 버드 씨는 영어에 어려움이 없어 누구와도 예사롭게 이야기를 나누었다.

도중에 갑자기 버드 씨가 "스톱!"이라며 도로에 내려 뭐라고 소리쳤다. 도대체 무슨 일인가 싶어 당황스러웠는데 자세히 보니 카메라를 꺼내 사진을 찍는 제스처를 취하고 있었다. "나 사진 좀 찍어줘!"라고 말한 모양이었다. 그마저도 알아듣지 못했다. 콜카타가 무섭다면서도 자주 릭샤를 세우고 거리를 배경으로 포즈를 잡는 버드 씨를 부지런히 찍었다.

20분쯤 지나 오래된 석조 천주교 시설에 도착했다. 잘 모르겠지만 교회라기보다는 수도원 같은 분위기였다. 머리에 흰 머릿수건을 쓴 수녀가 많았다. 인도인이 많아 보였지만 그중에는 분명히 외모가 서양인 같은 사람도 있었다. 버드 씨는 어쨌든 영어에 능통할 수밖에 없는 원어민이라서 누구랄 것도 없이 말을 걸면서 앞으로 나아갔다. 영어를 하나도 못 알아듣는 나는 잠자코 뒤만 졸졸 따라다닐 뿐이었다.

후미진 작은 방에 도착했다. 안으로 들어서자 인도인처럼 보이는 몸집이 자그마한 할머니 수녀가 버드 씨를 보더니 반가운 소리를 내며 껴안았다. 이 사람이 예전에 뉴질랜드를 찾아왔다는 지인 같았다. 나도 할머니와 악수를 나눴다. 아주

콜카타를 달리는 릭샤.

작고 부드러운 손이었다. 두 사람은 한참 이야기를 나누며 한껏 들떠 있었지만 영어라서 내용은 전혀 알아듣지 못했다. 앨범 사진을 보면서 추억담을 나누거나 함께 아는 지인들의 근황을 얘기하는 듯했다.

방에 머문 시간은 의외로 짧았다. 20분 정도였을까. 마지막으로 부탁을 받고 두 사람의 기념사진을 찍었다. 버드 씨는 나에게 "당신도 이 사람과 함께 사진을 찍을래요?" 같은 말을 하는 듯한 몸짓을 했지만 낯선 할머니와 기념사진을 찍기는 겸연쩍어 사양했다.

그대로 둘이 곧장 숙소로 돌아왔다. 버드 씨는 매우 기뻐하며 몇 번이고 고맙다는 인사를 건넸다. 사정이야 전혀 모르지만 나도 누군가에게 도움이 되어서 다행이라고 생각했다.

이튿날 나는 깜짝 놀라고 말았다. 무슨 행사 안내문인지 숙소 로비에 커다란 인물 사진 포스터가 붙어 있었다. 사진의 주인공은 어제 만났던 그 할머니였다.

"어째서!?"라는 생각에 영어로 적힌 그 행사의 제목을 따라가며 읽다가 뒤집어질 뻔했다. '마더 테레사'라고 적혀 있었다. 그 할머니가 마더 테레사였구나!

마더 테레사는 그보다 6년 전인 1979년 내가 중학생 때 노벨 평화상을 받았고 일본에서도 모르는 사람이 없었다. 마더 테레사가 콜카타에 살고 있다는 것도 어디선가 읽은 기억이 난다.[1] 내가 방문한 시설은 그녀가 운영하는 유명한 호스피스, '죽음을 기다리는 사람의 집'이었나 보다.

영어를 전혀 못 알아듣는 탓에 세계적인 저명인사를 만난 줄도 몰랐다. 이 일이 나의 해외 어학 체험의 시작이었다.

---

1 마더 테레사는 구 유고슬라비아, 현 북마케도니아 공화국에서 태어났다. 1928년에 수녀로서 인도에 건너갔다.

정확성에 집착하며
대화하는 사람은 없다

　　인도 각지를 여행하고 한 달 뒤에 콜카타 중앙역으로 돌아왔다. 여행을 시작했을 때와는 전혀 다른 사람처럼 표정도 야무지게 변했다. 여위어 새까맣게 탔고 머리도 수염도 제멋대로 뻗었으며 눈은 날카롭게 주위를 살피고 있었다. 일본을 떠나기 전의 세상 물정 모르던 철부지 도련님의 모습은 없었다.

　　하지만 어디까지나 겉모습뿐이다. 왜 그런 얼굴이 됐는지 묻는다면 눈물, 말하자면 눈물이다. 인도 여행은 시련의 연속이었다.

향신료, 맹물, 바가지로
시련의 연속인 인도 여행

일단 식사 문제다. 1980년대 중반 일본에서는 향신료를 사용한 요리가 일반적이지 않았다. 본가에서는 고추를 아예 안 써서 나도 인도에 갈 때까지 '매운 요리'를 먹어본 적이 한 번도 없었다. 인도 음식에는 조금이나마 향신료가 꼭 들어간다. 한 입 먹고 입에서 불이 날 뻔했다.

매워서 찬물을 벌컥벌컥 들이켜면 그 물은 위생 상태가 좋지 않았다. 향신료와 맹물 때문에 매일 심하게 설사했다. 동네에는 공중화장실이 없어 외출하기도 두려웠다. 최대한 식사를 하지 않고 버텼다. 아침부터 저녁나절까지 아무것도 안 먹는 날도 흔했다. 해가 질 무렵이 되면 어쩔 수 없이 사모사(인도의 튀김 만두)나 비스킷 같은 간식을 먹는 정도였다. 원래도 체지방이 별로 없었는데 5킬로그램 이상 빠졌다.

남에게 자주 속아 넘어가기도 했다. 예컨대 시장에 가면 친절한 사람이 말을 걸어온다. "하이, 프렌드, 일본인? 인도는 처음이야? 그럼 내가 안내해 줄게." 기꺼이 뒤를 따라가자 인도의 전통 남성용 윗옷 '쿠르타'와 가죽 샌들 '차팔' 가게를 소개해 줬다. 여러 가지 무늬나 색의 상품도 둘러보고 차이 티까지 얻어 마셨다. 게다가 특별히 싸게 준대서 100루피를 내고 한 벌을 샀다. 기쁘게 감사의 말을 전하고 돌아와 숙소 직원이나 주인이라든가 딴 여행객에게 그 말을 하면 '그런 건 10루피짜리야'라고 비웃음이나 당했다.

일본에서는 평소 남을 속이거나 누구한테 속을 일도 없다 보니 익숙하지도 않고 인도 물건 시세도 모르던 열아홉 살은 신나게 당하기만 했다. 도중부터 '나는 호구가 되고 있구나'라고 깨달았지만 상대도 외국인 관광객을 상대하는 장사꾼이라서 갖은 수단을 다 동원해 왔다. 내가 묵는 게스트하우스 주인의 친척이라거나, "비즈니스로 자주 일본에 가거든. 신주쿠나 아키하바라라든가 닛포리라든가."라고 말하며 안심시키거나, 우연인 척 말을 걸어오거나…….

도대체 몇 번이나 바가지를 썼다고 이러나 싶을 텐데, 속았다고 해도 큰돈을 날리지는 않았다. 대개는 몇백 엔쯤 불필요하게 지불했을 뿐이지만 속는다는 상황 자체가 견디기 힘들었다. 인도인이라면 도무지 믿지 못하게 되어버렸다.

영어 회화에
금세 숙달된 까닭

외모가 거칠어진 이유는 현지 요리를 먹을 수 없어서 마르고 눈을 너무 많이 깜빡여 눈빛이 날카로워진 탓이었다. 햇볕에 탄 것은 그냥 인도의 3월이 더워서였고 머리나 수염이

텁수룩한 것은 옷차림에 개의치 않아서다. 내가 봐도 한심할 따름이었다.

다만 의외로 영어 회화 실력은 한 달 만에 몰라보게 늘었다. 밑천이 바닥이었으니 느는 게 당연하지만 그래도 현지에 도착하고 얼마 지나지 않아 인도인 호객꾼이나 환전상에 둘러싸여 영어로 옥신각신하며 말다툼도 하다니, 일본을 떠나기 전의 나라면 상상도 못 했던 일인 것은 확실했다.

이유는 여러 가지다. 우선 혼자 배낭여행을 해서 다행이었다. 일본인 두 명 이상이면 아무래도 일본어로 우리끼리만 얘기하기 마련이지만, 혼자 여행하면 남들과 외국어로도 말할 여지가 생긴다. 당시 인도를 여행하던 배낭 여행객들은 도미토리에 여럿이 함께 묵는 게 보통이었다. 다른 외국인 여행자와 같은 방을 쓰고 숙소 식당에서도 합석하는 경우가 많아 자연히 대화의 기회가 생긴다. 나는 인도까지 와서 일본인과 함께 지내면 의미가 없다고 생각했고, 되도록 일본인 여행자와 어울리지 않으려고 했기에 더욱 그랬다.

여행에서 사용하는 영어는 어렵지 않다는 점도 있다. 게스트하우스에 묵다가 나가고 기차나 버스로 이동하고 다음 목적지에 도착하고 다시 묵는 일의 반복이다. 사용하는 말도 패턴화된다. 게다가 나 말고도 여행자가 많다. 그들처럼 말하면 된다. 체크아웃할 때, 처음에는 "체크아웃, 플리즈"처럼 말하다가 남들이 "I'm leaving"이라길래 따라 했다. "조식 포함인가요?"라는 표현도 딴 외국인들이 "Including breakfast?"라고 자주 물어봐서 나도 써먹게 됐다. 서양의 깔끔한 호텔에서도 적절한 표현인지는 모르겠지만 적어도 인도의 싸구려 여관에서는 괜찮다. 나머지는 식당, 시장, 기차, 관광지에서 나누는 대화인데 역시 어디를 가도 비슷비슷하다. 상대는 상인이나 공무원이라서 외국인 관광객 응대에 익숙하다.

영어가 상대의 모국어가 아닌 경우가 많다는 점도 좋았다. '인도인의 영어는 억양이 특이해 알아듣기 힘들다'라고들 하는데 그렇지는 않다. 영어는 인도의 공용어 중 하나라서 인도인에게 전혀 외국어가 아니지만, 학교나 텔레비전, 길거리에서 배우는 제2언어(혹은 제3언어)임은 분명하다. 그래서 영미권 원어민처럼 연음 탓에 알아듣지 못하는 일은 없고 표현도 간단하다. r의 소리가 혀를 감고 master가 '마스터르'에 가깝게 들리거나 th가 t에 가까운 소리로 Thank you가 '탱큐'처럼 들리는 것에 익숙해지면 로마자대로 읽는 일본식 영어에 가까워서 매우 알아듣기 쉽다.

외국인 여행자가 사용하는 영어도 마찬가지다. 그중에는 영국인이나 호주인 등 영어가 모어인 사람도 있었지만 대부분은 영어권 이외의 유럽에서 온 여행자였다. 그들에게도 영어는 외국어라서 당연히 나보다야 유창하지만 알아듣기는 쉬웠다. 돌려 말하거나 어렵게 말하지도 않았다. 나처럼 영어가 서툰 사람도 드물지 않았다.

커뮤니케이션은
협동 작업

학교 영어와 달리 실전 영어 회화에 처음 도전하면서 대화할 때 상대방이 도와준다는 사실이 무엇보다도 고맙고 뜻밖이었다. 예를 들어 내 방의 선풍기가 안 움직인다고 프런트 직원에게 말하러 간다. 그런데 선풍기를 영어로 뭐라고 말해야 할지 모르겠다. 프런트에서 돌아가는 선풍기를 가리키며 "This one"이라 하면 직원은 "Fan?"이라고 묻는다. '아, 팬이라는 단어를 들어본 적이 있지!'라는 생각이 든다. 다음으로 '움직이지 않다'를 뭐라고 말할지 모르겠다. 직역하면 '움직이다'는 'move'인데 역시 그건 아닌 것 같다. 차선책으로 '쓸 수 없다'로 말하기로 한다. "I can't use the fan in my room." 직원은 작동하지 않느냐며 되묻는다. "Doesn't work?"

'아, 그런 표현이 있었구나!' 하고 "Yes, doesn't work"라고 앵무새처럼 대답하면 "알았다. 지금 보러 가겠다"라며 방으로 찾아온다. 곰곰 생각해 보니 단 한 마디도 선풍기가 안 돌아간다고 영어로 말한 적이 없다. 다 상대방이 한 말이다.

학교 영어에서는 뭐라고 말해야 할지 모르면 실격이다. 수업에서는 창피를 당하고 시험에서는 점수를 깎는다. 하지만 정작 중요한 실전에서는 상대방이 답을 알려준다. 그리고 다음부터는 같은 상황에서 같은 표현을 쓰면 된다.

결국 선풍기뿐만 아니라 텔레비전이나 수도, 전기, 교통, 행정과 같은 시스템에도 "doesn't work"를 쓸 수 있음을 알게 되었다. 당시 인도는 모든 것이 'doesn't work'였기에 자주 쓰는 표현이었다. 그 밖에도 배탈이 나서 공동 화장실에 몇 번이나 다녀오면 저쪽에서 "Diarrhea(설사)?"라고 물어보거나, 내가 뭔가를 물어보면 "OK, let me check it"이라고 하는 등 대화의 흐름 속에서 배운 표현은 헤아릴 수 없을 만큼 많다.

커뮤니케이션은 협동 작업이다. 대화는 나 혼자서 하지 않는다. 반드시 상대가 있고 그 상대는 대부분 의사소통을 성립시키려고 협력한다. 여행을 떠나기 반년 전쯤 운전면허를 따려고 운전학원을 다녔다. 한 강사가 수업 시간에 이렇게 말했던 기억이 난다. "여러분, 면허를 따고 막상 도로에 나가면 다른 차에 부딪치지 않을까 걱정되시죠? 하지만 괜찮습니다. 다른 차 운전자는 모두 여러분보다 잘해요. 잘 비켜줄 거예요." 당시에 이보다 나를 안심시켜 주던 말은 없었다.

어학도 마찬가지다. "말이 안 통할까 봐 걱정할지도 모르지만 남들은 다 더 잘해요. 잘 도와줄 거예요." 돕지 않으면 대화가 성립되지 않고 상대방도 곤란해진다. 운전이 서툰 차를 피하지 않으면 다른 차가 곤란하듯이 말이다.

참고로 직원의 질문에 내가 답한 "Yes, doesn't work"는 주어 it이 빠졌다든가 부정의문문이니까 대답은 yes가 아니고 no라든가 하는 식으로 영어를 잘 아는 사람이라면 파고들고 싶을 것이다. 하지만 이는 사소한 문제이고 이 표현으로 일단 적당히 통한다. 전 세계를 여행하면서 영어의 정확성에 집착하는 사람은 적다는 점을 30여 년에 걸쳐 실감했다. 미국이나 영국 등 영어가 모어인 나라라면 모를까 그 외의 지역에서는 영어가 제2언어인 사람이 압도적으로 많기 때문이다.

그렇다고는 해도 이번 인도 여행에서 '어학 서로 돕기 커뮤니케이션'이 꼭 좋은 결과만 가져다주지는 않았다. 앞서 말했듯이 여럿에게 사기를 당했다. 사기꾼들은 어학 측면에서 나에게 최대한 협조해 주었다. 그건 그렇다. 나와 대화가 안 통하면 돈을 뜯어낼 수 없기 때문이다. '처음 만난 외국 사람과 이렇게 원활하게 영어로 대화할 수 있다니!'라며 감격하다가 거듭 뒤통수를 맞은 것은 부정할 수 없다. 협동 작업으로 자꾸자꾸 더 많은 돈을 나눠 주고 있었던 셈이다. 이제 인도인에게는 절대로 방심하지 않기로 마음먹었다. '인간은 무조건 악인'이라고 마음에 새겨놓았다.

인도인의 영어가 아니야!

인도 각지의 여행을 마치고 콜카타 중앙역에 내리던 장면으로 돌아간다. 나의 풍모는 거칠고 경계심에 가득 차 있었다. 여행에 익숙한 분위기를 풍기고 있었을 텐데 그런 겉모습에 현혹되지 않고 내 속을 정확히 꿰뚫어 본 남자가 있었다. 그놈은 휙 다가와서 내게 말을 걸었다. "헬로! 너 혼자야?" 말을 건넨 남자는 이름이 존이랬다.

하필이면 나는 이날 저녁 존에게 여권과 귀국 비행기 표에다가 남은 돈까지 몽땅 털려버렸다. 그토록 '저쪽에서 말을 걸면 나쁜 놈'이라고 스스로에게 다짐했는데도 왜 이런 실수를 했을까. 아이러니하게도 가장 큰 원인은 영어였다. 아시아계 얼굴인 젊은 남자는 자신이 말레이시아 사람이고 쿠알라룸푸르에서 여행을 왔다고 소개했다.

유창한 영어가 매우 알아듣기 쉬웠고 무엇보다도 r 소리가 혀를 말아서 내는 권설음이 아니라서 지난 한 달 동안 인도 여행에서 계속 들었던 영어와 전혀 달랐다.

'아, 인도인의 영어가 아니야!'라고 나는 순식간에 안심하고 말았다. 인도인이 아니니까 믿어도 괜찮다고 생각해 버렸다. 존은 방을 같이 쓰지 않겠느냐고 제안했고 나는 좋다고 대답했다. 여행객끼리 같은 방을 쓰는 일은 드물지 않기 때문이다. 나중에 생각해 보니 언행이 분명히 이상했지만, 유감스럽게도 나는 그것을 눈치채지 못했다. 주거니 받거니 영어 대화를 즐기면서 <u>스스로</u> <u>나락으로</u> 떨어진 셈이었다.

빈털터리가 되어
어학의 진실에 눈을 뜨다

　여행 영어는 어렵지 않다고 앞서 말한 바 있다. 같은 것을 반복하는 일이 많기 때문이라고도 했다. 하지만 거기서 완전히 벗어난 환경에 던져지면 어떻게 될까. 이를테면 사기꾼에게 당해서 빈털터리가 된다든가. 답은…… 말할 내용이 갑자기 어려워진다!

　게다가 같은 이야기를 몇 번이고 반복해야 한다. 머물던 호텔의 직원(그들도 아마 사기꾼이었을 것이다), 먹이고 재워준다는 초등학생(!)과 그의 가족, 그들이 사는 아파트의 주민, 경찰, 은행, 항공사, 그 밖에 다양한 현지인들…….

　그 상황을 재현해 보겠다.

탈탈 털린 경위를
영어로 설명하기

저는 인도에 한 달 전에 왔어요. 콜카타에서 여행을 시작하고 나서 부다가야와 바라나시와 구자라트주 등지를 여행하고 콜카타로 돌아왔습니다. 아침 9시경 열차로 중앙역에 도착하니 "말레이시아 사람이야. 이름은 존."이라며 젊은 남자가 말을 걸어왔습니다. 존은 아버지가 영국인이고 어머니가 말레이시아인이며 지금은 인도 여행 중이랬어요. "호텔 트윈룸에 묵고 있는데 요금이 비싸서 방을 공유할 사람을 찾고 있어. 같이 묵을래?"라고 말했습니다.

여행객끼리 흔히들 방을 같이 쓰잖아요? 게다가 현지 장사꾼도 아니고 여행자라고 하니 그냥 믿었죠. 영어도 인도 사람 같지 않았어요.

우리는 그가 묵는 호텔로 갔습니다. 위치는 잘 모르겠지만 여행자가 많이 다니는 서데르 거리에서 꽤 멀리 떨어진 시내 북쪽에 있었어요. 낮에는 함께 거리를 걸었어요. 존은 콜카타도 잘 알고 매우 친절하게 안내하면서 점심도 대접해 줬어요.

해가 지자 존이 "오늘 말레이시아 대사관 근처에 있는 말레이시아 음식점에 초대할게"라고 했어요. 정말 고마웠죠. 근데 방을 나가기 전에 말하데요. "콜카타의 밤은 안전하지 않

아. 돈이나 여권 같은 거 지니고 다니다가 혹시 강도라도 만나면 끝장이야. 이 방에 두고 가는 게 좋아."

이건 이상하다고 생각했습니다. 귀중품은 몸에 지니고 있어야 하니까요. 다들 그러시죠? 그런데 "아니, 이 호텔은 내가 잘 알아. 믿어도 된다니까. 여기가 더 안전해"라며 침대 매트리스를 들어 올리고 그 밑에 자신의 귀중품을 놓았습니다. "봐봐, 난 이렇게 할게. 너도 여기다 둬."

그럼 저도 거기다 두는 게 좋겠다는 생각이 들었습니다. 그래서 그렇게 했어요. 존은 "오케이!"라고 만족한 듯이 빙긋 웃었고 우리는 함께 나갔습니다.

밖은 어둡고 전혀 모르는 곳이에요. 뒤따라서 걷는데 어둡고 좁은 골목을 몇 번이나 돌다 보니 어디가 어딘지 모르겠더군요. 호텔에서 얼마나 먼지도 모르겠어요. 10분쯤 걷다가 존이 갑자기 멈추고 "잠깐만!" 하더니 "잠깐 기다려봐. 어디 가지 말고. 곧 돌아올 테니까." 저는 "어, ……오케이"라고 대답했습니다. 그러자 그는 어디론가 가버리더니 거기서 한참을 기다려도 안 돌아왔어요. '어, 왜 이러지……?'라고 생각하다가 문득 깨달았어요. '사기당했구나!'

허둥지둥 택시를 잡고 호텔로 돌아왔습니다. 호텔 프런트에 열쇠를 달랬더니 직원이 이렇게 답했어요. "열쇠 없어. 아까 네 친구가 들고 나갔거든."

그 말을 듣고 충격을 받았어요. '역시, 그렇구나!' 저는

"그놈은 도둑이야! 방에 들여보내 줘. 소지품을 확인해야 돼"라고 했지만 프런트 직원은 그럴 수 없다며 거부했습니다. 소란을 듣고 찾아온 매니저라는 사람도 마찬가지고요.

"그렇다면 경찰을 불러줘!"라고 그들에게 말했는데 또 대답은 "노." 이놈들도 무조건 존과 한패라고 생각했어요. 게다가 매니저가 부른 직원이 저를 데리고 호텔 구석의 방으로 밀어 넣으려고 했어요. 안에서는 험상궂은 남자들이 트럼프를 하고 있었죠. '이거 느낌이 안 좋군.'이라는 생각이 들어 직원을 밀치고 밖으로 도망쳤습니다. 어두워서 어딘지도 모른 채 무턱대고 뛰어다니다가 "폴리스는 어디?"라고 여러 사람에게 물어물어 20~30분쯤 지난 후 경찰서에 도착했습니다. 경찰관에게 이야기하고 호텔까지 함께 가달라고 했습니다.

경찰은 호텔 사람들에게 이야기했고, 그날 밤은 제가 1층 로비의 간이침대에서 자도록 해주었습니다. 저는 그 호텔에 머물고 싶지 않았지만 이미 늦었고 돈도 전혀 없고 경찰도 와 있으니 이보다 더 심한 일은 생기지 않겠다 싶어서 거기에 묵었습니다.

이튿날 저는 전에 인도 박물관에서 알게 된 초등학생 믹을 떠올렸습니다. 믹의 아버지가 박물관 직원이고 가족은 박물관 뒤에 있는 숙소에 삽니다. 저는 그 집에 가서 이 사건을 이야기했습니다. 영어를 하지 않는 아버지에게 믹이 말해줘서 그곳에 잠시 머물게 되었습니다. 저는 지금 돈이 12루피

(약 20엔)밖에 없어요. 주머니에 그만큼 들어 있더라고요. 여권과 여행자 수표와 항공권을 도난당했습니다. 이래서는 일본으로 돌아갈 수 없습니다. 제가 일본으로 돌아갈 수 있도록 부디 도와주세요.

어떨까. 모국어로 설명해도 굉장히 복잡해서 알아듣기 어렵다. 이를 영어로 외국인에게 설명해야 한다. 가뜩이나 절망에 빠져 나의 바보짓을 저주하며 몸을 던져버리고 싶은 지경인데 말이다.

물론 처음부터 술술 영어가 나오지는 않았다. 다만 떠오르는 단어를 필사적으로 나열할 뿐이었다. 상대가 이야기를 못 알아들으면 나에게 "식당에서 밥 먹자고 한 게 너인가 그 놈인가?"라든가 "침대 밑이란 매트리스 아래라는 뜻인가?"처럼 질문하므로 그에 대답한다. 늘 그렇듯 '협동 작업'이다. 그게 거듭 쌓이면 점점 상황이 상대에게 전달된다.

상대방은 그 밖에도 여러 가지를 묻는다. 존은 어떻게 생겼는지, 한패가 있었는지, 왜 방을 같이 쓸 사람을 찾으러 일부러 차로 20~30분씩이나 걸리는 역까지 갔는지(뜨끔한 질문이다), 혹은 "여행자 수표가 도대체 뭐야?"라든지.

당시 여행자는 여행자 수표(약칭 TC)라는 것을 보통 지니고 다녔다. 일본의 은행에서 달러 TC를 사고 여행지의 은행이나 환전소에서 현금으로 바꾼다. 이 TC는 만일 도난당하거나 분실해도 경찰 증명서가 있으면 재발급받을 수 있었다. 그러나 요즘 사람들이 잘 모르듯 당시의 인도 사람들도 이 TC의 쓰임새를 모르다 보니 앞서 말한 대로 설명해야 했다.

오해가 생기는 일도 잦았다. 존이 말레이시아 대사관에 근무한다는 전제로 경찰관이 대화하는 걸 알고 당황하기도 했고, 나를 등쳐먹은 게 남자가 아니라 여자가 아니냐고 의심하는 이도 있었다. 이야기를 나누다가 "일본 어디에서 왔는가?"라든가 "나도 전에 일본인 관광객을 만났는데 이름이 와타나베고 인도 요리를 매우 좋아해서……" 등 삼천포로 빠지는 일도 드물지 않았다. 이 모든 것을 견디고 끈질기게 설명했다.

하고 싶은 말이 있으면 말할 수 있다

곤란한 일을 겪으면 강해진다. 언어도 단련된다. 평소의 대화는 틀에 박힌 여행 회화이든가 아니면 아무래도 좋은 잡담뿐이다. 말이 안 통해도 "아, 그래?" "우와, 대단하네!" 따위로 적당히 맞장구를 치며 넘어갈 수 있다. 최악의 상황이라도 잘 모르겠다고 하면 대화는 끝난다. 다소 어색하거나 자기혐오에 빠지기도 하지만 그뿐이다.

말썽이 생기면 그렇게 쉽게 넘어가진 않는다. 15루피짜리 물건을 사고 가게 점원에게 50루피 지폐를 건넸더니 거스름돈이 30루피밖에 없다면 어떻게 할까? 방의 화장실이 고장 났는데 아무리 말해도 호텔에서 수리해 주지 않으면? 열차의 지정석에 앉으려니 딴 손님이 앉아 있기에 표를 보여줬는데도 모르는 체하고 있으면?

"아, 그래?"로는 말끔하지 않다. 대화를 끊고 헤어질 수도 없는 노릇이다. 어쩌면 내 잘못일지도 모르지만 그렇든 아니든 상대와 납득이 갈 때까지 이야기해 매듭을 지어야 한다. 영어가 통하지 않으면 통할 때까지 하는 수밖에 없다. 때로는 '협동 작업' 의사가 없는 상대도 있지만 그렇다고 관둘 수는 없다.

여태까지도 그런 일이 있었지만 이번에는 규모가 초대형이다. 어학 특훈으로도 '스페셜'한 수준이다. 도난당하기 전에는 좋은 인도 사람이든 아니든 나불나불 정말 말을 잘하는데 반쯤 감탄하고 반쯤 질려 있었다. 이렇게 말하기 좋아하면 영어도 잘하겠지 싶었다. 그런데 정신을 차려보니 이제 내가 나불나불 떠든다. 어떻게든 이 곤경에서 벗어나 일본으로 돌아가고 싶다. 그 일념으로 말문이 터지면 청산유수다.

덕분에 경찰에서 무사히 도난증명서를 발급받아 은행에 가져갔고 TC 재발급 절차까지 밟았다. 일본 영사관에서는 일본어가 통해서 보통 여권 재발급을 신청했다. 마지막 난관은 항공권 재발행이다. 난관은커녕 아예 미션 임파서블이었다. 지금은 e티켓이 돼서 재발행이 필요 없지만 당시는 종이 티켓이었다. 분실하면 재발행 따위는 절대로 해주지 않는다.

항공사 창구에서도 그런 말을 들었다. 그래도 나는 물러서지 않았다. 날마다 찾아가서 티켓을 도둑맞은 경위를 이야기하며 재발행해 달라고 일본에 돌아가고 싶다고 호소했다. 인도인 호객꾼에 버금갈 만큼 집요했다.

그러자 창구 사람들도 질린 듯 "우리가 판단할 수 없으니 윗사람과 이야기해 보라" 해서 상사와 만나 같은 이야기를 처음부터 했다. 그 사람도 "내 마음대로 결정할 수 없다. 상사에게 말해 보라" 했다. 다음 날은 그 상사와 만나 설명과 간청을 한다. 그런 일을 반복하다 보니 어느새 에어컨이 놓인 호화로운 집무실에서 부사장과 만나고 있었다. 이제는 이골이 나서 만담가처럼 '빈털터리가 된 불쌍한 나'의 이야기보따리를 풀자, 고급스러워 보이는 정장을 말쑥하게 차려입은 부사장이 감탄하는 얼굴로 말했다.

"그렇군요. 사실 나는 로터리 클럽 회원인데 매년 우리 집에서 젊은이들이 홈스테이를 하거든요. 바로 얼마 전에 일본 학생 두 명이 왔었는데 영어를 전혀 못 해서 정말 곤란했어요. 그런데 당신은 영어를 아주 잘하네요." 그럴 것이다. 그 홈스테이 학생들과 나는 절실함이 다르다. 분명 그 학생들은 영어 실력 운운하기 전에 '하고 싶은 말'도 딱히 없었을 것이다.

나는 반드시 하고 싶은 말이 있다. "일본에 돌아가고 싶어요. 티켓을 재발행해 주세요." 그 결론을 향해, 거기에 이르게 된 사정을 지껄일 뿐이다. 하고 싶은 말이 있다면 영어는 할 수 있다.

"아무 걱정하지 않아도 돼요." 부사장이 말했다. "티켓은 재발행해 줄 테니 비행기 타고 돌아갈 때까지 우리 집에서 묵어도 돼요."

세상에, 불가능할 줄 알았던 티켓 재발행이 된다고 한다. 게다가 틀림없이 대저택일 부사장 자택에 묵을 수 있다니.

결과부터 말하면 아마도 대저택이었을 그의 집에 내가 가는 일은 없었다. 그날 오후 일본 영사관에 가서 내 앞으로 온 우편물을 열어보니 웬걸 항공권과 여권이 나왔다.

나와 영사관원뿐만 아니라 주위 인도인들도 "말도 안 돼!"라며 깜짝 놀랐다. 일본의 여권도 항공권도 암시장에서 비싸게 팔려서 일단 도둑맞으면 보통은 돌아오지 않는다고 한다. 애초에 혹시 잘 안 팔렸다고 해도 사기꾼이 우편으로 돌려줄 필요는 없을 텐데. 어쩌면 존이 좋은 녀석이었을까.

이 믿지 못할 행적도 물론 영어로 관계자에게 말하고 다녔다. 내가 빈털터리가 되고서 인도인들이 놀랄 만큼 친절하게 대해주고 있었다. 여행하는 동안 나를 등쳐먹은 사람은 오로지 외국인 상대 장사꾼이다. 그것도 등쳐먹었다기보다 바가지만 씌웠을 뿐 범죄는 아니다. 한편 일반인은 무일푼 외국인을 불쌍히 여겨 음식을 주거나 집에 묵도록 하고 화장실도 빌려주며 정말 잘해줬다.

인도는 계층 격차가 심한 사회라서 하층민이 위로 올라갈 기회가 매우 적다. 그래서 아랫사람은 윗사람으로부터는 돈이나 물건을 다소 더 받아도 된다고 생각하는 풍조가 있다. 반대로 윗사람은 아랫사람에게 돈이나 물건을 베풀면 종교상의 공덕이 되기도 한다.

내가 부유한 선진국 여행자일 때는 현지인의, 그것도 프로의 표적이 됐지만, 전 재산을 잃고 나서는 최하층에 떨어져버려 반대로 보시를 받고 있었다. 그런 점도 서민들과 이야기하면서 점점 알아갈 수 있었다.

이 사건으로 내 인생은 일대 전환기를 맞았다. 언뜻 보면 불가능할 법한 일도 열심히 하면 어떻게든 돌파할 수 있다는 묘한 자신감이 생겼다. 하고 싶은 말이 있으면 외국어도 할 수 있게 된다는 사실도 깨달았다. 이 두 가지 확신으로 이후 내 삶의 방식이 달라진다. 당시의 나에게 아직 '어학'은 곧 '영어'였지만 나중에 일어날 '어학 빅뱅'의 씨앗은 이미 뿌려져 있었다.

2장

아프리카 괴수 탐험과 어학 빅뱅

(프랑스어) (링갈라어) (보미타바어)

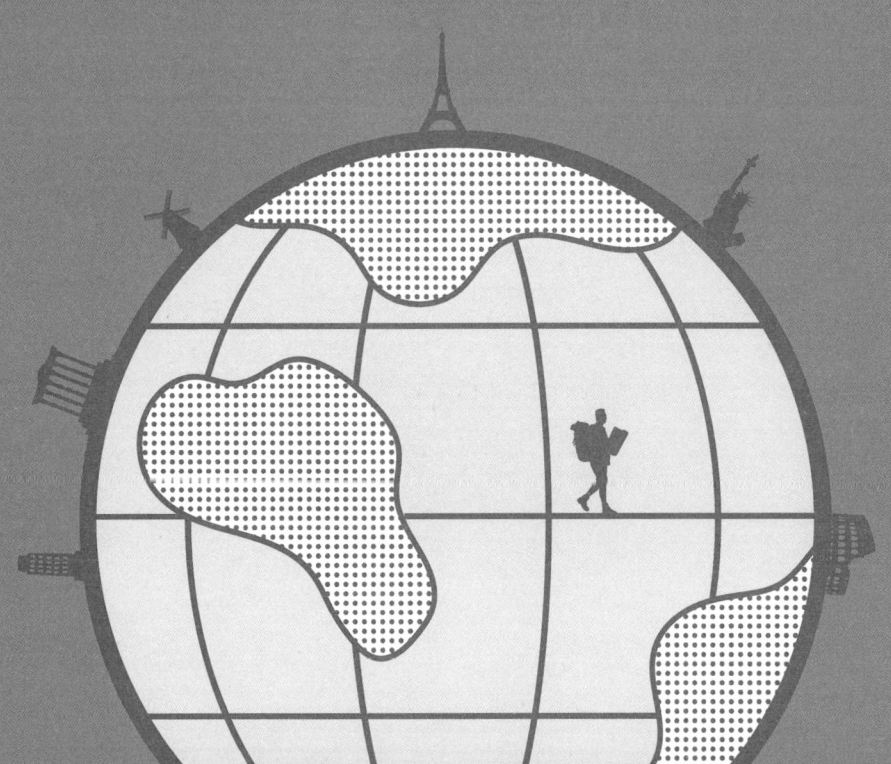

프랑스어라는 마법을 얻다

인도에서 서툴게라도 영어로 말하는 법을 익히면서 의지가 강하다면 상대와 어떻게든 통한다는 묘한 자신감이 생겼다. 하지만 어디까지나 영어라서 그렇다.

현지인이 힌디어를 한다는 사실은 알았지만 배우겠다는 생각은 전혀 없었다. 힌디어라니 외계인의 말 같았다. 그래서 여행 도중 우연히 만난 도쿄외국어대학 힌디어학과 학생을 경외심으로 바라보곤 했다. 당시 나에겐 외국어란 영어밖에 없었다.

음벰베 탐색이라는 RPG

　탐험부 활동으로 아프리카 콩고인민공화국(현 콩고공화국)에 모켈레 음벰베(약칭 음벰베)라는 의문의 괴수를 찾아 떠나려고 마음먹으면서 외국어에 대한 내 의식은 180도 달라졌다. 음벰베는 네스호의 네시처럼 생긴 미확인 동물로, 네시와 마찬가지로 어쩌면 살아남은 공룡일지도 모른다고 한다.

　콩고에 원정하려면 콩고 정부의 허가를 받아야 한다. 한편 아프리카 대륙 중앙부에 위치한 콩고는 프랑스의 지배를 받았었기 때문에 프랑스어를 공용어로 사용한다. 즉 프랑스어를 못하면 허가를 받아도 음벰베 탐험을 할 수 없다. 이 상황이 꽤나 설레었다. 나는 '요즘 시대는 외국어를 잘해야' 같은 일반론으로는 전혀 동기부여가 되지 않지만 '안 그러면 목적을 달성할 수 없다' 같은 상황이 되면 느닷없이 돌진한다.

　해외에서의 내 활동은 그때부터 지금까지 RPG(롤플레잉게임) 같다는 생각이다. '생각'인 이유는 내가 직접 RPG를 해본 적은 없고 소문으로만 들었기 때문이다. 듣기로 RPG는 보물을 얻는다든가 공주를 구해낸다는 궁극의 목표를 이루고자 어려운 곳으로 몸소 뛰어든다. 막강한 적을 쓰러뜨리려고 동료를 모으거나 무기나 마법을 얻거나 하는 모양이다.

　내가 하는 일도 마찬가지다. 목적을 이루려고 온갖 수단을 동원해 어려움을 극복한다. 거기에 카타르시스가 있다. 언어가 바로 RPG의 '마법' 같은 역할을 한다.

실제로 우리보다 먼저 고마자와대학 탐험부가 콩고에 갔었는데 프랑스어를 몰라 철수하고 말았다. 마법을 지니지 않았던 셈이다. 없으면 얻으면 된다는 게 내 생각이었다.

사실 프랑스어는 나에게 미지의 언어가 아니었다. 내가 다니던 고등학교에는 제2외국어 수업이 있었고 나는 프랑스어를 들었다. 게다가 대학은 문학부 프랑스 문학 전공(이하 불문과)으로 진학했다. '바야흐로 프랑스어 엘리트가 되는 것인가!' '제2의 고향이 파리라니!?' 이런 생각이 들 수도 있었겠지만 실상은 전혀 다르다.

1장에도 썼듯이 고등학교는 대학 부속으로 자동으로 대학에 진학했기에 선생님도 학생도 학업 의욕이 매우 낮았다. 프랑스어도 예외는 아니어서 3년 동안 배웠지만 영어로 치면 중학교 1학년 정도 수준밖에 되지 않았을 것이다.

대학교 문학부에 입학한 뒤에는 면학 열의가 더욱 떨어졌다. 와세다대 문과는 특이하게도 입학할 때 전공이 정해져 있지 않다. 1년 동안은 누구나 똑같이 영어와 제2외국어, 교양과목을 이수한다. 나는 제2외국어로 프랑스어를 선택했다. 당연하게도 수업은 날로 먹었고 딱히 노력도 안 했다. 그렇게 1년이 지나니 처음부터 착실하게 공부한 다른 학생들에게 따라잡히고 말았다.

나는 당시 학생들의 상식대로 '대학은 공부하는 곳이 아니다'라고 여겼기에 다른 과목도 대체로 공부하지 않았다. 그러나 와세다대 문학부에서는 그 상식이 통하지 않았다. 2학년으로 올라갈 때 전공이 정해지는 와중에 인기 있는 전공과 그렇지 않은 전공이 있기 때문에 누구나 원하는 대로 선택할 수는 없다. 판단 기준은 성적이었다. 이 독특한 시스템 때문에 와세다대 문학부 1학년생 대부분은 공부하지 않는 척을 해도 수험생의 기세를 간직한 채 면학에 힘쓰고 있었다.

나는 고고학 전공을 희망했다. 중고등학교 시절 영화 〈인디아나 존스〉 시리즈와 월간 미스터리 잡지 〈무Mu〉의 '피라미드는 외계인이 만들었다!' 같은 기사에서 많은 영향을 받았다. 지원 동기는 '현재의 고고학 상식을 뒤집고 싶다. 그러려면 현재의 고고학을 배워야 한다'여서 타당한지 바보스러운지 아리송했다.

그런데 고고학 전공은 정원이 겨우 15명이고, 문과대 1학년은 총 1300명 정도다. 고고학 전공 희망자는 20명쯤이었다. 규칙대로 성적순으로 결정되었다. 아마도 성적이 꼴찌에서 몇 번째였을 나는 당연히 떨어졌다. 이제는 기억도 안 나는 두 번째 희망 전공도 탈락했다. 정원에서 크게 미달한 프랑스 문학 전공으로 가게 되었다. 고고학의 상식을 뒤집을 기회를 얻지 못해 아쉽기도 하다.

와세다대 불문과는 옛날에 인기가 높아서 교수가 많았고

정원도 90명으로 다른 전공에 비해 상당히 규모가 컸다. 즉 희망 전공대로 못 간 학생들이 대거 빨려 들어가는 블랙홀과 같은 상태였다.

그 결과 제1지망으로 불문과에 들어온 학생은 30명도 채 안 됐고 나머지 60명 이상은 나를 포함해 전혀 희망하지 않았는데도 와버린 패거리였다. 각 문학 전공은 '1학년 때 해당 언어를 이수한 사람만 가능'이라는 규정도 있었다. 제2외국어로 프랑스어를 들었다면 독문과나 노문과로 못 들어간다. 달리 갈 데가 없으면 저절로 불문과로 가게 된다.

제2외국어 프랑스어 성적이 너무 나쁜데 불문과로 들어오게 된 학생도 적지 않았다. 전공 자체가 학생들에게도 교수진에게도 악몽과 같은 암흑 우주가 되어버렸다. 수업 시간에는 항상 무기력과 허무감이 감돌곤 했다.

나도 날마다 공허한 표정으로 대학을 다녔다. 음벰베 탐험을 결심한 후 콩고 원정 준비의 일환으로 수업 예습을 하려고 노력했지만 수업 내용은 플로베르, 발자크 등 19세기 고전 문학이 중심이었다. 심지어 일본인 선생님이 읽고 번역하고 해설하는 전통적인 일본 대학 강의였다. 현대 프랑스나 파리 이야기는 전혀 없었고 회화 연습도 거의 하지 않았다. 프랑스인과 대화할 기회도 당연히 없다. 솔직히 전혀 흥미가 생기지 않았다. 공부가 머릿속에 들어오지 않았다. 나의 프랑스어 실력은 걸음마를 겨우 뗀 수준에 머물러 있었다.

이것이 프랑스 엘리트 흉내 내기의 실상이다. 이런 상태로는 프랑스어권에 가서 뭔가 하기란 불가능하다. 프랑스어 회화를 처음부터 다시 배워야 했다.

집에 가는 열차에서 붙잡은 프랑스어 선생님

하루는 하치오지시의 본가로 돌아가는 길에 게이오선 열차에서 금발의 마른 서양인 여성과 나란히 앉았다. 1986년 당시는 외국인이 매우 드물었다. 그래서 긴장했지만 여자가 프랑스어 책을 읽고 있는 모습을 보고 엉겁결에 "프랑스인입니까?"라고 프랑스어로 물었다. 수줍음이 많은 나로서는 매우 이례적인 일이었다. 인도 여행에서 돌아온 지 얼마 되지 않아 낯선 외국인과 대화하는 습관이 남아 있던 탓도 있었을 것이다. 또 어떻게든 콩고에 가고 싶었던 마음도 한몫했다.

"위oui"라는 대답 말고는 전혀 못 알아들었다. 그리고 영어로 대화를 나누었는데 나처럼 하치오지에 살고 있다는 사실도 알았다. 그 자리에서 금발 여성에게 프랑스어 개인 교습을 해달라고 부탁하자 흔쾌히 수락했다. 이름은 실비였다.

실비는 일본 암흑부토暗黒舞踏 무용단 소속의 무용수였다. 그것만으로는 생활하기 어렵다 보니 바에서도 일하는 등 다른 아르바이트도 한다고 했다. 프랑스어를 가르친 경험은 없었던 듯하다. 원래 히피처럼 몇 년 동안 세계를 떠돌다가 일본에 흘러들어 와 비슷한 서양인 동료들과 낡은 연립주택에서 공동생활을 하고 있었다. 다들 회사나 학교와 같은 현대 사회적인 것을 싫어했고 그녀도 예외는 아니었다. 어학 개인 교습이라고 해도 어떤 방법도 딱히 의욕도 없었다.

첫날 수업에서 우리는 낡고 오래된 다다미방 바닥에 털썩 앉았다. 방에는 방석조차 없었다. 밥상만 하나 있었다. 실비가 맨 처음 한 말은 "프랑스어로 자기소개 좀 해봐"였다. 그마저도 영어로 말했다. 무슨 말이든 프랑스어는 내 머릿속에 한 마디도 떠오르지 않았다. 애초에 프랑스어로 무언가를 말할 수 있게 되려고 여기 온 것이다.

그러자 실비 선생은 모르겠으면 영어로 하면 된다고 했다. 나는 마치 콩고 대사관 직원이라도 만난 듯이 대학 탐사부원으로서 콩고 괴수를 찾으러 가고 싶은데 콩고 정부의 허가가 필요해서 허가를 취득하고 싶다고 더듬더듬 호소했다.

만사에 무덤덤한 실비 선생은 첫 학생의 엉뚱한 희망 사항에 크게 놀란 기색 없이 '흐음'하고 조금 재미있다는 표정만 짓고 담담하게 프랑스어로 고쳐 말했다. 나는 프랑스어를 노트에 메모했다.

문장 한두 개 외웠다고 해서 어학 전체에 큰 영향을 미치지는 않는다. 하지만 분명 콩고로 가는 피와 살이 될 것이다.

그 사실이 정말 기뻤다.

자동차 제조에 비유하자면 지금까지 들은 영어나 프랑스어 수업에서는 자동차가 움직이는 원리와 구조만 배웠다. 여기서는 부품을 하나하나 건네받아 차 한 대를 그 자리에서 조금씩 조립하는 기분이었다.

이중 녹음 학습법을 시작하다

당시에는 미처 깨닫지 못했지만 여기서 비로소 '주체적 언어 공부'라는 경험을 한 것이다. 모든 일이 그렇겠지만 특히 어학은 시키는 대로 하면 재미도 없고 남는 것도 없다. 주체적으로 할 때 뼛속 깊이 스며든다.

제 돈 들여 배우니 더욱 그렇다. 수업이 끝나면 시간당 3000엔의 수업료를 현금으로 직접 건넸다. 학생에게 1000엔도 큰돈이다. "본전을 뽑아야 한다!"라고 간절히 생각했다. 주체성은 점점 더 커졌다.

주체적인 어학을 시작한 것은 좋은데, 문제는 선생이 주체적이지 않다는 점이었다. 일단 의욕이 없다. 수업에 금방 싫증 내고 일본 생활 푸념이나 옛날에 여행 갔던 얘기, 현대 문명이 병들었다는 둥 이야기를 풀어놓는다. 두서없는 수다라서 노트에 적을 수도 없고 대충은 알아듣겠지만 세세한 부분은 전혀 모르겠다. 이야기에 열을 올리면 올릴수록 나는 점점 더 멍해진다. 주체에서 비주체로 전락하고 만다.

이래서는 안 된다. 돈과 시간을 낭비하고 있다고 생각한 나는 고민 끝에 획기적인 해결책을 생각해 냈다. 수업을 통째로 녹음하기로 했다. 테이프에 60분을 녹음하고 집에 돌아와서 수다를 모두 글로 옮겼다. 모르는 부분은 사전이나 문법책을 참고해 가며 유추했다. 그리고 다음 수업에서 실비 선생에게 체크해 달라고 한다.

녹취 학습법은 놀라울 정도로 효과적이었다. '프랑스인이 말하는 진짜 프랑스어'를 배울 수 있다는 것이 무엇보다 좋았다. 일반적인 학교 수업은 표준어를 다룬다. 교과서에는 '이런 프랑스어가 바람직하다'고 나와 있지만 실제 프랑스인 말투가 늘 그렇지는 않다. 실비 선생은 가르치려는 마음이 제로라서 모든 것이 '꾸밈없고' 자연스러웠다. 그래서 온전히 모두 리얼한 프랑스어다.

테이프에는 "어머, 나 참 멍청하네……" "우라질! 짜증나!" "그놈, 성격 나빠"라는 말도 그대로 녹음되어 있었다. 그런 표현은 나중에 콩고에 갔을 때 바로 써먹었다.

테이프 녹취는 한층 더 진화했다. 지난번 녹취를 체크하다 보면 다음 수업 60분이 모두 날아가는데, 그게 아깝다고 생각한 나는 두 번째 녹음기를 준비해 '녹취록을 체크하는 실비 선생의 수다'를 녹음했다.

이중 녹음이 포함된 초현실적 학습법이었지만 이 또한 도움이 되었다. '아, 이건 ××의 여성형인데'라든가 '난 이렇게 말했는데 사실은 이렇게 말해야 더 예의 바른 거야'라든가 '아니, 내가 이런 말을 했다니. 남들한테 말하지는 마!' 같은 표현이 녹음되었기 때문이다. 내가 이런 걸 다시 녹취하니 실비 선생은 난처하게 웃음 지었다.

동시에 콩고 정부에 음벰베 탐사 허가를 신청하는 서류를 함께 작성했다. 콩고 정부에서 보낸 답변을 해독하고 희망 사항을 구체적으로 담은 답장을 썼다.

그것도 수업이었고 그 과정도 녹음해 녹취록을 작성했다. 1년 후 콩고로 갈 준비가 마무리됐다. 콩고 정부의 허가도 받았고 현지에서 필요한 최소한의 프랑스어 회화 능력도 갖추게 된 것이다.

인생에서 '마법'을 얻은 첫 경험이자 언어라는 마법을 얻는 일이 얼마나 재미있는지 처음 깨달은 순간이었다.

콩고 탐험대를 습격한 '고질라' 출현

나의 어학 인생을 되돌아보면 초기 단계에서 고비마다 이상한 힘이 작용하고 있었다고 생각하지 않을 수 없다. 콩고에 가려면 프랑스어만 해도 됐는데 중간부터 링갈라어를 병행해서 배웠다. 이유는 RPG적으로 말하면 '새로운 적의 출현'이었다.

탐험부 동료와 함께 음벰베 탐험대를 꾸릴 계획을 세우고 부원 사이에서 '콩고대'라고 불릴 무렵이었다. 순전히 우연히도 텔레비전 방송 제작 기획자라는 사람이 독자적으로 음벰베 탐색 프로그램을 만들려 한다는 사실을 알게 됐다.

음벰배 탐험대에
고질라가 나타나다

주인공은 나가이 겐지라는 사람이었다. 분쟁 지역을 돌아다니는 영상 저널리스트로, 2007년 미얀마에서 민주화 시위를 취재하던 중 정부군 병사의 총에 맞아 세상을 떠났다.

내가 만난 무렵의 나가이 씨는 그런 험한 일을 할 사람으로 보이지 않았다. 당시 서른 살 정도였던 그는 "음악을 좋아해서 미국 대학에 유학해 포크송을 연구했거든요. 귀국하면 음악 업계에 취직하려고 했는데 전혀 일자리가 없었어요. 어쩔 수 없이 방송업계에 들어간 거죠"라고 태평하게 웃었다.

서로 마음이 잘 맞았던 동시에 '상대가 선수 치는 것은 싫다'라는 생각도 강하게 들어 공동으로 원정대를 꾸리기로 뜻을 모았다. 젊고 세상 물정을 몰랐던 나는 TV 촬영팀이 동행한다는 사실에 '우리, 영웅이 될 수도 있겠는데?' 하고 들뜬 기분이었다.

그런데 나가이 씨는 우리를 깜짝 놀라게 할 만한 행동을 했다. '잠깐 사전 답사만 다녀오겠다'라더니 프랑스로 날아가 파리의 콩고 대사관에서 관광 비자를 취득한 후 곧장 콩고로 가버린 것이다. 그뿐만이 아니었다. 콩고 국내에서도 신속하게 이동하여 괴수가 존재한다고 알려진 호수에서 가장 가까운 마을까지 다다랐다.

나가이 씨는 비록 프랑스어는 할 줄 몰랐지만 미국 대학에서 공부했기에 영어는 능통했고 현장 답사로 세계 곳곳을 다닌 경험이 있었다. 그런 정도의 일은 일상이었던 것이다.

귀국한 나가이 씨에게 프랑스어는 어떻게 해결했느냐고 묻자 "콩고 정부에 제출할 허가 신청은 프랑스어가 가능한 코디네이터에게 맡길 거고 현장에서는 현지 프랑스어 통역도 데려갈 거니까 문제없어요"라며 밝은 미소로 대답했다.

콩고 현지에 손쉽게 도달할 자금력과 능력, 거기에 코디네이터와 통역까지…… 충격이었다. 마치 고질라의 강림을 목격하는 느낌이었다. 우리가 차근차근 쌓아 올려온 것들이 단번에 무너져 버리는 듯했다. 프로 방송 제작자는 우리 같은 학생과는 전혀 다른 레벨임을 실감할 수밖에 없었다.

만약 이곳이 등산, 암벽 등반, 동굴 탐험 혹은 급류 타기처럼 특정 기술이 필요한 장소였다면 우리에게도 어느 정도 우위가 있었을 것이다. 아쉽게도 현지는 평탄한 열대 정글이었다. 우리도 열대 정글을 경험해 본 적은 없었다. 애초에 나가이 씨 측은 정글 경험이 풍부한 디렉터와 촬영 기사를 제대로 준비할 게 뻔했다.

'우리 그냥 들러리가 되거나 잡일이나 하는 신세로 전락하는 거 아냐?' 그런 걱정이 점점 커졌다.

이 강대한 적에게 맞서려면 어떻게 해야 할까. 고민 끝에 떠올린 아이디어는 바로 '링갈라어 배우기'였다.

환상 속
콩고인을 찾아라!

링갈라어는 세계에서 두 번째로 큰 유역 면적을 자랑하는 대하大河 콩고강 유역의 공통어다. 1980년대 당시에는 '자이르강'이라 불렸다. 14세기부터 19세기까지 강의 하구를 중심으로 콩고 왕국과 로앙고 왕국이 번성했지만 유럽인이 식민지화하면서 두 나라로 분리되고 말았다.

하나는 구 프랑스령 콩고인 콩고인민공화국(현 콩고공화국)이며 다른 하나는 구 벨기에령 자이르 공화국(현 콩고민주공화국)이다. 이 책에서는 당시의 국명을 사용하여 전자를 '콩고', 후자를 '자이르'라고 부르기로 한다.

음벰베가 산다는 텔레 호수는 콩고 쪽에 있으며 콩고강 본류의 서안에 위치한다. 한편 자이르는 강의 동안에 자리 잡고 있다. 당시 콩고는 인구가 약 110만 명인 소국이자 사회주의 국가였던 반면, 자이르는 약 3100만 명 인구의 지역 대국으로 자본주의 세계에 속해 있었다.[1]

국가로서는 대조적이었지만 콩고와 자이르는 자연환경과 민족 구성이 매우 유사하고 언어 상황도 거의 동일했다. 프랑스의 식민지였던 콩고의 공용어는 프랑스어고, 벨기에의 공용어도 프랑스어니 자이르도 마찬가지다. 소규모의 민족이 많아서 콩고는 50개 이상이고 자이르는 200개가 넘어간다.[2]

이들 '민족'은 대부분 '언어 집단'과 일치한다. 예컨대 '테케족'의 언어는 '테케어' 같은 식이다. 각각의 언어는 마치 프랑스어와 이탈리아어, 스페인어처럼 서로 미묘하게 달라 의사소통이 어렵다. 어느 때인가부터 콩고강 중류 지역 사람들이 교역에 쓰고자 만들어낸 공통어가 점차 콩고와 자이르 전역으로 퍼져나갔다. 그것이 바로 링갈라어다.[3] 아프리카에서도 사용자 수가 다섯 손가락 안에 꼽히는 주요 언어다.

링갈라어를 조금이라도 할 줄 알면 현지인들과 친해질 수 있지 않을까 하고 단순하게 생각했다. 강대한 적에 맞설 대책치고는 너무나도 보잘것없었다. 쉽게 갈 만한 일본 국내의 이리오모테섬에서 정글 생활 기술을 훈련했다면 나았을 것도 같다. 왜 당시 나는 이런 선택을 했을까.

프랑스어로 언어의 재미에 눈을 뜨기도 했지만 탐험부 선배들이 '민족 조사'라는 이름으로 해외 오지로 갈 때 그 민족의 모어를 배우는 모습에 큰 영향을 받았다. 예를 들어 티베트로 가는 선배는 사전에 중국어뿐만 아니라 티베트어를, 태국의 소수민족인 라후족을 조사하러 가는 선배는 현지에서 태국어와 라후어를 배웠다. 선배들에 따르면 현지인들의 신뢰를 얻으려면 그들의 모어를 구사해야 한다. 콩고 사람들에게 링갈라어는 모어는 아니더라도 '현지어'다.

그보다 더 나를 링갈라어 학습으로 이끈 동력은 '선생님도 교재도 아무것도 없는' 상황이었다. 링갈라어는 일본에서

'미지의 언어'에 가깝다.[4] 탐험은 곧 미지의 탐색이라 생각하는 나에게 이 상황은 이미 '탐험적'이고 설레는 일이었다. 나는 가끔 주목적을 벗어나 눈앞에 나타난 탐험적인 일에 뛰어들곤 한다.

콩고는 나라가 작아서 당시 일본에 대사관은커녕 물어볼 데도 없었다. 현장 조사를 하는 연구자도 없었다. '환상의 괴물 음벰베를 찾기 전에 환상 속 콩고인을 찾아라!'라는 생각에 나와 동료들은 도쿄를 뛰어다녔다. 세타가야구 이케지리의 밥집에서 콩고인이 아르바이트를 하는 모습을 누군가 텔레비전에서 봤다는 미확인 정보를 입수하고 밤마다 이케지리를 분담해 구석구석 찾아다닌 적도 있었다. 이때 케냐인 학생을 찾았는데 동아프리카 공통어인 스와힐리어는 알아듣지만 링갈라어는 모르겠다기에 포기했다.

그 후 콩고 탐험대원 중 한 명이 티베트문화연구소의 강좌에서 윌리라는 자이르인 청년을 사귀었다고 보고했다. 링갈라어를 할 줄 아는 사람을 마침내 찾았다. 참고로 윌리는 티베트에는 손톱만큼도 관심이 없었고 단지 당시 사귀던 일본인 여자친구가 티베트를 좋아했을 뿐이라고 한다.

자이르인이란 말에 나는 놀랐다. 허무하기도 했다. 링갈라어는 콩고와 자이르의 공용어라고 다른 부원에게도 수없이 설명해 놓고 '자이르인'은 완전히 머릿속에서 빠져 있었다. 자이르는 나라가 커서 일본에도 대사관이 있으니 문의하면 됐을 텐데 말이다. 게다가 윌리는 대사관 직원의 아들이었다.

나의 어설픔에 충격을 받았지만 링갈라어 구사자를 찾아내서 기뻤다. 곧바로 윌리에게 연락해 탐험부 동아리방에서 만났다.

링갈라어는 문자가 없다

윌리는 명랑하고 싹싹한 젊은이였다. 일본을 참 좋아한다며 새하얀 이를 드러내고 웃었다. "다들 마이클을 닮았대." 당시는 도쿄에서도 흑인이라곤 좀처럼 볼 수 없었고 마이클 잭슨이 한창 인기를 끌던 때였다. 멋지고 잘생긴 윌리는 어디를 가나 인기가 많은 듯싶었다.

일본에서 영어 회화 학원에 다닌다는데 나와 비슷한 정도로 쉬운 영어를 구사하는 점도 좋았다. "빨리 영어를 잘하고 싶어. 장래에는 미국 흑인으로서 일본에서 가수로 데뷔하고 싶어"라고 아리송한 꿈을 말했는데 장래는 그렇다 치고 지금은 일도 하지 않아 시간적 여유도 있다.

"링갈라어를 가르치는 건 괜찮아. 하지만 문제는 링갈라어는 문자가 없다는 거야"라고 윌리는 말했다. 잘 알려지지 않았지만 전 세계 수천 개의 언어 중 문자가 없는 말도 그리

드물지 않다. 어쩌면 대다수일지도 모른다. 당시에는 나도 그 사실을 몰랐기 때문에 '문자가 없는 언어'에 솔직히 놀랐다.

"그럼 편지는 어떻게 써?"라고 무심코 물었더니 프랑스어로 쓴다고 한다. "프랑스어를 모르는 사람이 집에 있는 가족에게 메시지를 남길 때는?"이라고 거듭 물었더니 그런 습관은 없다는 대답이 돌아왔다.

잠시 고민하던 중 윌리가 "좋은 아이디어가 있다! 알파벳(로마자)으로 쓸 수 있을지도 몰라."라고 말했다. 스와힐리어도 알파벳으로 표기되고 케냐와 탄자니아에서 스와힐리어로 된 신문과 책이 출간된다고 한다. 링갈라어는 스와힐리어와 발음이 비슷하니 똑같이 할 수 있지 않겠느냐는 것이다.

시험 삼아 윌리가 화이트보드에 알파벳을 적어보았다. "MBOTE, OYO NINI?, NA LINGIYO……"

"음보테, 오요 니니, 나 링기요"라고 의미도 모른 채 로마자로 읽었더니 "오케이! 그레이트!"라고 윌리가 눈을 반짝이며 외쳤다. "대충 알겠어!" 우리는 모두 콩고에 가서 음벰베를 발견한 것처럼 기뻐했다.

참고로 세 개의 링갈라어 문장은 각각 '안녕하세요' '이게 뭐야?' '아이 러브 유'다. 정말로 운이 좋게도 링갈라어는 자음도 모음도 일본어와 매우 비슷해서 로마자로 표기가 잘 된다. 모음도 일본어 아이우에오와 같다고 윌리가 말해서 그대로 믿었다.

콩고 원정 후 발견해서 구입한 링갈라어-프랑스어 사전. 여행지에 가지고 다니는 사이에 헐어버려서 책등을 테이프로 붙였다.

다만 몇 년이 지나고 나서 링갈라어-프랑스어 사전을 처음 입수했을 때 일본어 '에'와 '오'에 가까운 소리가 두 종류씩이라 모음이 실제로는 일곱 개라는 사실을 알게 됐다. 실제로는 두 가지의 '에'와 '오'를 구별하지 않아도 의미가 통했고 우리가 하는 정도의 간단한 대화에는 지장이 없었기에 오랫동안 눈치채지 못했다.

어쨌든 링갈라어의 문자화에 성공했으니 수업을 할 수 있게 되었다. 일주일에 한 번 시간당 3000엔으로 프랑스어 실비 선생과 같은 수업료였다. 윌리에게 동아리방으로 오라고 해서 콩고 탐험대원이 모여 수업을 받았다. 처음 접하는 아프리카의 언어가 어떨지 흥미진진했다.

윌리는 '어학의 천재'였다. 자이르 동부 출신으로 모어는 스와힐리어인데 링갈라어와 프랑스어를 완벽하게 구사했다. 영어 실력도 아주 빠르게 향상 중이었고 일본어도 서툴게나마 할 줄 알았다. 아프리카에서는 언어를 서너 개 구사하는 사람이 드물지 않다는 사실은 나중에야 알게 되었다.

프랑스어와 영어밖에 모르는 실비보다 윌리가 훨씬 언어에 예민했다. 프랑스어는 자이르의 학교 수업에서, 영어는 일본의 영어 회화 학원에서 배운 덕분에 언어를 가르치는 방식도 잘 알고 있었다.

'이름이 무엇입니까?' '내 이름은 ××입니다'라든가 '어디서 왔습니까?' '일본에서 왔습니다' 같은 기본적인 회화문을 만들어 문법적으로 솜씨 좋게 설명해 줬다.

링갈라어는 아프리카의 리듬

밀림 저편에서 떠오르는 아침 해처럼 점차 링갈라어의 전모가 밝혀졌다. 어순은 주어-동사-목적어로 영어나 프랑스어와 같다. 나, 너, 그 등 인칭으로 동사가 변화하는 점이나 동사에는 부정형(원형), 과거형, 현재형, 미래형, 명령형 등이 있는 점도 프랑스어와 비슷하다. 동사의 불규칙 활용이 거의 없고 명사에 남성 여성 구별도 없으니 프랑스어보다 훨씬 간단해서 이해하기 쉬웠다.

"링갈라어는 간단해"라고 윌리 선생은 몇 번이고 되풀이했다. 실제로 모음과 자음의 발음이나 문법에서는 '미지의 언어'라는 생각이 들지 않았다.

링갈라어는 '반투어군'이라 불리는 거대한 언어군에 속한다. 아프리카 적도 부근부터 남쪽은 반투어군 인구가 90퍼센트 이상을 차지한다. 정확한 통계는 없는 듯하나 2022년 7월 기준 반투어군 인구는 4억 명쯤 된다.[5]

반투어군의 특징은 명사류名詞類라는 것이 있어서 그 종류에 따라 형용사나 동사가 변화한다. 꽤 어려운 규칙인데, 링갈라어 명사류는 매우 간단해서 크게 신경 쓸 필요가 없었다.

콩고강 유역에는 많은 반투 제어가 분포한다. 앞에서도 말했듯이 서로 소통이 되지 않아 강가를 따라 공통어가 만들어졌다. 왜 강가냐면 열대우림 콩고 분지는 예로부터 강이 통행로였고 상업이나 이동은 강을 통했기 때문이다.

본디부터 공통어로 만들어졌으니 어려울 리가 없다. 그렇더라도 동아프리카 공통어인 스와힐리어와 비교해도 문법이 현저하게 단순하다. 학습자에게 이보다 더 고마운 일은 없다.

한편 링갈라어를 배우면서 이게 아프리카구나라는 감동을 얻었다. 이 언어에서 가장 재미있는 점은 리듬이다. '은' '웅' '음'으로 시작하는 단어가 매우 많다. '나'는 'ngai응가이', '집'은 'ndako은다코'다. 이런 단어들이 이어져 글을 만드는 셈이다. 예컨대 '내 집에 와'는 'Yaka na ndako na ngai야카 나 은다코 나 응가이'이다. 그냥 말만 해도 노래를 부르는 것 같다.

'은'이나 '음'으로 시작하는 단어가 많은 것이 반투어군의 특징이다. 반투어군을 쓰는 민족은 리드미컬한 음악을 특히 잘한다. 평범한 대화를 나누기만 해도 '은타타 은타타 은타타……' 같은 당김음 리듬이 자연스럽게 형성된다. 그들의 뛰어난 음악적 감각이 바로 언어에서 비롯된 게 아닐까.

2020년 6월 영국 BBC 뉴스 보도에 따르면 미국의 유전자 조사 회사가 미국과 아프리카에서 대규모 유전자 조사를 실시한 결과, 아프리카계 미국인 대다수가 콩고민주공화국(옛 자이르)과 이웃 나라 앙골라에서 유래한다는 사실이 밝혀졌다.6 만약 그렇다면 링갈라어의 기반이 된 콩고와 자이르의 반투어 리듬이 노예무역을 통해 미국으로 건너가서 재즈, 록, 힙합 등 오늘날 전 세계를 휩쓸고 있는 팝 음악을 탄생시키는 토양이 되었는지도 모른다.

나는 링갈라어를 배움으로써 아프리카를 체감했다. 그때까지 책으로 읽고 사진이나 영상으로도 보던 아프리카지만, 항상 저 멀리 있는 존재일 뿐이었다. 링갈라어 회화 연습을 하다 보면 아프리카가 내 몸 안으로 들어오는 느낌이 들었다. 프랑스어로 아무리 아프리카 이야기를 해도 절대로 이런 감각은 얻을 수 없다. 언어는 몸으로 느껴야 한다는 사실을 처음 알게 됐다.

적이 우리에게
남겨준 링갈라어

윌리의 수업은 열 번도 채 되지 않았다. 반년도 지나지 않아 흐지부지됐다. 좋은 선생님이었지만 모델 활동이나 이벤트 게스트로 너무 바빴다. 돈도 궁핍하지 않았고 한 번에 3000엔을 벌자고 일부러 와세다까지 오기가 귀찮았을지도 모른다. 우리 쪽도 사정이 있었다. 멤버가 열 명이나 되어 일정을 맞추기가 어려웠다.

하지만 우리 동기부여가 가장 크게 떨어진 이유는 따로 있었다. "결국 프로그램 기획이 통과되지 않았습니다." 나가이 씨로부터 그런 연락이 왔다. 프로듀서는 의욕적이었지만 방송국의 윗선에서 어떤 그림이 나올지 알 수 없고 위험 부담이 크다며 승인하지 않았다고 한다. "탐험부 여러분은 힘내세요." 그렇게 말한 나가이 씨는 우리 앞에서 자취를 감췄다.

세상에, '강대한 적'은 스스로 사라져 버리고 말았다. 마치 도쿄만에 불쑥 나타난 고질라가 사람들을 긴장감에 휩싸이게 한 뒤, 근처 빌딩 두어 개를 부수고 조용히 바다로 돌아가 버린 듯한 느낌이었다. 나는 안도감과 함께 허탈함을 느꼈다. "대체 뭐였던 거야……" 하는 기분이었다.

정말 기묘한 전개였다. 나가이 씨 일행이 안 나타났다면 나는 링갈라어를 배우려 하지 않았겠고, 어쩌면 이런 언어를 배우기 좋아하는 사람도 되지 않았을지 모른다. 내가 링갈라어를 공부하게 만들려고 어학의 신이 보낸 사도들이었을지도⋯⋯ 라는 생각은 전혀 하지 않지만 결과적으로 내 '어학 인생'에 미친 영향은 크다. 링갈라어를 미리 어느 정도 공부한 덕분에 현지에 도착했을 때 내게 '어학 빅뱅'이 일어났기 때문이다.

1   현재 인구는 세계은행에 따르면 콩고(현 콩고공화국) 552만 명(2020년), 자이르(현 콩고민주공화국) 8956만 명(2020년).

2   전 세계 언어에 관한 정보서인《에스놀로그: 아프리카와 유럽의 언어(제22판)》(국제 SIL, 2009)에 따르면 콩고(현 콩고공화국)의 토착 언어는 55개, 자이르(현 콩고민주공화국)의 토착 언어는 207개다. 본문에 기술한 바대로 두 국가를 아우르는 콩고 지역에서 '민족'은 곧 '언어 집단'이라 생각하기 때문에 여기에서는 언어의 수로부터 반대로 민족의 수를 추측한다.

3   가지 시게키, 스나노 유키토루 엮음,《아프리카의 말과 사회: 다언어 상황을 산다는 것》(미모토샤, 2009), 231쪽 참조.

4   실은 나오하라 도시오(直原利夫) 엮음,《아프리카 제어 시리즈1 링갈라어 입문편アフリカ諸語シリーズ1 リンガラ語入門篇》(1965)이라는 교과서가 있었다. 이는 천리교 해외전도부가 말 그대로 전도를 위해 만든 비매품이어서 오랫동안 있는지도 몰랐다. 천리교는 내가 콩고(현 콩고공화국)를 방문했을 때부터 수도 브라자빌에 교회가 있었고 우리는 그곳에서 신세를 졌다.

5   데릭 너스Derek Nurse, 제라르 필립손Gérard Philippson 엮음,《반투어군The Bantu Languages》(2003)에 따르면 약 7억 5000만 명의 아프리카인 가운데 약 4억 명이 니제르콩고어족의 화자이며 또 그중 2억 4000만 명이 반투어군의 화자라고 한다. 아프리카인 3분의 1이 반투어군 화자라는 뜻이다(이상은 오사카대학의 고모리 준코 교수의 지적에 따름). 아프리카의 인구는 그 후로도 계속 늘고 있어 국제 연구팀과 유지가 운영하는 웹 사이트 Worldometer에

따르면, 2022년 7월 현재 아프리카 총인구는 약 14억 명이다(https://www.worldometers.info/world-population/africa-population/). 여기의 데이터는 실시간이어서 언제나 늘고 있다. 이 중 3분의 1이 반투어군 화자라면 약 4억 7000만 명이다.

6   Genetic impact of African slave trade revealed in DNA study, BBC News https://www.bbc.com/news/world-africa-53527405.

어학 빅뱅이 터지는 순간

처음 아프리카 땅을 밟았던 날을 잊을 수 없다. 나는 음벰베 탐사의 사전 조사를 명목으로 후배 무카이 도루와 둘이서 파리를 경유해 자이르의 수도 킨샤사를 방문했다.

본래 목적지였던 콩고에는 일본 대사관이 없었기 때문에 먼저 일본에 대사관이 있는 자이르의 비자를 받아 콩고로 가기로 했다. 콩고의 수도 브라자빌은 콩고강을 사이에 두고 킨샤사 건너편에 있었다. 두 수도 사이에는 페리와 같은 배가 오가고 있었고 킨샤사의 콩고 대사관에서 비자를 받으면 쉽게 콩고로 건너갈 수 있었다.

수수께끼 같은 말
'무샤시노!'

해가 질 무렵 킨샤사 국제공항에서 택시를 타고 프랑스어로 "시내로 가주세요"라고 말했다. 어둠이 완전히 내려앉은 후 도심에 도착했는데 나는 깜짝 놀랐다.

너무나 캄캄했다. 알전구가 드문드문 켜져 있을 뿐이었다. 사방에서 링갈라어인지 어떤 아프리카 언어인지 모를 노랫말의 댄스 음악이 쩌렁쩌렁 울려 퍼졌다. 음악에 맞춰 살갖이 새까만 사람들이 도로 한가운데에서 괴성을 지르며 춤을 추고 있었다. 끈적끈적한 열대 공기 속에서 지금까지 맡아본 적 없는 강한 체취가 풍겨왔다.

여기가 수도의 중심지라고? 말문이 막혀 멍하니 서 있던 나에게 옆에 있던 무카이가 조용히 중얼거렸다. "다카노 선배…… 돌아갑시다."

그의 얼굴을 보니 핏기가 가신 듯했다. 아니, 사실 어두워서 낯빛이 보일 리 없지만 완전히 넋이 나간 건 확실했다. "돌아간다니, 어디로?"라며 무심코 웃었고 그제야 정신이 돌아왔다. 오늘 밤 잘 곳을 찾아야 했다. 근처에 있던 사람에게 말을 걸어 저렴한 숙소를 알아내 무사히 묵을 수 있었다.

우리가 도착한 곳은 '마통게 지구'라는 다운타운이었다. 관공서나 사무실이 밀집한 지역에서는 떨어져 있었지만 이

곳이야말로 번화가의 중심지였다. 일본으로 치면 시부야, 롯폰기, 신주쿠 가부키초를 합쳐놓은 듯한 지역으로 엔터테인먼트, 패션, 유흥 문화가 어우러진 곳이었다.

이튿날 밝은 대낮에 걸어보니 3~4층짜리 건물이 드문드문 서 있었고 과일, 채소, 빵 등을 파는 노점이 줄지어 있었다. 전날 밤의 수상쩍은 분위기와는 완전히 다르게 건전하고 활기찬 느낌을 주었다. 정말 같은 동네가 맞나 싶을 정도였다. 무엇보다 놀라웠던 일은 우리가 지나갈 때마다 엄청난 관심을 받았다는 점이었다.

그 이유는 두 가지인데 둘 다 링갈라어와 깊은 관련이 있다. 우선 거리에서 오가는 사람들이 우리를 가리키며 "무샤시노! 무샤시노!"라고 외친다. 처음에는 우리를 중국인(프랑스어로 Chinois시누아)으로 착각하고 욕하는 줄 알았다. 중국인 차별은 자주 봐왔다. 다만 그런 것치고는 얼굴이 모두 싱글벙글하다.

숙소 직원에게 물어보니, "무샤시노"란 우리가 허리에 차던 힙 색을 가리키는 말이었다. 놀랍게도 일본어에서 유래한 말이란다.

"일본어?" 내 프랑스어 실력이 모자라서 잘못 들었나 싶었지만 그렇지 않았다. 믿기 어려운 일이지만 이 땅에서는 일본 문화가 유행하며 '일본 붐'이 일어나는 모양이었다.

링갈라어와
링갈라 음악

콩고와 자이르는 하나의 지역으로 볼 수 있다. 자이르는 현재 콩고민주공화국이므로 이 책에서는 이 두 나라를 통틀어 〈콩고〉라고 부르겠다.

〈콩고〉에서는 '링갈라 음악'이라는 장르가 매우 활발하다. 일렉트릭 기타 두 대, 베이스, 드럼, 보컬 네댓 명, 콩고 전통 북으로 구성되고 노랫말은 링갈라어다.

아프리카 음악 연구자인 고쿠시칸대학 스즈키 히로유키 교수에 따르면 링갈라 음악은 1950년대에 쿠바의 룸바가 콩고화되며 발전했다고 한다. "1960년대 독립 이후 아프리카에서 가장 대중적인 음악으로 성장해 서아프리카에서 동아프리카까지 강력한 영향력을 발휘하게 되었다"라고 스즈키 선생은 설명한다.[7]

1980년대 중반 프랑스에 머물던 탐험부 선배에게 듣기로는 당시 프랑스에서도 링갈라 음악이 대유행이었고 특히 바캉스 시즌 리조트에서는 밤이면 밤마다 링갈라 음악이 흘러나와 사람들이 춤을 췄다고 한다.

록이나 살사도 조금 비슷하지만 화려한 음색의 기타나 날카로운 보컬, 신나는 북의 난타 리듬은 달리 비할 데가 없다. 링갈라 음악을 들으면 얼마나 잘났든 얼마나 예쁘든 저절로 허리를 흔들며 춤추기 시작한다. 〈콩고〉는 법 앞에 평등은 없지만 링갈라 음악 앞에서는 평등하다고 당시 자주 생각했다. 첫날 어둠 속에서 울려 퍼지던 멜로디가 바로 그것이었다.

마통게 지구는 링갈라 음악의 중심지였다. 주말이 되면, 혹은 주말이 아니더라도 라이브 하우스나 바에 인기 밴드가 출연해 모두 아침까지 춤을 춘다. 열기와 에너지가 보통이 아니었다. 우리가 찾아갔던 시절은 링갈라 음악의 절정기였던 듯한데 당시를 아는 일본인은 누구나 입을 모아 그 시절의 킨샤사는 굉장했다며 꿈꾸는 듯한 표정이 된다.

재미있게도 링갈라 음악의 가사는 원칙적으로 링갈라어다. 〈콩고〉의 250여 민족에는 각자 독자적인 언어가 있다. 그중에서도 콩고강 하류 유역부터 대서양 연안에 사는 콩고족은 내가 방문했을 당시에도 수백만은 있었으리라 추정되는 가장 큰 세력 중 하나다. 이들의 언어인 콩고어는 자이르의 공통어로 2019년 기준 800만 명이나 쓰지만[8] 콩고어로 부르는 링갈라 음악은 들어본 적이 없다. 있을지 몰라도 메이저는 아니다. 역시 〈콩고〉에서 대중음악은 링갈라어로 된 음악이다. 나중에 스즈키 선생에게 물었더니 "유명한 뮤지션이 때때로 자신의 모어인 민족어로도 노래한다"라고 한다.

링갈라 음악과 링갈라어는 관계가 깊다. 링갈라어는 콩고강 유역 중부에서 교역을 하는 사람들 사이에 자연스럽게 생겨난 공통어다. 그러다가 19세기 프랑스와 벨기에의 식민지

지배와 가톨릭 선교에도 이용됐고 1960년 프랑스와 벨기에의 식민지가 각각 콩고를 자처하며 독립하자 새로 창설된 국군의 공통어로 쓰였다.9

링갈라 음악이 링갈라어를 〈콩고〉의 강력한 공통어로 보급시켰다. 킨샤사를 중심으로 폭발적인 인기를 끌었던 이 음악은 콩고강 유역 곳곳으로 퍼져나갔다. 나는 학창 시절이던 1980년대 후반에 총 4회 〈콩고〉를 여행했다. 이곳저곳 돌아다녔는데 어떤 오지를 가든 링갈라 음악은 있었다. 전기가 없는 마을에서도 발전기나 전지로 라디오 카세트를 틀어놓고 볼륨을 최대한 높여 링갈라 음악을 틀었다. 남자는 여인에게 사랑을 속삭이고 여자는 바람난 남자를 원망하는 링갈라어 가사가 흐르는 가운데 다들 맥주를 마시고 춤을 췄다.

밀림 깊숙한 마을에서 도회지로 나오거나 군대로 들어갔던 젊은이들이 링갈라어와 링갈라 음악을 한 세트로 고향으로 가져간 것이다. 링갈라어는 콩고강 유역 사람들의 '마음의 말'이 되어갔다.

무샤시노 이야기로 돌아간다. 내가 〈콩고〉를 드나들었던 1980년대 후반부터 1990년경에 걸쳐 가장 인기 있던 뮤지션이 파파 웸바였다. 자신의 밴드를 이끌고 1986년 일본에서 콘서트도 열었다. 우리가 〈콩고〉에 가기 전해였다.

자이르로 돌아간 뒤 이들은 라이브 때마다 무대에서 "도쿄! 신주쿠! 무샤시노!"를 외쳤다. 모두 일본에서 라이브를 진행한 곳으로 '무샤시노'는 '무사시노武蔵野 시민문화회관'이다. 마침 무샤시노를 외칠 때 일본에서 기념품으로 사온 힙 색을 무슨 챔피언 벨트처럼 자랑스럽게 과시했다고 한다.[10]

당시는 아직 〈콩고〉에 힙 색이 없었다. 사람들은 파파 웸바의 라이브에 가거나 그 모습을 텔레비전으로 보고 힙 색을 '무샤시노'라고 불렀다. 우리가 킨샤사에 도착했을 때도 힙 색은 아직 파파 웸바의 밴드 멤버밖에 없다는 희귀품이라서 우리가 관심을 받은 것이다.

덧붙여 1986~1987년경은 파파 웸바에 버금가는 인기 밴드 '자이코 랑가랑가(이하 자이코)'의 〈Nippon Banzai〉라는 앨범이 대히트를 기록했다. 이 밴드명의 유래는 여러 설이 있는 듯한데 '자이코'는 자이르강(콩고강)이고 '랑가랑가'는 링갈라어로 '최고'나 '전능'을 뜻해 다소 마술적인 울림이 있다.[11-1]

자이코도 같은 시기에 일본 공연을 했고 이 앨범은 그 라이브 음반이라는 선전이었다. 리드 보컬이 "니혼노 미나상, 곤니치와!(일본의 여러분, 안녕하세요!)"라고 일본어로 인사한다. 조사해 보니 실제로는 일본 공연 후 파리의 스튜디오에서 녹음된 가짜 라이브 음반 같지만[11-2] 내용은 훌륭하다. 나도 수없이 링갈라 음악을 들어왔지만 제목에 '일본'이 들어가는 걸 차치하더라도 이보다 더 멋진 앨범이 있는지 모르겠다. 지금도 원고를 쓸 때 흥을 돋우려고 가끔 들을 정도다. 링갈라 음악 역사에 남을 명반이 아닐까 생각한다. 어쨌든 파파 웸바와 자이코라는 양대 스타 덕분에 〈콩고〉에 일본 붐 비슷한 게 일고 있었던 것이다.

'어학의 쌍칼'에 눈을 뜨다!

우리가 킨샤사에서 큰 인기를 누린 요소가 하나 더 있다. 바로 링갈라어 그 자체였다. 보통 난 프랑스어를 사용했다. 실비 선생에게 직접 배운 100퍼센트 솔직한 프랑스어는 예상보다 훨씬 잘 통했다. 이중 녹음 학습법이 실용적인 덕분이기도 하다.

또한 아프리카인의 프랑스어는 프랑스인보다 말이 느리고 표현도 단순해서 알아듣기 쉬웠다. 그들이 프랑스어를 모어가 아닌 공통어나 공용어, 즉 제2언어로 쓰기 때문이었다. 인도인의 영어처럼 말이다. 결과적으로 크게 고생하면서도 어떻게든 내 의사를 전달하고 상대의 말도 적당히 이해할 수 있었다. 프랑스어는 의사소통에 필수 불가결한 언어였다.

그럼 링갈라어는 어땠을까. 애초에 프랑스어만큼 열심히 공부하지는 않았다. 사전도 없고 몇 마디밖에 할 수가 없다. 그러니 '음보테(안녕)'라든가 '콤보 나 요 나니(이름이 뭐니)', '오잘리 모닝가 나 응가이(너는 내 친구다)' 정도만 말할 뿐인데 현지인들은 이루 말할 수 없이 놀란다.

반드시 "앗!"하고 비명 같은 소리를 내며 "올로바카 링갈라(링갈라어 할 줄 알아?)"라며 눈을 부릅뜨고 되물었다. 그러고는 주변 사람들에게 "야, 저 백인이 링갈라어를 한다!(우리는 백인 취급을 받았다)"라고 소리쳐 불렀고 우리 주위로 인파가 몰려들었다. 이후 콩고강을 건너 브라자빌이나 딴 도시, 마을에서도 링갈라어를 써봤는데, 킨샤사만큼은 아니어도 역시나 '앗!' 하며 반응이 뜨거웠다.

아프리카에서도 5대 주요 언어에 속하는데도 왜 이리들 놀랄까. 외국인은 모두 프랑스어로 의사소통을 하고 아무도 링갈라어를 배우지 않는다. 특히 서양인은 아프리카인과 같은 위치에 놓이는 것을 싫어한다. 예를 들면 자신이 고용하는 운전사나 종업원과 함께 식사도 하지 않는 사람이 많다.

그래서 〈콩고〉 사람에게는 문델레(백인)는 결코 링갈라어를 말하지 않는다는 상식이 자리 잡고 있다. 뜬금없이 동양인 젊은이가 이 상식을 깨버리는 바람에 놀라고 기뻐한 것이다.

밤마다 술집에 몰려나와 '모테마 나 응가이(내 마음)' '나 링기요(아이 러브 유)' '마마 나 응가이(내 어머니)' 등 링갈라 음악에 자주 나오는 말을 따라 하며 노래하면 이 또한 아주 난리가 난다.

도착하는 밤에 하얗게 질린 얼굴로 "다카노 선배, 돌아갑시다"라고 중얼거린 후배 무카이도 열광하는 분위기에 취해 있었다. "다카노 선배, 저 여기서 가수 데뷔하고 싶습니다!"라고 윌리 선생처럼 말할 정도였다. 특히 프랑스어를 전혀 몰라 링갈라어가 유일한 의사소통 수단이고 '무카이'가 〈콩고〉에서도 흔한 이름이라 이름만 말해도 큰 웃음을 자아냈다.

이렇게 쓰면 내가 냉정한 태도를 유지한 듯 보이지만 전혀 아니다. 나는 무카이 이상으로 들떠 있었다. 어쨌든 나는 튀지 않고 수수하게 살아왔다. 학교 성적도 운동도 그저 그렇고 이성 친구들과 제대로 어울리지도 못했다. 버블 시대였는데 농담이 아니라 디스코텍이나 테니스 동아리가 아프리카보다 멀게 보였다. 그러다가 여기서 느닷없이 인기의 절정을 맞았다. 기분이 하늘로 날아오르지 않았다면 비정상이다.

나는 특기도 없었다. 여행지에서도 현지인과 잘 어울리지 못했다. 인도에서는 세계 각국에서 온 다양한 여행자를 만났는데 여행에 이골이 난 사람들은 그림을 그리거나 노래를 부르거나, 혹은 단순한 영어나 몸짓으로 재치 있는 농담을 던져 현지인을 웃겼다. 나는 재주도 없고 성격도 안 맞았다. '나는 여행지에서도 안 되는구나'라며 여러 차례 침울해졌다.

그런 나도 현지 언어를 배워서 몇 마디라도 할 수는 있었다. 그게 엄청난 반응을 불러일으켰다! 나는 여행지에서 현지 언어를 사용하는 묘미에 완전히 눈을 뜨고 말았다.

프랑스어는 의사소통에 필수적이지만 생각이나 정보를 전달할 뿐이다. 반면 링갈라어로 하는 대화는 제대로 된 소통이라고 하기에는 모자라도 현지인들과 '친해질 수 있게' 된다.

 소통하는 언어와 친해지는 언어. 외국에 가서 현지인과 어울릴 때 이 두 언어를 쓸 수 있다면 더할 나위 없이 강력하다. 빗대자면 '어학의 쌍칼'인데 나는 이를 자유자재로 쓰는 즐거움을 알게 되었다.

 마치 '어학 빅뱅'과도 같은 경험이었다. 다만 이 '친해지는' 언어의 습득은 겨우 몇 마디 말하는 수준이었지만 탐험 활동이나 취재를 할 때 엄청난 효과를 발휘한 반면 부작용도 셌다. 훨씬 나중에서야 깨달았지만 소통하는 언어와 친해지는 언어라는 쌍칼에는 내가 '어학의 천재'로부터 빛의 속도로 멀어지게 된 근본 원인도 숨어 있었다.

 왜냐하면 소통할 때 쓰는 공통어보다는 친해지는 언어의 수가 압도적으로 많기 때문이다. 영어나 프랑스어만 쓰면 되는 곳에서도 굳이 그 지역의 언어를 배우려면 감당할 언어의 수가 어마어마해진다. 세상에는 언어가 너무나도 많다.

 그런 의미에서 오히려 '어학판 판도라의 상자'를 열어버린 것일지도 모른다. 하지만 이미 시작된 이상 어쩔 수 없다. 내 언어의 우주는 이제 팽창할 수밖에 없게 되었다.

---

7   일본아프리카학회 엮음, 《아프리카학 사전》, 쇼와도, 47~48쪽.

8   콩고어는 무누쿠투바(Munukutuba) 또는 키투바(Kituba)('우리의 말')로도 불린다. 앞서 언급한 《에스놀로그》에 따르면 2020년 기준으로 콩고어(무누

쿠투바, 키투바) 화자는 〈콩고〉 전체에서 약 1000만 명에 달하는 것으로 추정된다.

9   자이르는 앞서 언급한 《아프리카의 말과 사회》, 232쪽을 참조. 콩고에서도 군대의 공용어라고 들은 기억이 있으나 확인은 안 됐다. 다만 콩고에서도 링갈라어는 콩고어와 함께 '국어'로 지정돼 있고, 그 외의 공통어가 없는 상황에서 링갈라어가 군대의 공용어 또는 공통어 역할을 하고 있을 것이다.

10 스즈키 히로유키 선생은 파파 웸바 일행이 '무샤시노'를 샀던 현장에 마침 있었고 다음과 같이 증언한다. "1986년 일본 방문 당시 파파 웸바가 촬영 기사인 사카이 도루 씨가 차던 힙 색을 탐내자 사카이 씨는 신주쿠 니시구치의 카메라 매장 사쿠라야에서 좀 좋은 것을 사서 선물했습니다. 그러자 딴 멤버들도 갖고 싶다고 난리가 났고, 사쿠라야에서 가장 싼 것을 사들여 멤버들에게 나누어 줬더니 바로 그날 밤 콘서트에서 모두 힙 색을 차고 무대에 등장했습니다. 당시 저는 대학 4학년생으로 사카이 씨의 조수로 따라다니며 콘서트를 공짜로 봤기에, '무샤시노 사건'은 제 눈앞에서 일어났습니다. 그리운 추억입니다."(주고받은 이메일에서)

11-1   전직 링갈라 음악 뮤지션이자 현재 시부야의 아프리카 요리점 로스 바르바도스(Los Barbados)의 오너 다이스케 씨와 콩고민주공화국 출신으로 현재 오사카대학 외국어학부에서 링갈라어를 가르치는 장 로제 바감불라 교수에 따름.

11-2   앞서 언급한 다이스케 씨에 따름.

웃기는 링갈라어 학습

　나와 무카이는 결국 자이르와 콩고에 두 달을 머물렀다. 콩고 정부와 협상하거나 음벰베가 산다는 호수 주변 마을을 돌아다니며 부지런히 링갈라어를 익혔다. 귀국하고서 다른 콩고 탐사대원이 보도록 링갈라어 입문 교재를 만들었다.
　최근 방을 정리하다가 〈돌격! 링갈라어 입문〉이라는 제목의 그 프린트를 우연히 발견했다. 워드프로세서로 친 원고를 복사해 스테이플러로 제본한 14쪽짜리 간이 교재였지만 꽤 알찬 내용이었다.

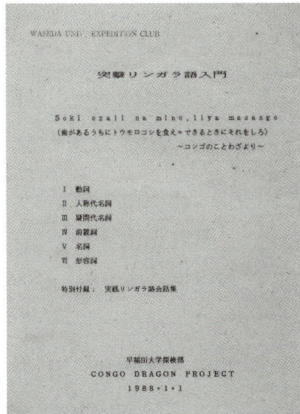 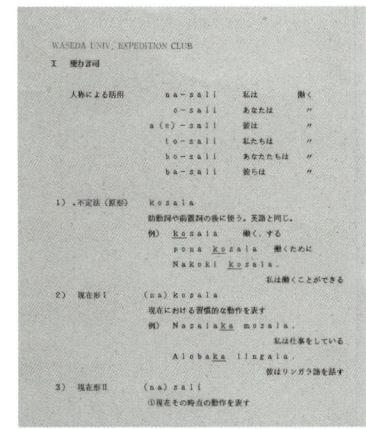

〈돌격 링갈라어 입문〉의 표지(왼쪽)와 동사를 정리한 쪽이다(오른쪽).

돌격!
링갈라어 입문

표지에는 '소키 오잘리 나 미노, 리야 마상고(이빨 있을 때 옥수수를 먹어라)'라는 콩고 속담이 적혀 있다. 할 수 있을 때 하라는 뜻으로, 특히 아이들이나 젊은이에게 '젊을 때 공부해라'라며 독려할 때 쓰는 말이다. 늙어서 이가 빠지고 나면 옥수수를 씹을 수 없다.

내용은 1장 동사, 2장 인칭대명사(나, 너, 그 등), 3장 의문대명사(무엇, 어디, 언제 등), 4장 전치사(~에서, ~에게, ~와 함께 등), 5장 형용사로 구성했으며 주요 동사 50개와 주요 명사 60개를 따로 정리했다. 실로 단순하면서도 충실한 텍스트다.

지금 봐도 링갈라어 입문용으로 충분히 도움이 될 만하다.

나의 어학 인생 30여 년 동안 따로 정리해 만든 학습 자료는 이 프린트가 유일하다. 아쉽게도 그동안은 이미 교재가 있는 언어를 배우거나 아예 나 말고는 아무도 안 배울 언어라서 굳이 만들 필요가 없었다.

하지만 자료를 정리하는 과정 자체가 엄청난 공부가 된다. 스스로 제대로 파악하지 않으면 문법을 정리할 수 없다. 주요 단어도 필수 불가결한 단어 중에서 최소한으로 골라야 한다. 50개 단어 목록을 만들려면 100개쯤 예비 목록부터 만들고 거기에서 엄선해야 한다. 그런 작업을 하다 보면 단어가 확실히 머릿속에 들어오기 마련이다.

앞으로는 나 말고는 아무도 안 배울 언어라도 제대로 자료 정리를 해야겠다. 공부가 될 뿐만 아니라 그 언어를 안 쓰게 되어 단어나 표현을 잊어버렸을 때도 자료를 보면 기억나거나 복습할 수 있기 때문이다. 〈돌격! 링갈라어 입문〉을 보고 있자니 30여 년 전의 기억이 되살아 난다.

그중에서도 쓴웃음과 함께 〈콩고〉 풍경이 떠오르는 것은 특별 부록의 '실전 링갈라어 회화'다. 인사, 자기소개, 버스에서 등 실제 상황에서 자주 접하는 회화뿐만 아니라, 억지로 웃기려는 대화문도 몇 개 실려 있었다.

예를 들어 '피로그(통나무배)에서'라는 대화는 이런 분위기다.

A: 야, 어디 가는 거야?

B: 모르는 거야? 앞으로 나아가잖아.

A: 앗, 그건 어렵겠는데.

B: 왜?

A: 앞에는 음벰베가 있어서 우리를 잡아먹으려 하거든.

묘하게 어색하다고 할까. 썰렁한 개그다. 좀 더 센스 있는 대화문을 만들 수는 없었을까 싶어 아쉬움이 든다. 그러나 자세히 보면 당시의 나는 '~하려고 한다(하고 싶다)'라는 의미의 구문을 마지막에 넣으려고 그랬구나 싶다. '콜링가(하고 싶다)+동사 원형'이라는 구문 연습 속에 열심히 웃음을 담으려다 보니 부자연스러워졌다. 이 자료에서도 드러나듯 스무 살의 나는 이미 어학에서 '웃음'을 강하게 의식하고 있었다.

흉내 내기 학습법

링갈라어를 접하면서 나의 언어 학습법도 바뀌었다. 영어나 프랑스어를 배울 때는 언제나 정확성을 걱정했다. 옳은 문법과 발음, 올바른 철자 등을 중심축에 두고 있었다. 인도 여행을 통해 실전 회화에서는 틀려도 그만이고 통하기만 하면 된다고 깨달았지만 그래도 공부할 때는 정확성을 추구하는 기존의 어학 교육이 몸에 배어 있었다.

그런데 재미있는지 아닌지에 집중하면 틀리든 말든 별로 상관없다. 핵심은 '얼마나 현지인처럼 말하느냐'이다. 예컨대 '매우 맛있다'는 'kitoko mingi키토코 밍기'다. 100퍼센트 정확한 교과서적 표현이다. 하지만 'kitoko kitoko키토코 키토코'라고 하면 '엄청 맛있어!'라는 느낌이 들어 링갈라어다운 분위기가 나면서 현지인이 좋아한다.

어떻게 하면 현지인처럼 말할 수 있을까? 현지인을 모방하는 수밖에 없다. 호텔이나 술집, 시장 등지에서 실제로 만난 사람들이 하나하나 어떤 때에 무엇을 어떤 상태로 말하는지 자주 관찰한다. 그 사람과 똑같이, 게다가 더 과장되게 말해본다. 곧 흉내 내기다. 이 방법이 가장 인기를 끈다는 결론에 도달했다.

때와 장소, 상황에 맞게 말하는 것도 중요하다. 술집에서 수상한 불량배가 하는 말을 낮에 가게나 집에서 착실히 일하는 나이 든 여성에게 썼다가는 큰일 난다.

언어는 반듯한 하나의 구조물이 아니고 많은 개인이 하는 말이자 표정이나 몸짓도 포함된 집합체다. 이런 것까지 당시에는 생각하지 않았지만 오로지 재미와 인기를 노리다 보니 점점 그런 방향이 되어 갔다.

이런 예능인 노릇을 하면서 몇 번이나 〈콩고〉를 오가다 보니 이윽고 세세한 부분도 깨달았다. 링갈라어는 전반적으로 방언 차가 적어 도시든 시골이든 똑같이 말하지만 자이르와 콩고에서는 링갈라어 말투가 미묘하게 다르다. 말 자체도 약간 다르고 언어 인식도 같지 않다.

영어의 be동사(있다/~이다)에 해당하는 'kozala코잘라'라는 동사의 활용이 전형적인 예다. 이는 'na나(~와 함께)'와 조합해 'kozala na(~와 함께 있다, ~를 갖고 있다/~가 있다)'라는 동사구도 형성하므로 대화에서 사용되는 빈도가 가장 높다. 그런데 콩고에서 'kozala코잘라'는 'koyala코얄라'가 된다. 이 발음만으로도 출신이 자이르인지 콩고인지 판별할 수 있다.

우리는 자이르인 윌리 선생에게 배워서 킨샤사에서부터 실전에 부딪쳤으니 '코잘라'를 썼다. '나는 일본인입니다'라고 말할 때 '코잘라'가 1인칭 단수 현재형의 '나잘리'로 바뀌어 'Nazali Japone나잘리 자포네'가 된다.

콩고에서도 당연히 통하지만 반응이 별로 신통치 않다. '코잘라'는 자이르 방언이기 때문이다. 외국인이 나고야에 와서 오사카 사투리를 말하는 것과 같아서 대놓고 반가워하지는 않는다. 콩고에서 be동사는 '코얄라'이고 1인칭 단수 현재형은 '나얄리'이므로 '나얄리 자포네'라고 해야 한다. 이런 미세한 조정이 인기를 얻는 비결이다. '코잘라'에 익숙해져서 알면서도 콩고에서 '코잘라'를 쓰는 일이 많았지만 말이다.

탈유럽화의
상징인 링갈라어

자이르와 콩고에서 더 다른 점은 링갈라어를 보는 태도다. 자이르에서는, 특히 킨샤사에서는 '링갈라어 만세!'이며 프랑스어를 할 줄 알더라도 상대방이 링갈라어로 말하면 링갈라어로 응하는 것이 보통이었다.

텔레비전이나 라디오도 그렇다. 1980년대 후반에 킨샤사에 있던 친구나 지인에 따르면, 대통령의 연설이나 전국 뉴스와 같은 공식 석상을 제외하고 일반적으로는 아나운서도 출연자도 링갈라어로 말했다고 한다.

그러나 강 건너편 콩고에서는 사정이 달라진다. 지식층은 프랑스어를 좋아하고 링갈라어를 잘 쓰지 않는다. 부처의 관리나 대학생과 대화할 때 내가 링갈라어로 자기소개를 하면 "아, 너는 링갈라어를 하느냐"라고 놀라면서도 프랑스어로 대답했다. 텔레비전이나 라디오도 기본적으로 프랑스어다.

이 차이는 역사와 정치와 관련이 있다. 콩고는 옛 프랑스령이다. 독립 후에는 소련과 편을 먹고 사회주의 국가가 되었지만 프랑스와의 관계가 양호하다고 한다. 독립한 지 30년 가까이 지난 당시에도 콩고인이 지향하는 바는 프랑스인이 되는 것처럼 보였다. 그래서 온 힘을 다해 프랑스어를 쓰려고 한다.

한편 자이르는 벨기에 식민지였다. 게다가 벨기에라는 국가가 아닌 벨기에 왕 레오폴드 2세의 사적인 식민지라서 통치가 몹시 허술하면서도 잔혹했다. 현지 주민에게 천연 고무 수확을 강요하고 할당량을 못 채우면 손을 잘라냈다는 잔학한 일화가 알려져 있다.[12] 참고로 이 벨기에 왕령 콩고를 배경으로 쓴 소설이 조지프 콘래드의 《어둠의 심연》(1899)이며 이 책을 각색하면서 무대를 베트남으로 바꿔 만든 영화가 프랜시스 포드 코폴라 감독의 《지옥의 묵시록》(1979)이다. 벨기에는 유럽에서도 소국으로 영향력이 약하다. 따라서 자이르인에게는 옛 종주국을 존중하는 마음이 전혀 없다.

자이르에 지대한 영향을 끼친 또 한 가지는 1965년부터 1987년까지 30년 넘게 이어진 독재자 모부투 대통령의 통치다. 집권하자마자 '유럽으로부터 벗어나자'라고 외치며 국명을 콩고에서 자이르로 변경했다. '자이르'라는 말은 '모든 강을 삼키는 강'을 뜻하는 고대 콩고어 '은자디' 또는 '은제레'를 포르투갈 사람이 '자이레'로 잘못 발음한 데서 비롯됐다.[13]

모부투는 자이르를 새로운 국가 명칭으로 삼는 동시에 여러 가지를 탈유럽화, 즉 '자이르화'했다. 옛 군주의 이름을 딴 수도 레오폴드빌도 킨샤사로 바꾸고, 서양식 넥타이와 정장 착용을 금지했다. 모부투 자신은 인민복과 비슷한 독특한 양복을 입고 넥타이 대신 스카프를 목에 두른 채 정장 차림으로 다녔다.

언어도 링갈라어 사용을 장려했다. 콩고를 중심으로 아프리카 언어를 연구하는 가지 시게키 교토대학 명예교수에 따르면, 자이르에는 모부투 이전부터 '국어'가 네 개 있었다. 자이르는 아프리카 대륙에서 세 번째로 넓은 국토를 자랑하고 언어가 200개나 넘어서 공통어도 하나만으로는 모자란다.

지역마다 공통어가 있다. 서북부의 링갈라어, 서부의 콩고어, 동부의 스와힐리어, 남부의 칠루바어가 자이르의 '국어'다. 링갈라어는 군대의 공통어로 부상했으며, 모부투는 자신의 출신지 공통어인 링갈라어를 독재 정권의 공용어로 삼았다.14 문자화되지 않고 입말로만 쓰인 듯하다.

결국 링갈라어는 링갈라 음악의 번영과 함께 자이르의 국위를 상징하는 언어가 되었다. 모부투 사후 정권이 바뀌면서 국명이 '콩고민주공화국'으로 바뀌었는데, 새 정권은 '자이르'가 곧 '모부투'라는 이미지를 없애고 싶었을 것이다.

이런 역사적 배경이 있으니 자이르인이, 특히 킨샤사에서 링갈라어를 능숙하게 구사하는 것도 당연하다.

방언 차이를 이용한 콩고 농담

콩고 사람은 프랑스를 크게 존중하면서 자이르를 복잡한

감정으로 바라봤다. 당시 콩고는 인구가 자이르의 10분의 1 이하로 경제적으로나 문화적으로 자이르의 강한 영향력 아래 있었다.

그뿐만이 아니다. 아프리카 대륙 전체에서도 자이르인 하면 활기차면서도 부산스럽다는 이미지가 퍼져 있었고 실제로도 그랬지만 비슷한 민족으로 구성된 콩고인은 상당히 점잖은 편이었다. 요컨대 콩고인은 항상 자이르인에게 압도당하는 것이다. 그 열등감 탓에 콩고에서는 자이르인을 빈정거리는 농담이 잘 먹혔다.

콩고 친구에게 듣기로 링갈라어 'kokita코키타'가 자이르에서는 '(나무 같은 데서) 내려오다'를 뜻하지만, 콩고에서는 '떨어지다'의 뜻이다. 그래서 '자이르인은 맨날 나무에서 떨어진다'라는 의미의 'Zaïrois mokolo nyonso bakiti na nzete자이루아 모콜로 뇬소 바키티 나 은제테' 같은 실없는 욕을 한다. 소수자(약자)는 이런 식으로 분풀이를 한다. 나도 콩고에서 이 농담을 수시로 듣고 웃었다.

언어는 현지의 사회 상황과 역사를 반영하는 거울이다. 나는 링갈라어로 웃기기도 하고 그러지 못하기도 하면서 배워나갔다.

---

12 피터 포배스Peter Forbath 지음, 《콩고강 그 발견, 탐험, 개발 이야기》 (다나카 쇼타로 옮김, 소시샤, 1979), 376~377쪽 참조. 조지프 콘래드

Joseph Conrad의 《어둠의 심연》(이와나미쇼텐 외)이나 에마뉘엘 동갈라 Emmanuel Dongala의 《세계가 태어난 아침에》(다카노 히데유키 옮김, 쇼가쿠칸, 1996) 같은 소설에도 그 모습이 그려져 있다.

13 《콩고강 그 발견, 탐험, 개발 이야기》, 9쪽에 나온다. 《세계가 태어난 아침에》, 18쪽에서도 콩고강(자이르강)을 '은자디강'이라고 부르는데, 언어를 명기하지 않았지만 저자는 콩고어를 모어로 하는 콩고족이다.

14 앞서 말한 《아프리카의 말과 사회》, 232쪽.

수수께끼의 괴수는 프랑스어로 뭐라고 부를까

　내가 필시 링갈라어에 능통한 듯이 보일지 모르지만 유감스럽게도 그렇지 않다. 처음에는 한 마디 정도였고 이후 몇 번이나 〈콩고〉를 오가면서 어느 정도 늘었지만 링갈라어만으로 대화는 어렵고 프랑스어와 짬뽕이 되기 일쑤였다.

　변명을 하자면 애초에 프랑스어 없이 링갈라어를 말하기 쉽지 않다. '자동차' '학교' '고장' 등 프랑스에서 수입된 물건이나 개념은 모두 프랑스어 그대로 쓴다. 특히 도시 사람들은 링갈라어로 말할 때도 'C'est vrai, ça세 브레 사(그거 진짜야)'라든가 'C'est incroyable세탱크루아야블(엄청나군), Pas mal파 말(괜찮네)' 등 수시로 프랑스어를 섞는 게 보통이었다.

링갈라어에 파고드는 프랑스어

그러고 보니 내가 〈콩고〉에 오갈 무렵 '몽강가'라는 이름의 비누가 널리 보급되어 있었다. 벽지 마을에 가서 뼈저리게 느낀 점인데 비누는 '문명'의 첫걸음이다. 비누로 몸을 씻으면 좋은 냄새가 나고 청결해지고 매우 상쾌하다. 〈콩고〉 오지 사람이라도 똑같이 느낀다. 칼이나 냄비 같은 금속 제품, 선외 모터나 어망 등 생활이나 일의 필수품은 제외하고 비누는 가장 필요한 소모품이 아닐까 생각한다.

이를 상징하듯 '몽강가'란 링갈라어로 '의사'나 '주술사'를 일컫는다. 〈콩고〉에서는 전통적으로 의사와 주술사가 같다. 문화인류학에서는 주의呪醫라는 용어도 쓴다.

비누가 얼마나 쓸모 있고 편리했는지 알 만하다. 이 대히트 상품은 텔레비전 광고도 하고 길거리 광고도 했다. 둘 다 상투적인 문구가 있었다.

'C'est bon, savon, Monganga세 봉, 사봉, 몽강가'

'세 봉'은 프랑스어로 '그거 좋다', '사봉'은 '비누'라는 뜻이다. 이 정도의 프랑스어는 일반 서민들도 누구나 알고 있으며, 약간의 고급스러움을 더하려고 섞어 넣는다. 게다가 이 말들은 링갈라어 비슷한 리듬감 덕에 한 번 들으면 절대 잊히지 않는다. 아프리카에서도 히트 치는 상품은 광고 문구가 남

다르다며 감탄하곤 했다.

링갈라어가 프랑스어를 받아들이는 또 다른 예가 셈씨다. 링갈라어도 십진법 셈씨가 있다. 하나는 'moko모코', 둘은 'mibale미발레', 셋은 'misato미사토'처럼 100이나 1000까지도 나타낼 수 있다.

그런데 사람 수나 나이, 해 같은 경우는 'moto moko모토 모코'(한 사람)', 'mbula mibale음불라 미발레'(두 살, 두 해, 글자 그대로는 '우기 두 번')처럼 링갈라어를 쓰지만, 시(시간), 킬로그램(무게), 미터(거리) 등은 단위와 숫자도 모두 프랑스어로 변해버린다. 예컨대 'kilo moko킬로 모코(한 킬로그램)'도 통하긴 하지만 보통은 'un kilo욍 킬로(1킬로그램)', 'deux kilos되 킬로(2킬로그램)'처럼 숫자까지 프랑스어로 말하게 된다.

음벰베가 사는 호수에서 가장 가까운 보아 마을에 가면 애초에 아무도 시계가 없었고 킬로그램이나 미터 같은 단위도 쓰지 않았다. 생활 방식이 과거 그대로라서 링갈라어만으로도 충분히 소통할 수 있었다. 하지만 돈 얘기는 역시 프랑스어였다. 콩고에서는 'CFA세에프아 프랑'을 사용하며 예컨대 'deux mille되 밀 프랑'이 2000프랑을 일컫는다. 역시 단위도 셈씨도 프랑스어를 쓴다.

콩고에도 예전부터 시간이나 무게 개념은 있었겠지만 시간heure, 킬로그램kilo, 미터mètre 같은 서구적 개념은 아니었을 테고, 새 개념이 도입되자 현지어 셈씨와 결합하는 것이 어색하게 느껴지지 않았을까 짐작한다.

프랑스어를 모르는 시골 사람도 숫자와 단위만큼은 아는 경우가 많았다. 요컨대 프랑스어는 숫자부터 현지를 침식해 들어간 셈이다.

외래어 단위와 함께 셈씨까지 바뀌는 현상은 일본어도 마찬가지다. 일본어 고유어로는 하나一つ는 '히토쓰', 둘二つ은 '후타쓰', 셋三つ은 '밋쓰'처럼 센다. '장枚', '개個', '자루本'를 일컫는 한자어 단위는 '一枚이치마이' '二個니코' '三本산본'처럼 셈씨도 한자어로 읽는다.

후배 무카이처럼 프랑스어를 전혀 모른 채 링갈라어로만 지내려면 꽤 어려움을 겪는다. 시장이든 포장마차든 프랑스어가 계속 섞여 나온다. 특히 시간 표현 같은 경우는 프랑스어 특유의 단어 연결 발음 현상인 '리에종liaison'이 일어나기에 더욱 어렵다.

나야 프랑스어가 링갈라어 속에 섞이면 오히려 반기지만 말하기가 쉽고 어렵고를 떠나서 한 가지 이상하게 느낀 점이 있었다. 바로 프랑스어는 링갈라어로 들어가는데 왜 그 반대는 없는가 하는 점이었다.

콩고인들은 프랑스어로 대화할 때 링갈라어 단어를 웬만해서는 안 쓰려 한다. 예를 들어 콩고 사람들의 주식은 카사바 가루를 쪄서 발효시킨 음식인데 프랑스어로는 '마니오크manioc', 링갈라어는 일반적으로 '쾅가kwanga'라고 부른다. 그런데 사실 카사바는 모양에 따라 떡처럼 말랑한 형태는 '음벨레mbwele', 가느다란 막대기처럼 굳힌 것은 '모솜보mosombo' 등으로 세분화된다. 하지만 프랑스어로 이야기할 때는 어떤 형태의 카사바든 간에 그냥 '마니오크manioc'라고만 하고 링갈라어 명칭을 받아들이지 않는다.

일본으로 비유하자면 소바와 우동과 라멘을 전부 '누들'로 뭉뚱그려 부르는 것과 같아 너무 엉성하고 불편하다. 소바랑 우동을 같이 취급하지 말라고 말하고 싶어진다. 그러나 프랑스어에는 링갈라어를 되도록 섞지 않는다는 암묵적인 규칙은 철저히 지켜진다. 도대체 왜 그럴까?

콩고의 언어관은 3층 건물

몇 차례나 〈콩고〉에 다녀오면서 이 수수께끼의 해답이 슬슬 보였다. 한마디로 '콩고인의 언어관'이 근본 원인이다. 콩고에 가기 전의 나로서는 상상도 못 했던 일이지만 나라가 다르면 언어뿐만 아니라 언어관言語觀이 다르다. 이를테면 일본인과 콩고인은 언어관이 전혀 다르다.

대부분 일본인의 언어관은 모어는 일본어, 그 밖의 언어는 외국어라는 단순한 구조다. 대다수의 일본인에게 국내 언어는 일본어뿐이며 나라 밖으로 '외국어'가 넓게 퍼져 있다는 이미지다. 영어는 특별히 반짝거리지만 어디까지나 외국어 중 하나일 뿐이며 국내에서 크게 쓸모가 있지는 않다.

사실 일본에서 모어로 쓰는 언어는 일본어만이 아니다. 우선 아이누어가 있고, 해외의 언어학회에서는 오키나와 아마미의 여러 방언이 '별개 언어'로 간주된다. '일본 수어'도 귀가 안 들리는 사람의 모어인데 언어로서 인정받는다.15 국적은 일본이라도 본인이나 부모가 외국 출신이라서 외국어를 일상적으로 쓰는 사람도 많다.

그렇지만 당시의 나를 포함해 일본인 대부분은 그러한 언어의 존재를 깨닫지 못한다. 혹은 의식적으로나 무의식적으로 제외한 채 '일본인의 언어는 일본어'라고만 여긴다. 그 바깥쪽에 여러 나라의 언어가 있다는 세계관이다. 안과 밖을 구분하고 있을 뿐이라고 해도 좋다.

〈콩고〉는 한층 복잡하다. 많은 아프리카 나라에서 보이는 현상이지만 언어관은 건물에 빗대면 3층 구조로 돼 있다. 맨 위 3층에는 고급 백화점 같은 공용어인 프랑스어 세계가 있다. 주로 관공서, 학교, 병원, 회사 등에서 쓴다. 콩고에서는 문자가 있는 언어가 프랑스어뿐이므로 문자를 쓰는 장소에서는 하는 말도 자연스럽게 프랑스어가 된다. 2층은 공통어인 링갈라어로 만들어지는 지방 중앙시장 같은 세계로 되어 있다. 시장, 버스, 교회, 나이트클럽 등 지역의 불특정 다수가 모이는 곳에서 쓴다. 맨 아래 1층에는 '민족어'라고도 부를 수 있는 토착 언어의 노점이 늘어서 있다. 민족어는 가족이나 친족끼리 또는 시골에서 쓴다. 콩고에는 250개 이상의 민족어가 존재한다고 알려져 있다.

재미있게도 이 세 가지 언어는 모두 〈콩고〉 사람에게 '국내 언어'다. 외국어가 아니다. 만약 프랑스어와 링갈라어, 민족어를 다 말하는 〈콩고〉 사람에게 '외국어를 몇 개 할 수 있습니까?'라고 묻는다면 '없다'라는 대답이 돌아올 것이다.

일본인은 언어를 '안인가 밖인가'로 보는데 〈콩고〉 사람은, 그리고 많은 아프리카인은 언어를 '계층'으로 본다. 탈유럽화를 내건 모부투 시대의 자이르조차도 역시 옛날의 화려한 백화점 같던 프랑스어의 압도적 우위는 흔들리지 않았다. 시장에서 브랜드 제품을 팔면 멋져 보여도 백화점에서 거무스름해진 바나나 따위를 팔면 볼썽사나운 것이다. 비록 그런 바나나가 더 맛있어도 말이다. 그렇기에 격이 높은 프랑스어 어휘는 아래 계층으로 계속 흘러들어도 링갈라어나 각 민족어의 어휘가 상위 계층으로 올라가는 경우는 드물다.

오해가 없도록 말해두자면 일본인과 콩고인의 언어관 중 어느 쪽이 우월한가의 문제가 아니다. 나는 콩고인의 3층짜리 언어관에 놀라는 동시에 '몇 개 국어'라든가 '외국어'와 같은 일본어 표현 자체가 일본인의 언어관에서 비롯됐음을 〈콩고〉에서 알아차리고 깜짝 놀랐다.

인간은 모어로 삼는 언어에 의식이 강하게 얽매일 뿐만 아니라 출신지의 언어관에서도 자유로울 수 없다.[16]

'모켈레 음벰베'는 무슨 말일까?

이야기가 조금 어려워졌으니 다시 가볍게 웃기는 어학으로 돌아가 보자. 앞서 링갈라 노래를 따라 부르면 다들 바로 빵 터진다고 말했는데 그다음으로 웃음을 끌어내는 소재가 하나 더 있었다.

프랑스어나 링갈라어로 여기 왜 왔느냐는 질문을 받을 때마다 우리는 모켈레 음벰베를 찾으러 왔다고 대답했다. 사실을 그대로 말한 것뿐인데 때때로 엄청나게 웃음을 터뜨렸다.

자이르에서는 모두가 모켈레 음벰베를 알지는 않았다. 킨샤사는 아는 사람이 모르는 사람보다 약간 많은 정도였다.

아는 사람들은 일단 크게 웃는다. 재치 있는 농담이라 생각하는 듯하다. 그러다가 우리가 진지하다는 걸 알면 깜짝 놀란다. 정글 속을 걸어갈 거라고 'Tokotambola na kati ya zamba토코탐볼라 나 카티 야 잠바'라 말하면, 'Ya solo?야 솔로(진짜?)'라며 또다시 크게 웃는 경우가 많았다.

우리는 일본에서 "콩고에 괴수를 찾으러 간다"라고 말할 때마다 "그런 일로 굳이 아프리카까지 가야 하나"라며 웃음을 샀다. 그런데 정작 아프리카에 와서도 "그런 일로 굳이 일본에서 왔다니"라며 또 웃음을 샀다. 현지 공통어인 링갈라어로 그런 반응을 들으니 뜻밖이었다.

콩고 수도 브라자빌에 가면 분위기가 조금 달라졌다. 자국 내 이야기이기 때문에 모켈레 음벰베를 모르는 사람은 없었다. 반응은 두 가지로 나뉘었다. "그런 건 없어"라며 히죽히죽 웃는 사람이 있는가 하면, "진짜? 대단하다!"라며 감탄하는 사람도 있었다. 젊은 여자들은 모켈레 음벰베를 무시무시한 괴물처럼 상상하기도 해서 "위험하니까 그만두는 게 좋을 텐데"라며 충고해 준 다정한 사람도 가끔 있었다.

이상하게도 끝까지 '모켈레 음벰베'가 무슨 말인지는 알 수 없었다. 어감은 링갈라어 같았는데 현지인은 아니라고 했다. 나중에 입수한 링갈라어-프랑스어 사전에서도 찾을 수 없었다. 미국인 탐험대는 '강의 흐름을 막는 것'을 뜻한다고 보고했지만, 음벰베가 있다고 알려진 호수 주변 주민에게 우리가 물어보니 '무지개와 함께 나타나는 것'이라는 뜻이란다. 그러나 대체 어느 언어에서 유래한 명칭인지는 끝내 알 수 없었다.

모켈레 음벰베라는 이름은 주로 링갈라어로 말할 때 불렀다. 프랑스어로 말할 때는 '공룡'을 뜻하는 'Le dinosaur르 디노조'라고 흔히들 불렀다. 원래는 끝에 r르 소리가 있지만 〈콩고〉

에서는 대개 빠진다.

1980년대 초반에 미국, 프랑스, 콩고의 탐험대가 원정을 떠났고, 그중 두 팀이 음벰베를 목격했다고 공식적으로 보고했다. 그들이 음벰베를 '거대하고 목이 긴 동물'이라고 표현해서 공룡과 닮았다는 소문이 났다. 그래서 우리도 먼 길을 나섰던 것이다.

콩고 사람들이 프랑스어로 음벰베를 '르 디노조'라 부르는 또 다른 이유도 있는 듯하다. 바로 콩고인의 언어관 때문이다. '모켈레 음벰베'는 무슨 말인지조차 확실하지 않다. 길고 반투어처럼 들리는 단어는 격조 높은 프랑스어와 어울리지 않는다. 하지만 프랑스어 이름은 없다. 그래서 사람들이 음벰베의 정체를 어떻게 생각하든 상관없이 '르 디노조'로 통일해 버린 것이 아닐까? 다행히도 오늘날의 콩고에는 '디노조'에 해당하는 동물이 없다.

그 결과 음벰베는 링갈라어로는 '정체불명의 이름으로 불리는 수수께끼의 동물'인데 프랑스어로는 '공룡'으로 확정되어 버렸다. 음벰베 얘기를 하면 링갈라어로는 다들 포복절도해도, 프랑스어로는 곧바로 '공룡'으로 단정되기에 매번 복잡한 기분이 들곤 했다.

15　《에스놀로그: 아시아의 언어(제22판)》(국제 SIL, 2019)에는 일본의 언어로서 일본어와 아이누어 외에 아마미오시마 북부어, 아마미오시마 남부어, 기카이지마어, 도쿠노시마어, 오키노에라부지마어, 요론지마어, 중앙 오키나와어, 구니가미어, 야에야마어, 미야코어, 요나구니지마어, 한국어, 일본 수어가 있다.

16　일본에서는 전통적으로 한자어가 일본어 고유어보다 위에 자리 잡고 있다. 세이신여대 이와타 가즈나리 교수에 따르면 大根(무), 火事(화재), 返事(대답), 出張(출장) 같은 한자어는 일본어 고유어를 좀 고상한 느낌이 나도록 만든 것이 정착됐다고 한다. 이것도 일종의 언어적 계층 차이일 것이다.

언어는 친해지는 특효약이지만

　현지 공통어인 링갈라어를 사용함으로써 차원이 다른 속도와 깊이로 〈콩고〉 사람들과 친해지는 방법을 확립한 우리였지만 이내 효과가 너무 큰 이 약의 강렬한 부작용에 시달리기 시작했다.
　친해진다는 것은 서로의 거리가 가까워진다는 뜻인데 일본인과 〈콩고〉 사람은 거리감이 다르다. 가까워지는 것을 넘어 정신적으로나 물리적으로나 점점 내 안으로 깊숙이 들어온다.

도둑과 친구가 되고
악덕 경찰관에게 납치당하다

링갈라어 덕에 인심을 얻어 순식간에 현지인과 친구가 되는 것은 좋지만 그 후에 맥주를 사라든가 돈을 빌려 달라든가 하며 별생각 없이 다가온다. 용건 없이 호텔 방에 사람이 찾아오는 것도 골칫거리였다.

우리는 매일 많은 사람을 만나는 데다 낯선 아프리카인 얼굴은 분간하기 어렵다. 어디서 만난 누구인지도 모르는 사람이 친한 듯이 "내 친구!"라며 "Moninga na ngai!모닝가 나 응가이" 하고 인사하면 마냥 무시하기도 어려웠다. '어디서 만났던 사람이지?' 고개를 갸우뚱하며 상대했더니 실은 그냥 링갈라어 할 줄 아는 일본인이 있다는 소문을 듣고 와본 사람인 적도 있었다.

자이르의 수도 킨샤사는 밤중에도 외국인들이 무난하게 밖을 걸어 다닐 만해서 치안이 특별히 나쁘진 않았지만 호텔의 보안은 허술했다. 내가 묵던 하룻밤 1500엔 정도의 싸구려 여인숙에서는 방에 짐을 놔뒀다가 귀중품을 도난당했다거나 여행 가방 열쇠를 억지로 열었다는 이야기를 다른 외국인 여행자에게 들었다.

가뜩이나 그런 상황인데 우리 주변에는 항상 어중이떠중이가 서성거리니 걱정이었다. 심지어 "나는 실은 가끔 여행자들 물건을 슬쩍한다"라고 자백하는 남자와도 '모닝가(친구)'가 되어버렸다. '지난번 도둑질할 때 경찰이 와서 황급히 도망쳤다'거나 '훔친 물건 나누다가 동료와 다퉜다' 같은 푸념도 나에게 늘어놓았다. 나를 믿고 그런 얘기도 하나 싶었지만 나는 좀처럼 마음을 놓을 수가 없었다.

악덕 경찰관 2인조에게 납치되기도 했다. 〈콩고〉는 합승 택시가 있어서 같은 방향으로 가는 손님이 한 대의 택시에 으레 합승한다. 차 안의 딴 손님과도 인사하고 대화를 나눈다.

여기서도 링갈라어로 말하며 매번 분위기를 띄웠다. 어느 날 먼저 타고 있던 두 손님이 경찰관이었다. 내가 링갈라어로 인사하자 "앗! 링갈라어를 할 줄 알다니! 우와!"라며 즐겁게 반응하는 것은 평소와 같았는데 다음의 전개는 예기치 못했다. 여권을 보여달래서 건넸더니 "여권에 킨샤사의 체류 허가 도장이 없으니 벌금 500달러다"라며 트집을 잡는 것이다. 내가 거부하자 택시 운전사를 위협해 외곽으로 몰고 가게 했다.

킨샤사 경찰관은 평판이 나쁘기로 유명하다. '강도를 당해 피해 신고를 하러 경찰에 갔더니 그 강도가 근무하고 있었다'라는 이야기도 들은 적이 있다. 경찰 비위를 절대로 거스르면 안 된다는 것이 상식이었다.

어딘지 모를 곳을 택시에 탄 채 끌려다니다가 급기야는 술집에서 맥주를 사주고 푼돈을 건네야 했다. 뭐 그것만으로 끝났으니 그나마 다행이지만 말이다.

그들은 프랑스어를 별로 못했다. 즉 내가 링갈라어만 하지 않았다면 이런 일을 안 당했을 가능성이 높다. 게다가 프랑스어를 할 줄 모르는 악덕 경찰에게 붙잡혀 납치된 일은 이번이 끝이 아니었다. 도저히 못 해먹겠다 싶었다.

젊은이들 아지트가 된 호텔 방

한편 킨샤사의 맞은편에 있는 콩고의 수도 브라자빌에서는 또 다른 종류의 문제가 생겼다. 콩고는 오랫동안 '쇄국'에 가까운 사회주의 국가였기에 치안은 좋은 편이지만 관광 비자를 받기가 까다로운 나라라서 배낭여행객이 거의 안 왔고 싸구려 여인숙이 없었다. 가장 싼 곳조차도 하룻밤에 5000엔 이상이라 예산이 빠듯한 우리에게는 부담이 컸다. 대신 침대도 깔끔하고 에어컨도 잘 나왔다.

여기서도 우리는 적극적으로 링갈라어를 사용하며 금세 호텔 직원들과 친해졌다. 이들은 킨샤사의 싸구려 숙소 직원들보다 반듯하고 태도도 사근사근했다.

그런데 이틀, 사흘이 지나자 볼일이 없어도 자꾸 방에 놀러 오기 시작하더니 좀처럼 돌아가지 않았다. 급기야 우리가 낮 동안 땀을 뻘뻘 흘리며 하얀 셔츠를 입고 삼림청과 정보청을 다니며 음벰베 탐사 허가를 받느라 녹초가 되어 호텔로 돌아왔더니 에어컨을 풀가동한 채 침대에 앉아 담배를 피우며 태평하게 쉬는 작태도 보였다. 손님 방 열쇠도 있으니 언제든 마음대로 드나들 수 있었다.

이건 정말 난감했다. "멋대로 뭐 하는 거야!"라고 말하려다가 일단 청소하러 들어왔으니 불법이라고 단정하기도 어려웠다. 무엇보다 우리 스스로 링갈라어로 "우리는 친구"라고 말해왔던 것이다. "친구 방에서 담배 피우는 게 뭐가 잘못이야?"라고 한다면 반박할 말이 없었다. 사실 우리도 그들의 작은 관리실에 초대받아 들어간 적이 있었다. 이제 나도 〈콩고〉 사람들의 '친구 감각'을 어느 정도 알기에 더더욱 트집 잡기 어려웠다.

방이 너무 쾌적했던 탓일 것이다. 이윽고 그들은 친구들까지 초대하기 시작했고 결국 우리 거처는 동네 젊은이들의 아지트처럼 되어 버렸다.

어느 날은 우리가 돌아왔더니 여자 두 명까지 함께 어울려 모두가 맥주를 마시고 있었다. "까아!" 하며 반갑게 손을 흔드는 여자들과 "어, 늦었네"라고 말하는 남자들. 마치 우리가 초대받은 술자리에 늦게 도착한 건지 착각이 들 정도였다. 우리 방인데…… 이렇게까지 친해질 건 없잖아. '보통의 외국인이 링갈라어를 안 배우는 이유가 이런 거겠지'라는 생각이 절실하게 들었다.

언어 내
서열의 법칙

'친구'라고 말할 때 프랑스어로 '아미ami'라고 말하기보다 링갈라어로 '모닝가moninga'라고 말하면 훨씬 더 친해지기 쉬운데 이는 곧 콩고인과 똑같이 취급받는다는 뜻이기도 하다. 콩고에서 모닝가는 일본이나 프랑스의 친구처럼 친한 걸 넘어 진한 사이다.

그것만이 아니다. 언어에는 '더 유창하게 말하는 사람이 우위에 선다'라는 불합리한 법칙이 있다. 이를 '언어 내 서열'이라 부르겠다.

프랑스인은 물론이고 미국인이나 일본인이 〈콩고〉에 와서 프랑스어를 쓰는 한 상관없다. 애초부터 정치, 경제, 문화적으로 우위에 있으며, 콩고인들에게도 프랑스어는 제2언어라서 자신감이 모자라는 경우가 많다. 특히 r 발음이 제대로 안 돼서 신경 쓰는데, 프랑스어에서 r 발음은 목구멍 깊숙이 떨리는 소리지만 아프리카인 대다수는 일반적으로 이 발음을 못 내서 일본어의 '라' 소리와 비슷하다.

그러나 링갈라어가 되면 상황이 달라진다. 〈콩고〉 사람에게는 거의 모어와 다름없기에 자신감이 절대적이다. 반면에 외국인은 아무리 노력해도 어린아이 수준의 회화밖에 안 된다. 그러다 보면 언어 내 서열의 법칙에 따라 인간관계도 '어른과 아이'처럼 돼버린다.

사실 일본에서도 이런 현상이 흔히 나타난다. 영어를 하는 외국인을 만나면 무작정 주눅 드는 일본인이 많다. 움츠러들지는 않더라도 존중은 한다. 그런데 상대가 일본어를 하면 바로 거만한 말투로 바뀌는 사람이 얼마나 많은가. "있잖아, 그건 아니고"라며 마치 어린아이를 타이르듯 말하기도 한다. 상대가 어엿한 어른임에도 불구하고 말이다.

나는 일본어를 하는 외국인 친구들과 함께 있다가 이런 불쾌한 장면을 수도 없이 목격했다. 일본에 살면서 영어를 할 줄 아는 서양인이나 일부 아프리카, 아시아 사람이 굳이 일본어를 배우려 하지 않는 이유 중 하나이지 않을까 짐작한다.

나와 동료들도 〈콩고〉에서 늘 이 과도한 친근감과 언어 내 서열 문제에 시달렸다. 게다가 우리는 '어른'으로 인정받기 전의 학생에 불과했기에 더욱 그랬다. 음벰베 탐사의 본격적인 여정이 시작되고 콩고의 오지인 북부 리쿠알라주의 에페나로 들어간 후에도 사정은 달라지지 않았다.

탐험 거점은 음벰베가 서식한다고 알려진 텔레 호수에서 가장 가까운 보아 마을이었다. 식량과 물자를 호수까지 운반해 줄 뱃사공이나 호수 주변을 안내해 줄 가이드 일을 마을 사람들에게 부탁해야 했다. 아니, 그보다 먼저 텔레 호수는 보아 마을의 '소유'라서 마을의 허가를 받아야 했다.

보아 마을은 콩고 기준으로 보아도 상당한 오지인 시골이었지만 일부 노인들 말고는 마을 사람 대부분이 링갈라어를 알아들었다. 다만 학교가 있는 마을이 멀어서 프랑스어를 할 줄 아는 사람은 전체의 10~20퍼센트 정도에 불과했다. 콩고인들은 주로 학교에서 프랑스어를 배우므로 학교가 없는 마을에서는 할 줄 아는 사람이 적다.

한편 나 말고는 일본인 탐사단 열 명도 프랑스어를 전혀 몰랐는데, 두 언어를 비교하자면 링갈라어가 훨씬 쉬웠고, 일본에서 윌리에게 배우거나 내 교재로 공부했던 이도 있었기에 다들 조금씩 링갈라어를 익혀 갔다. 결국 탐험대의 공통어는 콩고강 유역에서처럼 링갈라어가 되었다.

그러자 또 같은 일이 벌어진다. 링갈라어 덕에 쉽게 친해지는 반면 만만하게 보이게 된다는 것이다. 일본인은 콩고인에 비해 몸집이 작아서 겉보기에도 어린아이처럼 보일 정도였다. 콩고인들은 엄청난 근육질에 덩치가 좋았다. 우리가 서툰 링갈라어로 "나 너 좋아" 같은 말을 하면 유아 취급을 받아도 이상하지 않다. 우리는 처음부터 친해지는 동시에 줄곧 얕보였다.

링갈라어를 쓰면서 과도한 친근감과 서열 하락이라는 거친 파도에 시달리던 우리이지만 보아 마을에서는 또 다른 언어를 만났다. 보미타바어다.

다개국어 화자라서 혼란에 빠지다

앞서 말했듯이 〈콩고〉를 비롯한 많은 아프리카 나라 사람들의 언어관은 3층 건물과 같은 계층을 이루고 있다. 최상층에는 고급 백화점과 같은 영어, 프랑스어, 포르투갈어 등 유럽 언어의 세계가 군림하고, 2층에는 중앙시장과 같은 지역의 공통어의 세계가 펼쳐지고, 그리고 1층에는 작은 노점과 같은 민족(부족)의 언어가 즐비하다.

콩고의 경우는 최상층이 프랑스어다. 관공서나 학교, 텔레비전 뉴스 등 공적인 상황에서 주로 쓴다. 시장이나 콩고강을 오가는 배, 장거리 버스 안에서는 온통 링갈라어다.

하지만 시골에서는 대개 각 민족의 언어(이하 민족어)를 쓴다. 내가 처음 만난 민족어는 음벰베가 산다고 알려진 텔레 호수가 있는 에페나 지역에서 쓰는 보미타바어였다. 거듭 말하지만 민족은 곧 언어 집단이므로 보미타바어 화자는 보미타바라는 민족의 사람들이기도 하다.

화자가 1만여 명인 보미타바어

이번 책을 쓰면서 보미타바어 연구 논문을 검색했는데 단 한 편만 나왔다. 윌리엄 L. 가드너의 〈콩고 북부 에페나 지구의 언어 사용〉인데 2006년에 발표되었지만 실제 조사는 1988~1989년에 이루어졌다. 공교롭게도 우리가 콩고에 있던 시기와 딱 겹친다. 따라서 이 논문의 개요를 인용하면 당시 콩고와 보미타바어의 상황을 비교적 잘 설명할 수 있을 것이다.[17] 이 논문은 국제 SIL이라는 기독교계 비영리 단체에서 발표되었다. 국제 SIL은 전 세계의 소수 언어 연구로 잘 알려져 있으며 이 단체에서 발행하는 《에스놀로그Ethnologue》라는 언어 정보서는 본서의 주석에서도 여러 차례 인용했고 언어학자가 논문을 쓸 때 자주 참고하는 자료다.

이 논문에 따르면, 당시 콩고 인구는 약 190만 명(1984년 조사 기준)이었으며 사용 언어의 수는 57개(1988)였다. 인구에

비해 언어의 수가 얼마나 많은지 알 수 있다. 보미타바어는 그중 하나로, 콩고 북부 에페나 지역에서 사용된다. 1984년 조사에서 화자는 총 1만 2526명으로 비교적 소수가 쓰는 지역 언어다.

가드너 씨는 국제 SIL에서 파견된 기독교도 언어학자인 듯하다. 보미타바족에게 식자 교육을 실시하려면 어떤 언어가 좋을지 연구하려는 목적이었는데, 기독교 선교 및 계몽 활동의 일환이었던 것 같다. 내린 결론은 다음과 같다. 보미타바 마을에서는 대다수가 링갈라어를 이해하고 절반 정도는 프랑스어도 이해하지만, 일상생활에서는 보미타바어를 사용하며 보미타바어로 읽고 쓰는 교육을 강력히 원한다. 따라서 보미타바어로 식자 교육을 시행해야 한다.

처음에 후배 무카이와 함께 에페나 지역, 특히 텔레 호수와 가장 가까운 보아 마을을 방문했을 때, 나는 보아 마을 사람들이 어떤 언어를 쓰는지 잘 몰랐다. 그때까지 콩고에 이렇게 많은 지역 언어가 있다는 사실을 깊이 인식하지 못했고, 게다가 보아 마을 사람들이 우리 앞에서는 주로 링갈라어를 사용했기 때문이다. 또 당시 내 링갈라어 실력이 너무 낮아 마을 사람들의 대화를 들으면서도 어느 부분이 링갈라어이고 보미타바어인지 구별할 수 없었다.

보미타바어를 처음으로 확실하게 인식한 것은 대규모 원정대를 짜서 두 번째로 방문했을 때였다. 텔레 호수로 가는

촌장(왼쪽)과 창을 휘두르던 통역(오른쪽).

허가를 받으려고 마을 촌장 앞에서 회의가 열렸다.

촌장은 허리에 천을 두른 채 상반신은 맨몸이었고 이마와 가슴에 주홍색 페인팅을 했다. 일종의 임금님 같았으며, 이 자리에서는 다른 사람과 몸소 얘기를 나누면 안 된다고 했다. 촌장 한 사람만 보미타바어로 말했고, 이를 장로 하나가 창을 휘두르며 링갈라어로 '통역'했다.

회의 전체는 링갈라어로 진행되었다. 성인 남성만 참여할 수 있었으며 참석한 사람들은 모두 링갈라어로 번갈아 가며 발언했다. 여성들은 회의에 참석하지 않았지만, 워낙 좁은 마을이라 우리는 돌아다니면서 카사바를 갈거나 생선을 끓이는 여자들과도 간단한 링갈라어로 대화를 나눌 수 있었다.
 회의는 다분히 의례적이었고 실제로는 어느 집의 처마 밑에서 링갈라어와 프랑스어를 섞어 속닥거리며 협상을 했다. 즉 '돈은 얼마나 낼 것인가'라는 문제였다.

몹시 복잡한 언어 상황

 옥신각신한 끝에 촌장 및 마을의 허가가 떨어지자 우리는 다량의 식량과 물자를 뱃사공이 나르도록 하고 사흘 동안 정글을 걸어 텔레 호수에 다다랐다.
 우리는 '일본-콩고 합동 탐험대'였다. 일본인 대원 11명 외에도 콩고 삼림청 소속 공무원 3명이 참여했다. 그리고 몇몇 마을 사람이 가이드로서 우리와 함께 호수에 남았다. 그들은 도중에 몇 번씩 교체되기도 했다.
 호수에는 한 달 정도 머물렀다. 탐험 활동 내용은 좋게 봐주려 해도 수준이 높다고 할 수는 없었지만, 언어 환경만큼은 극도로 복잡했다. 일본인끼리는 일본어로 대화한다. 콩고 공무원들은 서로 프랑스어만 쓰지만 보아 마을 사람들과 이야기할 때는 링갈라어를 썼다. 일본인 대원이 공무원과 소통할 때는 대부분 내가 프랑스어 통역을 맡았다.

다만 공무원 중 리더인 동물학 박사는 영어도 할 줄 알았다. 일본인 중에도 영어가 꽤 능숙한 사람이 두세 명 있어 박사는 그들과 말할 때는 영어를 썼다. 물론 나도 그럴 때는 영어로 전환했다.

보아 마을 사람끼리는 보미타바어를 썼다. 박사와 또 다른 공무원은 수도 브라자빌 출신이라 당연히 전혀 못 알아듣겠다고 했지만, 가까운 마을에서 합류한 젊은 공무원조차도 잘 모르겠다며 멋쩍게 웃었다.

그러다 보니 마을 사람들이 보미타바어로 말하기 시작하면 딴 사람들은 내용을 이해할 수 없게 된다. 마을 사람들이 보미타바어로 웃고 있으면 혹시 공무원들 욕을 하는지도 모르지만 그것조차 알 길이 없다. 쉽게 '내부 그룹'이 형성되는데 이 내부 그룹이 바로 민족이며 그룹에 들어갈 때 쓰는 암호가 바로 언어다. 이 상황을 보며 민족과 언어 집단이 거의 일치함을 실감했다.

비모국어 3개를 동시에 쓰는
권력자 겸 잡일꾼

이 복잡하기 짝이 없는 언어생활에서 가장 활약한 사람은 당연히 나였다. 박사와는 프랑스어와 영어, 공무원 두 명과는 프랑스어를 썼다. 마을 사람과는 링갈라어, 가끔 프랑스어를 알아듣는 사람이 있으면 프랑스어를 썼다. 다른 일본인 대원도 열심히 링갈라어를 하며 마을 사람들과 친해졌지만 조금이라도 복잡한 일이 생기면 결국 내 통역이 필요했다. 콩고인들은 공무원이든 주민이든 일본인 대원에게 하고 싶은 얘기가 있으면 내게 말을 걸고 일본인 멤버들도 마찬가지라서 나는 탐험대의 핵심이자 허브가 되었다.

본래 탐험대 리더가 나였던 데다 내가 없으면 의사소통 자체가 불가능했다. 이렇게까지 내가 필요하다고 느낀 적은 인생에서 처음이었다. 게다가 일본인 대원들과 의논하려면 무려 열 명이나 있으니 시간이 너무 걸려서 결국 내가 단독으로 콩고인 그룹과 앞으로의 일정이나 문제 해결 방안을 자주 결정했다. 뭐든 내 뜻대로 돌아간다며 착각도 하고 '이것이 권력의 단맛인가!' 하는 생각도 들었다.

매일 현장에서 말하다 보니 프랑스어와 링갈라어 실력도 점점 느는 느낌이었다. 하지만 이게 또 덫이었다. 내게 에너지가 충분하다면 괜찮았겠지만 말썽이 너무 많았다. 일본인 학생, 콩고 공무원, 마을 주민이 완전히 다른 관심사, 목적, 문화를 가진 채 문명과 단절된 정글에서 함께 지내다 보니 끊임없이 충돌이 일어났다. 예를 들면 이렇다.

- 일본인 대원이 쓰레기장과 화장실을 만들었더니 콩고인

들이 더럽다며 화를 냈다. 콩고 문화는 더러운 것을 한데 모으면 더 더러워진다고 여긴다.

- 식기 세척장으로 지정한 물가에서 어떤 콩고 공무원이 50센티미터짜리 악어를 몰래 키우는 바람에 일본인 대원이 손을 물릴 뻔했다.
- 마을 사람들이 일본인 대원의 담배를 멋대로 피웠다.
- 식사 분배가 불공평하다는 불만이 터졌다.

덧붙여 어이쿠 전갈이 나왔다, 어이쿠 독사가 나왔다, 체체파리가 너무 많다, 말라리아에 걸렸다, 캠프 자체가 물에 잠기기 시작했다…….

그럴 때마다 "이봐, 다카노!" 하고 나를 찾는 소리가 들려왔다. 바쁘기 그지없었다. 비모국어 세 종류를 동시에 쓰자니 너무 고됐다. 열심히 문제를 해결해 주려고 하면 "농담하는 거야?" "인정 못 해." "마음대로 결정하지 마!" 같은 소리도 듣는다. 이러자니 권력자는커녕 천하의 허드레꾼이었다.

언어의 수만큼
축 처지고

피곤하면 집중력이 떨어지고 말하거나 듣는 능력도 급격

히 저하된다. 세 언어를 쓴다는 것은 컴퓨터로 비유하자면 메모리를 과하게 잡아먹는 번역 프로그램 세 개를 동시에 실행하고 계속 가동하는 상황과 같다. 모든 애플리케이션이 느려지고 배터리 소모도 빠르다. 돌아가는 속도는 더욱 느려진다.

뇌 속 배터리가 바닥나면 머릿속에서 링갈라어와 프랑스어가 뒤엉켜 둘 다 나오지 않는다. 그러다가 영어까지 꼬인다. 호수 체류 3주째로 접어들자 내 언어 능력은 점점 떨어졌다. 이 상태에 빠지면 정신적으로도 매우 힘들다.

대개는 "아, 영어를 못 알아듣겠어"라든가 "프랑스어가 전혀 늘지 않아" 같은 고민을 하며 좌절하지만, 여러 언어를 쓸수록 그만큼 더 고민하고 낙심한다. "나는 프랑스어가 안 되는군"이라든가 "링갈라어는 더 엉망이네" "한 개도 어려운데 두세 개를 하려니까 결국 다 어중간해지는 거야······" 같은 생각을 하게 된다.

내 생각만이 아니고 남한테 직접 듣기도 했다. 낡아빠진 셔츠를 입고 창이 손에서 내려놓는 일이 없지만 웬일인지 프랑스어가 꽤 유창한 어느 마을 사람이 내게 웃으며 말했다. "다카노, 너는 좋은 녀석인데 프랑스어는 서툴러." 난 충격을 받았다. '너한테 그런 소리 듣고 싶지 않아!'라고 생각했지만 사실이니 반박할 수도 없었다.

마을 사람들이 얘기하는 링갈라어를 제대로 못 알아들어 몇 번이나 되물었더니 옆에 있던 사람이 끼어들며 말했다.

"이 녀석은 링갈라어를 못 알아들으니까 무슨 말을 해도 소용없어." 하필 그런 말은 잘 들려서 그 순간 진심으로 울적해졌다.

이처럼 무시당하고 고생한 일에 견주면 얻는 것이 적다. 여러 언어를 배우고 쓰는 일이 과연 좋을지 회의감이 들었다. 그런데도 나는 호수 체류 후반부에 보미타바어 학습을 시작하고 말았다. '극도의 굶주림과 정체성 위기' 때문이었다.

17   윌리엄 L. 가드너William Lorin Gardner, 〈콩고 북부 에페나 지구의 언어 사용Language use in the Epena district of northern Congo〉(SIL Electronic Survey Reports, 2006).

정체성 위기에 시작한
보미타바어 학습

　우리는 텔레 호수에 한 달 동안 머물 계획이라서 그만큼 식량을 준비해 가져갔다. 하지만 실제로는 절반 정도밖에 도착하지 못했다. 알고 보니 처음부터 마을 사람들이 개수를 속였고 운반 도중 짐꾼들이 일부를 숲에 숨겨뒀다.

　당연히 식량은 빠르게 바닥났다. 쌀은 하루 한 홉씩만 먹고 나머지는 호수에서 잡은 물고기나 숲에서 사냥한 야생동물의 고기로 버텼다. 링갈라어로 말한다면 'makako마카코(원숭이)' 'ndendeki은덴데키(거북이)' 'nguma응구마(비단뱀)' 'enganga엥강가(침팬지)' 따위를 주민인 가이드가 사냥해 와서 우리 식량으로 삼았다. 살집이 많은 사냥감은 'mafuta mingi

<u>마푸타 밍기</u>(기름기가 많다)'라고 말한다는 것도 익혔다.

주식인 쌀과 카사바가 모자라서 앉아 있다가 일어나기만 해도 비틀거리니 이윽고 아무 기력도 안 남았다. 굶주림 상태였다. 목표도 사라졌다. 음벰베는 발견되기는커녕 낌새조차 안 보였다. 단서도 없으니 찾을 수가 없었다.

기아와 함께 찾아온 정체성 위기

RPG에 빗대자면 프랑스어 덕분에 콩고 정부에서 괴수 탐사 허가 받기라는 장애물을 넘어섰고 링갈라어 덕분에 현지인들과 신뢰 관계를 맺었다. 무사히 목표 지점인 텔레 호수까지 도착했지만 거기는 보물도 없고 공주도 없었던 셈이다. 게임 속이라면 그저 허무함만 남겠지만 현실 속 RPG는 그런 정도가 아니다. 보물은커녕 식량도 없이 굶주리고 있었다.

이때 우리는 배고픔보다 더 두려운 것에 사로잡히게 됐다. 바로 자신이 너무나도 무력하며 존재 의미가 없다는 절망감이었다. 돌이켜 보면 일종의 정체성 위기였던 것 같다.

무기력해지는 데서 그치지 않고 왜 정체성 위기까지 겪게 되었을까? 아마도 사람이 너무 많았던 탓일 것이다. 일본인만 해도 11명이나 있었다. 한 명쯤 사라져도 아무도 눈치 못

챌 인원이다.

'내가 아니라도 상관없는 거 아닌가. 나는 아무것도 아니었어……'라는 기분이 지배하면서 깊은 우울감에 빠지는 것이다. 조사를 하지는 않아서 단언할 수 없지만 다른 대원도 크든 작든 비슷하게 느꼈을 것이다.

유일하게 정체성 위기에 빠지지 않은 듯한 대원은 호수에 도착하자마자 말라리아에 걸려 앓아누운 1학년 다무라뿐이었다. 목숨이 위태로울 뻔했지만 아이러니하게도 '중증 말라리아 환자'라는 정체성이 뚜렷했다.

나머지는 모두 같았다. 나는 원래 다국어를 할 수 있다는 정체성을 가지고 있었지만 피로로 쇠약해져 프랑스어도 링갈라어도 실력이 날이 갈수록 떨어졌다. 최소한 정체성으로서 전혀 기능하지 못하고 있었다. 요컨대 나도 딴 대원들처럼 우울한 상태에 빠져 있었다.

그렇다면 우리는 어떻게 했을까? 저마다 남은 힘과 지혜를 다해 '다른 누구도 아닌 나 자신'을 위해 무언가를 하기 시작했다. 의미 따위는 상관없었다. 남들과 다르기만 하면 됐다. 각자 몸부림치는 모습을 보며 '아, 저 친구들도 나와 같은 기분이구나'라고 깨닫게 되었다.

어떤 대원은 홀로 통나무배 카누를 타고 꼬박 하루 걸려 호수를 한 바퀴 돌았다. 카누는 노 하나로만 저어야 해서 상당한 기술이 필요했다. 이미 체력이 극도로 저하된 상태였는데 이를 해내며 통나무배로 호수를 한 바퀴 돌았다는 정체성을 획득했다.

암벽 등반을 잘하는 또 다른 대원은 원래 나무 위에서 관찰을 하려고 자일과 등반 장비를 가져온 덕분에 계속해서 거목에 올랐다. 콩고의 마을 사람들도 할 수 없는 일이었으며 높은 나무를 오를 수 있다는 멋진 정체성을 가지게 되었다. 수학을 전공하는 대원은 수학 책을 펼쳐 문제 풀이에 몰두하며 '수학을 하는 나'가 됐다.

그렇게 정체성을 되찾아가는 멤버들을 보니 심상치 않은 조바심이 치밀어 올랐다. 빨리 나도 'ㅇㅇ를 할 수 있는 나'가 되어야 한다. 하지만 뭘 할 수 있을까? 생각해 보니 역시 어학뿐이었다. 이제 쓸모가 있는지, 할 수 있는지는 중요하지 않았다. 보미타바어를 익힐 수밖에 없었다.

적도 부근에서
아프리카 최남단까지의 공통 어휘

나는 가이드 역할을 하던 마을 주민을 붙잡고, 링갈라어를 통해 보미타바어의 단어와 예문을 조사했다. 조사라고 해 봐야 "보미타바어로 '잘 지내세요?'는 어떻게 말해요?" "'나 배고파'는 어떻게 말하죠?" 같은 질문을 던지고, 들은 내용을 메모장에 적는 방식이었다. 하루에 한 번 이렇게 모은 문장과 단어들을 공책에 정리해서 옮겨 적었다. 그리고 짬이 날 때마다 마을 사람들에게 보미타바어로 말을 걸었다. 그중에서도 촌장의 친척인 '빅토르'라는 청년이 나에게 호의적이었다. 스스로 나서서 "좋아, 다카노, 보미타바어로는 이렇게 말하는 거야"라며 가르쳐주거나 "아니야, 발음이 그게 아니야"라며 지적도 해줬다.

그때 썼던 메모장과 공책이 지금은 모두 흩어져 버려서 보미타바어가 어떤 언어였는지 이제는 전혀 기억도 안 난다.

'냐마(동물, 고기), 마이(물), 모토(사람)' 같은 기초 단어들이 링갈라어와 공통으로 쓰인다는 점은 기억한다.

이것이 단순한 우연이 아니고 적도 부근에서 아프리카 대륙 최남단의 남아프리카공화국까지 퍼져 있는 반투어군에서 널리 공통되는 어휘라는 것은 나중에야 알게 되었다. 반투어군 민족들은 언어학적으로는 약 2000~3000년 전에 적도 부근 서아프리카에서 남쪽으로 퍼졌다고 추정되며(《아프리카를 아는 사전》《브리태니커 백과사전 영어판》 등 참고) 언어 차이도 서로 비교적 적은 편이라고 한다. 특히 기본적인 명사들은 가끔 놀랄 만큼 비슷한 경우가 있다.

텔레 호수 괴수 탐사를 마치고 2년 뒤에 우연한 기회에 NHK 스페셜의 리서치를 의뢰받아 혼자서 자이르 동부의 숲에 사는 음부티Mbuti라는 수렵·채집 민족의 캠프를 돌아다녔다. 자이르 동부에서도 링갈라어는 통했지만 현지의 제1공통어는 스와힐리어였으며 무엇보다 음부티 사람들은 링갈라어를 전혀 알아듣지 못했다. 나는 조사를 하는 동시에 스와힐리어를 익혀나갔다. 그러면서 스와힐리어와 링갈라어가 기초 어휘 수준에서 매우 비슷함을 깨달았다. 뒤집어 말하면 기초 어휘의 공통점이 많으니 여행하면서도 익힐 수 있었다.

링갈라어 사용권과 붙어 있긴 해도 스와힐리어 본고장은 아프리카 동부의 케냐나 탄자니아 해안 지역이다. 즉 수천 킬로미터 떨어진 지역에서도 '고기'나 '동물'을 링갈라어와 똑같이 '냐마'라고 부른다. 표로 정리하면 아래와 같다.

	링갈라어	스와힐리어	소토어
물	mai마이	maji마지	metzi메치
고기(肉)	nyama냐마	nyama냐마	nama냐마
비	mbula음불라	mvua음부아	pula풀라

더 흥미로운 경험도 있다. 2015년, 나는 남아프리카공화국 영토에 둘러싸여 있는 내륙국 레소토 왕국 출신의 유학생과 도쿄에서 식사할 기회가 있었다. 그때 나는 시험 삼아 고기를 가리키며 '냐마', 컵의 물을 가리키며 '마이, 마지', 밖에 내리는 비를 보며 '아, 음불라'라고 했더니, 그는 깜짝 놀라 영어로 "어떻게 레소토 말을 할 줄 아는 거야?"라고 물었다.

물론 나는 레소토의 언어인 소토어를 전혀 할 줄 모른다.

가본 적도 없고 레소토 사람을 그때 처음 만나봤다. 다만 레소토의 언어도 반투어군일 테니까 통하겠다 싶어 적당히 링갈라어와 스와힐리어를 섞어 말해봤을 뿐이다. 그런데 이게 딱 맞아떨어졌다. 그는 흥분한 나머지 주위 사람들에게 "이 사람, 소토어를 할 줄 안다!"라고 떠들었다.

〈콩고〉는 반투어군 발상지에 가까운 반면 레소토는 반투어군 민족이 마지막으로 도달한 아프리카 대륙의 남단에 위치한다. 그럼에도 이처럼 어휘가 비슷하다니 놀라웠다. 이런 점에서 감탄한 사람은 나와 그 레소토인 학생뿐이었고 남들은 그저 어리둥절해할 뿐이었다.

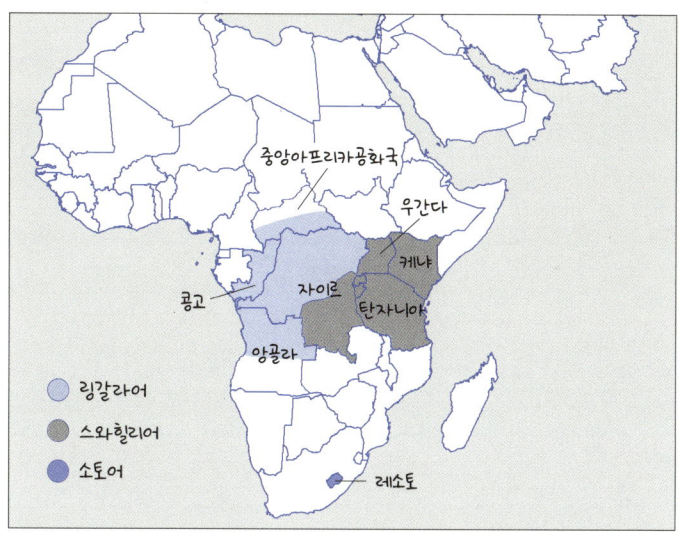

링갈라어, 스와힐리어, 소토어(레소토의 공용어)의 분포도. 링갈라어는 자이르에 인접하는 중앙아프리카공화국 남부와 앙골라 북부에서도 사용된다. 자이르 동부는 링갈라어와 스와힐리어가 모두 통한다. 다만 그 지역에서 쓰는 스와힐리어는 링갈라어의 영향 때문인지 표준적인 스와힐리어에 비해 문법이 상당히 간단하다.

보미타바어를 할 줄 아는 나

다시 텔레 호수 이야기로 되돌아가자. 몇몇 기본 명사는 비슷했지만 동사나 형용사는 링갈라어와 전혀 달랐다. 대략적인 문법은 비슷해 보였으나 변화 패턴도 상당히 달랐던 것으로 기억한다. 발음 면에서 '가기구게고' '다디두데도' 같은 소리가 두드러졌다. 무엇보다도 링갈라어에는 없는 h나 v 같은 소리가 있어서 인상적이었다. 또한 l이나 m 소리가 많아 부드럽게 들리는 링갈라어와 달리 투박한 느낌이 들었다.

이런 고찰을 하기만 해도 다른 누구도 아닌 나 자신이 된 것 같은 안도감을 느꼈다. 보미타바어를 할 줄 아는 외국인은 어디에서도 찾기 어려울 테니 더욱 그렇다.

마을 사람들에게도 마찬가지였다. 우리가 링갈라어를 하는 것은 그렇게까지 놀라운 일이 아니었던 것 같다. 도시에서는 '문델레(백인)는 프랑스어를 해야 하는데 이들은 링갈라어를 한다!'라는 이미지와의 괴리 때문에 반응이 있었지만, 시골 사람들은 애초에 그런 관념도 없었다.

그러나 보미타바어를 외부인, 그것도 외국인이 말한다는 것은 그야말로 전대미문이었을 것이다. 그 증거로 한 달에 걸친 호수 탐사를 마치고 마을로 돌아와서 한마디만 얘기해도 큰 반응을 얻었다.

안타깝게도 환상의 괴수 음벰베는 끝내 환상으로 남았다. 마을 주변에서도 조사를 했지만 단서조차 없었다. 허탈함은 극심했지만 '보미타바어를 할 줄 아는 나'라는 새로운 정체성을 얻음으로써 어떻게든 끝까지 자신을 지킬 수 있었다. 마치 신경안정제와도 같았다.

그러나 대부분의 안정제에는 의존성이 있다. 어학 정체성도 마찬가지다. 그 이후로 나는 목적 달성 수단이나 현지인과 친해지는 도구로만 언어를 배우는 것이 아니라 무력감에 시달리거나 정신적으로 침체될 때면 반사적으로 새로운 언어 학습을 시작하는 버릇이 생겼다. 배우는 의미가 있는지, 유창하게 말할 수 있을지는 신경 쓰지 않고 매달릴 뿐이었다.

민족어의 관점으로 밝힌 음벰베의 정체

공식적으로 와세다대 탐험부의 음벰베 탐사는 두 차례였다. 첫 번째는 나와 무카이가 함께한 정찰이었고 두 번째가 텔레 호수까지 간 본격 탐사였다. 그러나 잘 알려지지 않은 세 번째가 있다.

당시 인기 있던 퀴즈 프로그램 〈과연! 더 월드〉에서 음벰베 탐사를 주제로 한 시간짜리 특집 방송을 제작하자는 기획이 후지TV 계열 제작사에서 나왔다. 나는 그 현지답사를 의뢰받았다. 구체적으로는 퀴즈 소재 발굴과 텔레 호수 주변에서 방송 촬영 허가를 받는 것이었다.

월 10만 엔짜리 아르바이트였지만 '콩고에 가면서 돈까지

받는다니!'라는 단순한 생각에 기뻤다. 제작사 직원 N씨가 동행하여 세 번째 음벰베 탐사를 떠났다.

나비처럼 날아다니는 프랑스어

콩고만으로 두 시간 분량의 방송을 만들기에는 충분한 소재가 없다고 판단해 서쪽 이웃 나라 가봉 공화국과 그 옆의 섬나라 상투메 프린시페(이하 상투메)까지 조사하기로 했다. 내가 두 나라를 선택한 이유는 콩고에서 거리가 가깝고 그만큼 정보가 적었기 때문이다.

결과적으로 이 조사는 참담한 실패로 끝났다. 꼭 아프리카라서 그렇다기보다 이런저런 얘깃거리는 찾았는데 텔레비전 퀴즈 프로그램용 소재가 뚝딱 나오지 않아서다.

SF 영화에 나올 법한 기괴한 절경인, 상투메에 우뚝 솟은 약 660미터 높이의 탑 모양 산은 희귀하지만 퀴즈로 써먹기는 애매했다. 프랑스로 날아간다는 대나무 비행기는 콩고와 가봉에서는 믿는 사람이 많은데, 실제 존재 여부가 의심스러웠다. 고릴라 두개골로 만든 주술 도구는 희귀하고 촬영도 가능하기는 하나 방송하기는 어렵다. 주술 도구는 개인적으로 가져와 지금도 탐험부 동아리방에 보관 중이다.

상투메 프린시페의 상투메섬에 우뚝 솟은 바위산 피쿠 캉 그란지.

이런 정보를 프로듀서에게 보고했지만 예상대로 쓸 만한 게 하나도 없다며 내팽개쳐졌다. 아르바이트는 엉망으로 끝났지만 이때 콩고 민족어 세계의 매력에 깊게 빠졌다.

조사 여행의 순서는 가봉 다음으로 상투메였다. 이 두 나라는 콩고와 언어관이 달랐다. 가봉은 콩고와 마찬가지로 과거 프랑스 식민지였기에 공용어는 프랑스어인데 링갈라어처럼 널리 쓰이는 반투계 공통어가 없었다.

그래서인지 시장 같은 서민적인 장소에서도 프랑스어가 공용어로 쓰였다. 콩고에서는 최상층(프랑스어), 중간층(링갈라어), 하층(민족어)의 3층 구조였다면, 가봉에서는 최상층(프랑스어), 하층(민족어)의 2층 구조였다. 그리고 프랑스어 사용 범위가 콩고보다 훨씬 넓었다. 사회주의 국가였던 콩고에는 프랑스인보다 러시아인이 많아 보였던 반면 가봉에는 프랑스인이 많았다. 호텔이나 중급 이상의 레스토랑, 대형 잡화점은 대개 프랑스인이 운영했다.

퀴즈 소재를 찾고자 가봉의 프랑스인과도 여러 번 이야기를 나누었지만 충격적일 만큼 알아듣기 어려웠다. 아프리카인의 프랑스어와는 완전히 다른 언어 같았다. 말하는 속도가 차원이 다르게 빠르고 생소한 표현과 고유명사가 소나기처럼 쏟아졌다.

아프리카인에게 프랑스어는 어디까지나 모국어가 아닌 제2언어라서 유창한 사람이라도 그렇게 빠르게 말하지 않는다. 표현도 단순하다. 아프리카인의 프랑스어는 부드럽고 넘실대는 리듬이다. 당시 나는 〈콩고〉나 가봉 같은 나라의 언어들은 이른바 반투어군이라서 발음이 이런 걸까 싶었는데, 2017~2018년에 콩고에서 멀리 떨어진 서아프리카의 세네갈과 부르키나파소에 갔을 때도 음조가 아주 똑같은 프랑스어를 쓴다는 사실을 깨달았다.

세네갈과 부르키나파소 사람들의 언어는 반투어군이 아니므로 이런 발음의 원인은 이 어군을 포함하는 더 큰 언어 집단인 니제르콩고어족 전체의 경향이 아닐까 싶었다. 세네갈과 부르키나파소 언어들도 니제르콩고어족에 속한다.

이와 달리 프랑스인의 프랑스어는 경쾌하고 템포가 빠르다. 아프리카인의 프랑스어가 콘도르나 솔개처럼 유유히 나는 것이라면 프랑스인의 프랑스어는 마치 나비가 나풀나풀 날듯 이야기의 내용도 나비처럼 눈 깜짝할 사이에 시야에서 사라져 버린다.

또 다른 문제는 현지 프랑스인이 아시아인인 우리를 무슨 개뼈다귀처럼 보면서 무관심하거나 냉담했다는 점이다. 뭐라고 물어도 성가시다는 듯이 빠르게 말하고 끝내버리는 게 보통이었다. 1장에서 '소통은 협동 작업'이라고 했지만 프랑스인들은 전혀 도와주지 않았다. 따지고 보면 파리에서 신세를 졌던 실비 선생의 프랑스인 친구들과는 비교적 소통이 잘됐는데 친구의 친구니까 친근하게 대해줬기 때문이다.

우리의 목적이 퀴즈 소재 찾기라서 너무나 막연했던 점도 좋지 않았다. 1장에서 썼듯이 하고 싶은 말이 있으면 말할 수 있다지만 우리가 하려던 말은 "이 근처에 재미있는 것이 있나요?"였다. 이런 질문을 받으면 상대방도 곤란할 수밖에 없다. 내가 말하는 '재미'는 '퀴즈 프로그램 소재로서의 재미'였고 현지 프랑스인이 도저히 이해할 수 없는 것이었다. 그러니 이 멍청한 아시아인들이 빨리 사라졌으면 좋겠다고 생각했을지도 모른다.

상대가 아프리카인이었다면 방법이 있었다. 링갈라어를 하거나 그 사람의 민족어 얘기를 꺼내면 분위기가 한껏 달아

오르며 거리를 확 줄일 수 있었을 것이다.

'왜 프랑스인들에게는 민족어가 없는 걸까!'하고 몇 번이나 한탄했던지 모른다.[18] 내가 프랑스인의 말을 너무 이해하지 못하자 제작사의 N 씨는 실망을 감추지 못했고 나도 외국어 실력에 완전히 자신감을 잃고 말았다.

두 번째 정체성 위기에 따른 언어 조사

가봉에서 약 3주, 상투메에서 나흘을 머물고서 익숙한 콩고에 도착했다. 동행했던 N씨는 극도로 지친 채 일본으로 돌아갔다.

경비를 쏟아부었으니 밑져야 본전이고 조금만 더 힘내라는 프로듀서의 말에 따라 나 혼자 남아 퀴즈 소재를 찾고 텔레 호수 촬영 허가를 신청하기로 했다. 일본을 떠나기 전에 나는 깊은 생각 없이 "괜찮습니다! 아프리카 일이라면 맡겨주세요!"라고 말했는데 프랑스인과 프랑스어로 전혀 소통이 안 됐던 것이 잊히지 않아 정체성 위기에 빠져버렸다. 그 후 두 달 동안 콩고 전역을 버스, 대형 선박, 통나무배 등을 타고 다니면서 퀴즈 소재를 찾기보다 민족어를 조사하는 데 열중했다. 콩고에는 콩고어(무누쿠투바어로도 불림), 테케어, 음보시어, 상가어라는 4대 언어가 있고 그 외에도 보미타바어 같은 작은 언어가 수십 개나 존재한다고 들었는데, 실제로 어느 정도 다른지 예전부터 궁금했다.

우선 남부에서 쓰는 콩고어는 앞서 언급한 대로 자이르까지 합치면 화자가 1000만 명에 육박하는 큰 세력이다. 콩고에서 남과 북이 크게 다른 민족으로 나뉘어 정치적 대립도 심하다고 들었기에 남부를 대표하는 콩고어와 북부를 대표하는 링갈라어가 상당히 다르리라고 예상했지만 둘은 꽤 비슷했다. 명사뿐만 아니라 '가다, 먹다, 마시다, 보다, 하다/만들다' 등 기본 동사도 같고 발음도 비슷하다.

민족은 NG, 언어는 환영

여행 중 나는 여러 민족어를 배웠다. 일기나 메모장이 일부 남아 있는데 콩고어 외에도 테케-알리마어(테케어의 한 갈래), 라리어, 리쿠바어, 음보시어, 망갈라어(방기어) 등이 기록되어 있다. 꼭 반투어군 마니아 같을 텐데 이런 게 무슨 쓸모가 있겠냐 싶겠지만 실제로는 상상 이상으로 도움이 됐다.

매일 수많은 사람을 만나 함께 맥주를 마시고 식사를 하고 배나 차를 탔지만 서로 공통된 화제란 그리 흔치 않아 종

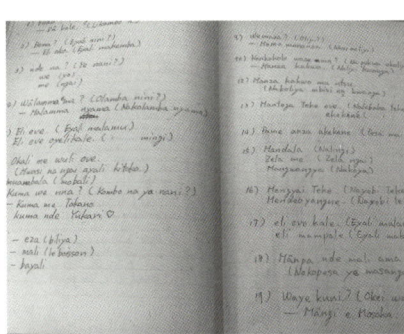
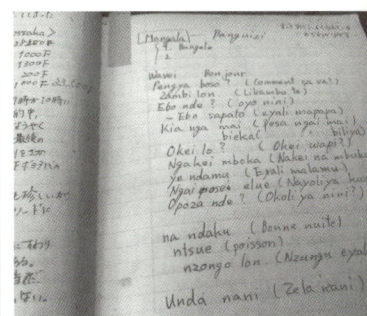

당시의 일기. 왼쪽은 공책 양쪽으로 테케-알리마어 기본 표현과 예문을 정리했다.
괄호 안은 링갈라어 번역이다.
오른쪽은 망갈라어의 방기지 방언(방기어) 예문을 정리한 공책이다.

종 어색한 침묵에 빠진다. 또한 처음부터 나에게 호감이 없는 까칠한 사람도 있다. 가봉에서 프랑스인을 상대할 때와도 비슷한 상황이 된다.

그럴 때 "당신의 모어로 '취하다'는 뭐라고 하나요?"라고 물어보면 분위기가 금세 부드러워진다. 물어보면 다들 얼마든지 알려준다. 배운 것은 대부분 금방 잊어버리고 그때뿐이다. 그래도 좋다. 친밀감만 쌓으면 되니까. 물론 기억해 두었다가 나중에 만날 때 써먹으면 더 좋은 효과를 낸다.

또 하나의 장점은 상대방의 출신 민족을 알 수 있다는 점이다. 콩고에서는 민족에 따라 정치와 경제가 좌우된다. 크게 남과 북으로 나뉘는데 남부는 콩고족 중심으로 수도 근처에 거주하며 오래전부터 유럽인들과 교류해 왔기에 교육 수준이 높고 사업에서도 성공한 사람들이 많다. 반면 정치는 군부에 유력자가 많은 북부 민족이 장악했다고 한다. 특히 당시 콩고는 인권과 언론의 자유가 없는 독재 국가였다.

그래서 내가 함께하는 사람이 어떤 민족인지 알고 싶었다. 예컨대 현 대통령이 북부 음보시족 출신인 경우 만약 내 앞에 있는 사람이 음보시족이라면 현 체제에 호의적일 가능성이 높고 남부 콩고족이라면 비판적일 것이라고 예상할 만하다. 이를 염두에 두지 않으면 그들이 하는 말을 정확하게 이해하기 어렵다. 또한 정권을 비판하는 것은 대통령 측 민족 앞에서는 금물이지만 반대파 민족 앞에서 그런다면 오히려 친목이 돈독해진다.

그러나 민족 문제는 위계나 정치적 색채가 결부되어 대놓고 '당신은 어느 민족인가?'라 묻기는 망설여진다. 물으면 '왜 그런 걸 묻느냐?'라며 싫은 내색을 하거나 경계도 한다. 일본으로 치면 초면에 학력이나 출신 학교를 묻는 것과 비슷하다.

지식층 사람에게 그런 질문을 하면 '민족 따위는 상관없다. 모두 같은 콩고인이다'라는 원론적인 대답을 듣기도 한다. 민족 대립이나 연줄로 정치가 움직이는 현실을 개발도상국의 부끄러운 부분이라 생각하는 사람도 있고 진심으로 민족중심주의를 끊어내겠다고 벼르는 사람도 있다.

그래서 '민족' 대신 '언어'를 묻는다. 그러면 다들 참으로 반가운 듯 테케어라든가 망갈라어를 사용한다고 알려준다. 몇 개 언어를 아는지 묻는 것도 효과적이다. 언어를 많이 할 줄 아는 것은 〈콩고〉 사람에게도 자랑거리다.

때로는 '콩고어, 망갈라어, 링갈라어, 프랑스어 해서 네 개다. 아버지는 테케족이고 어머니는 망갈라족이니까'라고 자랑스럽게 말하는 사람도 있다. 민족은 꺼림칙해도 언어는 달가운 이야깃거리다. 사실상 언어집단과 민족이 일치하므로 쉽게 상대의 출신이 밝혀진다.

민족어가 없는 프랑스인과 얘기하려면 발붙일 데가 없지만 콩고인은 여기저기 발붙일 데가 많다.

모습을 드러낸 환상의 동물 음벰베

또 하나 매우 중요한 것이 있다. 이미 까먹었을지도 모르지만 음벰베 이야기다. 음벰베는 콩고강 지류인 리쿠알라강에도 서식한다고 해서 그 강을 2주 가까이 나무배를 타고 거슬러 올라갔다.

언어 질문은 강을 돌아다니면서도 늘 했다. 어디에서 어떤 언어를 쓰는지 알면 어떤 민족이 사는지도 알 수 있다. 리쿠알라강 하류는 망갈라어(방기어)를 쓰는 사람들(망갈라족, 방기족이라고도 한다)의 구역이고 그다음에 그리운 보미타바어 지역으로 들어왔음을 금방 알아차렸다.

그 과정에서 알게 됐는데 망갈라족 지역에서는 음벰베 목격 정보가 전혀 없었다. 그러다 보미타바족 지역으로 들어서자마자 음벰베를 봤다는 사람이 나타났고 코뿔소 같은 동물이 물속에 산다는 전설도 들었다. 음벰베는 보미타바족 사람한테만 보인다고 말하는 망갈라족 사람도 있었다.

콩고 탐사를 처음 할 때 텔레 호수 북부와 동부의 정글을 걸으며 현지 마을에서 사전 조사를 했지만, 그곳에 사는 봉길리어나 음벵가어 화자는 음벰베나 그와 유사한 동물을 전혀 몰랐다. 이 책을 집필하면서 참고한 언어학자 가드너의 논문과 《에스놀로그》에 따르면 보미타바어는 두 언어(혹은 방언)로 나뉜다. 리쿠알라강을 따라 보미타바어 사용 지역이 남북으로 널리 퍼져 있는데 남보미타바어(일명 볼레어)와 북보미타바어로 구분된다.

매우 흥미롭게도 내가 음벰베 목격담이나 전설을 들은 곳은 모두 남보미타바어 사용 지역이었다. 보아 마을도 텔레 호수도 마찬가지고 리쿠알라강에서 음벰베로 보이는 수수께끼의 동물이 자주 목격되는 '모콩고'라는 곳도 남보미타바어 지역에 속한다.

음벰베에 관한 전설은 보미타바어, 더 정확히는 남보미타바어 화자 사이에서만 퍼져 있다. 다른 사람들은 "음벰베는 (남)보미타바 지역에 있다"라거나 "(남)보미타바 사람들이 봤대"라며 들은 이야기를 전할 뿐이다. 음벰베 목격담과 전설

리쿠알라강을 따라 위치한 '모콩고'라 불리는 곳이다. 모콩고의 전체 길이는 약 300~400미터이며 강이 약간 정체되어 깊은 못처럼 물이 다소 고여 있다. 아침에는 안개가 끼어 환상적인 분위기가 감돈다.

이 있는 곳은 남보미타바 지역에 한정된다. 환상의 동물 음벰베는 생물학적인 실체가 아니라 민족어의 세계 속에 존재한다는 사실을 알게 됐다. 지금도 그렇게 생각한다.

18 실제로는 프랑스에도 바스크어, 카탈루냐어, 오크어, 코르시카어 등의 민족어가 있지만 동화정책 때문에 대부분 소멸 위기에 처해 있다.

3장

남미와 유럽에 걸쳐 로망스어와 정면 승부

이탈리아어   스페인어
포르투갈어   프랑스어

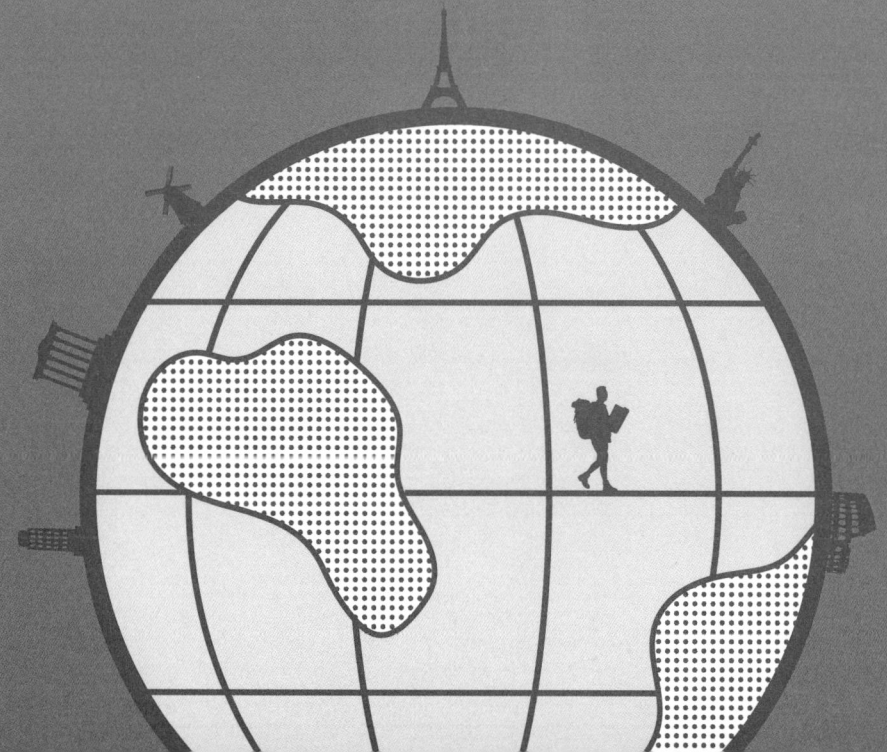

이탈리아어와의 황당한 첫 대결

나는 7년간 대학에서 학부를 다니는 동안 일본어와 영어 외에 여섯 개의 언어를 배우거나 말했다. 프랑스어, 링갈라어, 보미타바어, 스와힐리어, 스페인어, 포르투갈어다.

꽤 다양해 보이지만 언어학적으로 보면 이 여섯 언어 중 절반은 인도유럽어족 이탈리아어파의 로망스어군, 나머지 셋은 니제르콩고어족인 반투어군의 언어다. 놀라울 만큼 범위가 좁다. 어떤 의미에서는 우연이지만 또 다른 의미에서는 필연이었다. "그래서 어족이니 어군이니 하는 것이 뭐야?"라는 생각이 들 테니 간추려 설명을 하겠다.

언어의 분류는
진화론과 비슷하다

학창시절의 나는 언어학 지식 따위는 전무했다. 아래 내용은 훨씬 나중에, 어떤 것은 아주 최근에야 알게 된 정보다.

현재 언어학계에서는 세계에 언어가 약 7000~8000개 있다고 본다.[1] 오차가 큰 이유는 언어를 세는 방식에 따라 개수가 달라지기 때문이다. 특히 특정 언어가 다른 언어의 방언인지 아니면 개별 언어인지 판단하기가 어렵다. 예컨대 중국어의 표준어인 베이징어나 상하이어, 광둥어 등을 모두 중국어의 방언으로 간주하면 중국어는 하나의 언어지만, 각각 개별적 언어로 친다면 열 개가 넘는다고 할 수 있다.

각 언어가 서로 어떤 관계에 있는지는 흥미로운 문제다. 언어의 계통적 관계를 탐구하는 학문을 비교언어학(역사언어학)이라고 한다. 구로다 류노스케의 《처음 만나는 언어학》이나 다가이 모리오의 《언어 기원론의 계보》 등에 따르면, 비교언어학은 18세기 후반 유럽의 언어학자들이 인도와 유럽의 언어가 닮았다는 사실을 깨달은 데서 비롯됐다. 그들은 연구를 거듭한 끝에 인도와 유럽의 언어는 같은 조상에서 갈라져 나와서 같은 가족family에 속한다는 결론을 내렸다. 이 '가족'이라는 용어가 어족語族으로 번역되었다.

비교언어학은 진화론(생물학)의 사고방식과 매우 유사하

다. 앞서 언급한 《언어 기원론의 계보》에 따르면 다윈과 비교언어학 연구자들은 상호 영향을 주고받으며 각자의 이론을 발전시켜 나갔다니 그럴 만하다.[2] 진화론과 비교하면서 개략적으로 설명해 보겠다.

예를 들어 위키피디아를 보면 사자는 생물학적 분류에서 포유류-식육목(고양이목)-고양이과-표범속에 속한다. 초기의 포유류, 즉 포유류의 조상은 파충류에서 갈라져 나왔으며, 나무 위에서 생활하던 쥐 비슷한 작은 동물이었던 것으로 보인다. 이 작은 동물에서 영장목(원숭이와 인간의 무리), 우제목(소의 무리), 식육목(개와 고양이의 무리) 등으로 분화했다. 이후 고양이목은 크게 고양이과와 개과로 나뉘었고, 고양이과는 다시 퓨마속, 표범속, 치타속 등으로 나뉘었다. 마지막으로 표범과에서 사자가 탄생했다. 포유류-식육목-고양이과-표범속이라는 분류는 이러한 진화 과정을 나타낸다. 동물의 ID, 즉 신분증인 셈이다. 인간의 주소나 호적에도 빗댈 만하다.

이러한 ID는 누군가가 단번에 정한 것이 아니고 수많은 학자가 오랜 세월 동안 연구하며 동물의 형태적 특징을 분석하고 공통점을 찾고, 멸종한 유사 동물의 화석까지 참고하여 이들의 조상이 어떤 모습이었을지 면밀히 연구한 결과다. 분류 방법은 여러 가지가 있으며 미국 포유류학회ASM의 분류도 수시로 업데이트된다.

수천 개의 언어를
30여 개의 어족으로 분류하다

비교언어학도 거의 같은 방식으로 접근한다. 각 어족에는 공통 조상인 공통조어가 있다고 가정하며 거기서 몇 개의 하위군下位群이 파생된다. 하위군이 다시 더 작은 하위하위군으로 나뉜다. '어족'보다 아래의 하위군, 하위하위군을 어파語派, 어군語群이라고 부른다. 생물학에서는 '목-과-아과-속' 등의 세부 분류가 확립되어 있지만, 언어학에서는 그렇게 명확하지 않다. 하위군 이하를 다 '어파'라 부르기도 하고 학자들마다 제각각이다.

해부나 유전자 분석을 통해 진화 과정을 세밀하게 살펴볼 수 있는 동물과 달리, 언어는 소리 기반이기 때문에 객관적인 비교 연구가 어렵다. 같은 일본어라도 시대, 지역, 개인에 따라 차이가 크며 고대 언어는 단편적인 기록만 남은 경우가 많다. 더욱이 100년 전에는 문자가 있는 언어보다 문자가 없는 언어가 압도적으로 많았다. 그러나 철저한 분석을 통해 각 언어의 조어를 재구성하고 이를 바탕으로 각 언어의 ID를 확정해 나가는 과정은 생물학과 동일하다.

어족 분류 자체도 연구자나 사전에 따라 상당히 해석이 다르다. 다만 인도유럽어족이나 니제르콩고어족 등은 연구가 비교적 진척되어 평가도 어느 정도 정립된 상태다.

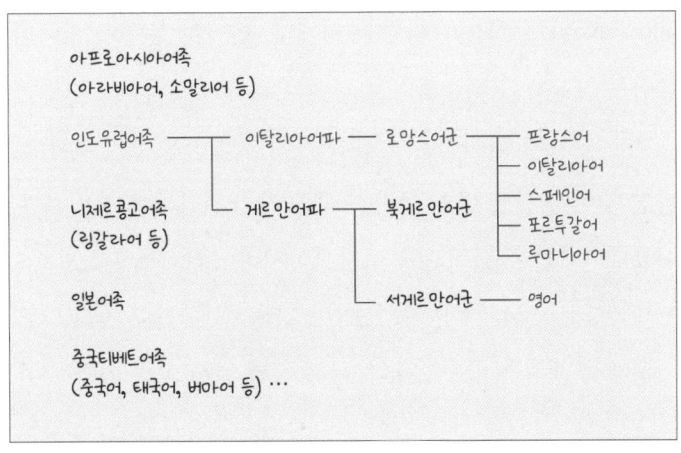

어족에 따라 계보를 나눈 이른바 '언어의 ID' 지도라 할 수 있다. 이것도 어디까지나 단순화한 분류다. 구로다 류노스케의 《처음 만나는 언어학》을 참조하였고 일부 변형 및 생략하였다.

각 어족이 분화하여 개별 언어가 탄생한다. 인도유럽어족의 조상이 여러 갈래로 갈라져 게르만어파에서 영어가, 이탈리아어파에서 로망스어군의 프랑스어, 이탈리아어 등이 탄생했다.

예컨대 앞서 언급한 《처음 만나는 언어학》에 따르면 영어의 ID는 인도유럽어족-게르만어파-서게르만어군이다. 독일어나 네덜란드어 등이 같은 어군이다.

세계에는 과연 몇 개의 어족이 있을까? 산세이도에서 나온 《명해 언어학 사전》에 따르면 약 30개, 옥스퍼드대학교 출판부에서 나온 《세계 언어 구조 지도》에서는 약 40개라고 한다. 즉 세계 수천 개의 언어는 대략 30~40개의 어족으로 묶을 수 있다.

앞서 포유류에 빗댔는데 포유류 종種의 총수는 대략

5000~6000개, 목目은 약 20~30개다. 언어의 총수와 어족의 종류는 포유류와 비슷하다고 보면 이해하기 쉽다.3

단 한 가지 차이점은 포유류는 하나의 공통 조상에서 갈라진 것이 명확한 반면 언어는 어족 간의 관계가 불분명하다. 이를테면 인도유럽어족과 아프로아시아어족(아랍어, 소말리어 등이 속하는 어족)은 어쩌면 조상이 같을 수도 있고 전혀 다른 기원에서 생겼을지도 모른다. 이는 아직 밝혀진 바 없다.

거대한 어족과 작은 어족

포유류의 경우처럼 어족에도 거대한 것이 있는가 하면 매우 작은 것도 있다. 세계에서 가장 많은 언어를 포함하는 어족은 링갈라어 등이 속한 니제르콩고어족이다. 세계 언어 정보서《에스놀로그(제22판)》에 따르면 전 세계 언어 7111개 가운데 1525개가 니제르콩고어족에 들어간다. 사하라사막 이남 아프리카 사람 대부분의 언어가 속한다고 볼 수 있다.

반면에 아주 작은 어족도 있는데 대표적으로 일본어족이다. 앞에서도 언급했듯이 이 어족의 유일한 구성원은 일본어뿐이다. 다만 해외 연구자 대부분은 오키나와 방언도 개별 언어로 간주한다.《에스놀로그》에서는 '오키나와 중부어'와 '요

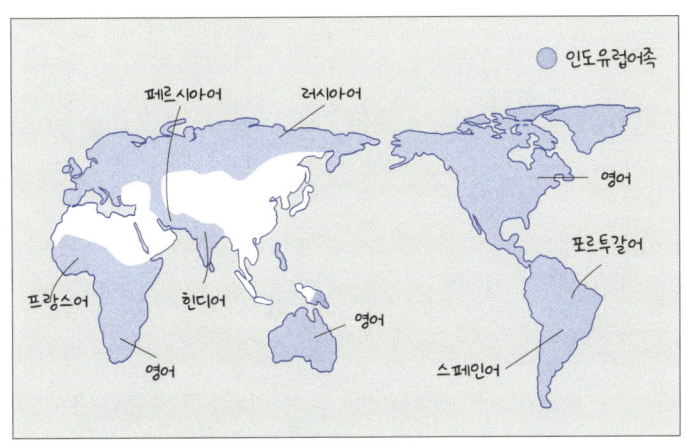

색칠된 부분은 인도유럽어족을 공용어, 공통어, 국어로 삼는 나라들이다. 사하라 사막 이남 아프리카에서는 니제르콩고어족, 아프로아시아어족, 나일사하라어족 등의 언어를 쓰고 아메리카 대륙과 오세아니아에서는 원주민이 자신들의 언어를 쓰지만, 공용어 및 공통어는 영어, 스페인어 등 인도유럽어족이다.

론어' 등 난세이제도의 여러 방언을 일본어와는 별개의 언어로 간주한다. 그렇다고는 해도 이들 언어는 일반적인 일본인이 생각하는 일본어의 범주 안에 포함된다.[4]

언어의 개수로 따지면 니제르콩고어족이 세계에서 가장 많아도 화자 수로 보면 인도유럽어족이을 더 많은 사람이 쓴다. 현재 남북아메리카 대륙, 유럽, 인도, 파키스탄, 방글라데시, 이란, 아프가니스탄에 사는 사람 대부분의 언어가 인도유럽어족에 속한다. 인도유럽어족을 공용어나 공통어, 국어로 삼는 나라는 유엔 가입국의 절반을 훌쩍 넘을 것이다. 세계를 좌지우지하는 거대한 어족이라 해도 과언이 아니다.

그러니 미국과 이란, 아프가니스탄의 탈레반이 적대 관계라고 들어도 '따지고 보면 같은 어족인데'라는 무덤덤한 시선으로 보기도 한다. 비교언어학 입장에선 집안싸움인 셈이다.

육식 동물 같은 로망스어군

내가 20대 초반까지 배운 언어들이 인도유럽어족과 니제르콩고어족에 집중된 것은 어찌 보면 당연하다. 이 두 어족이 세계의 양대 언어 집단이기 때문이다. 인도유럽어족 중에서도 이탈리아어파(로망스어군), 니제르콩고어족 중에서도 반투어군에 편중된 데에는 이유가 있다.

반투어군은 니제르콩고어족 내에서도 과반수를 차지하는 거대한 언어 그룹이다. 아프리카 언어를 배운다면 반투어군에 속할 확률이 높다.

한편 인도유럽어족 내의 로망스어군도 막강하다. '로망스Romance'란 입말인 속라틴어에서 파생한 언어군이다. 여담이지만 문학이나 예술에서 쓰는 '로맨스'도 어원이 같다. 원래는 '고상한 문학과 예술이 아닌 연애담이나 꿈 이야기처럼 대중이 좋아하는 통속적 문학'을 뜻했다.

덧붙여서 제어諸語나 어군語群이란 계통 관계가 아직 명확하지 않은 언어 집단을 일컫는다.

로망스어군은 고대 로마 제국 공용어인 라틴어에서 유래한 언어로 유럽 서남부에서 주로 쓴다. 프랑스, 이탈리아, 스페인, 포르투갈 외에 스위스에서 프랑스어와 이탈리아어를, 벨기에에서도 프랑스어를 쓴다. 흥미로운 점은 동유럽 루마니아의 공용어인 루마니아어가 로망스어의 한 갈래라는 사실이다. 고립된 채로 진화했기 때문에 다른 로망스어와 문법, 어휘, 발음도 상당히 다르다.

로망스어군은 이름의 달콤한 어감과는 달리 사실은 매우 육식적이다. 일찍이 세계 곳곳의 땅과 원주민 언어를 무자비하게 집어삼켰기 때문이다. 스페인어, 포르투갈어, 프랑스어에 영어까지 더하면 대항해시대부터 제국주의 시대까지 걸친 '육식언어 4대 천왕'이라 부를 법하다. 여전히 로망스어군은 영어와 함께 전 세계에서 영역을 넓히고 있다.

나는 학생 시절 후반부를 로망스어군과 함께 보냈다. 로망스어군 쪽의 입장은 모르겠지만 나로서는 농락당했다는 느낌이 자주 들어서 아직도 애증이 교차하는 언어들이다.

영어·프랑스어 번역가로 데뷔하다

내가 프랑스어 다음으로 만난 로망스어는 이탈리아어였

다. 하지만 이 만남은 너무 이례적이고 '교통사고'에 버금가는 돌발 사태였다.

콩고를 오가던 시절, 대학 근처에 있던 작은 번역 회사가 영어와 프랑스어 번역자를 모집하는 공고를 냈다. 시험 삼아 지원해 보았다. 원룸 오피스텔의 방에서 30대 중반쯤 되어 보이는 여사장이 혼자 운영하는 회사였다.

일을 맡을 만한지 알아보는 '시험'부터 치러야 했다. A4 용지 두 장 분량의 영어 및 프랑스어 원문을 건네주며 "사흘 안에 번역해 주세요"라고 했다.

나는 깊은 감명을 받았다. 그때까지 내가 경험한 '시험'이란 교실이라는 정해진 공간에서 30~60분 동안 시험관의 감시 아래 사전이나 메모 없이 진행되는 것이다. 그런데 이번 시험에는 아무런 제약이 없다. 사전을 마음껏 찾아봐도 되고 모르는 부분은 남들과 상의해도 된다. 극단적으로 말하면 더 잘하는 사람에게 외주를 줘도 괜찮다.

요컨대 결과만 좋으면 과정은 안 따진다는 얘기다. 젊은 나는 '이것이야말로 프로다' 하고 감탄했다. 당시의 나에게 '프로'는 '어른'과 떼려야 뗄 수 없었다. 콩고 음벰베 탐사 체험기를 써서 일반 독자들에게는 뜻밖에 호평을 받았지만 어떤 아프리카 전문지의 서평에서 '어차피 학생의 탐험 놀이에 불과하다'라는 혹평에 기가 죽었던 적도 있었다. 하루빨리 어엿한 어른이 되고 싶었다.

그런데 시험 문제는 당황스러웠다. 영어든 프랑스어든 지금까지 학교에서 읽은 글은 뭔가 문화적인 내용이었다. 반면에 주어진 영어 원문은 공장 설비 매뉴얼 같은 것이었고, 프랑스어 원문은 '파리의 하수도'였다.

둘 다 난제였다. 엄청나게 전문적인 내용도 아니고 특수한 용어가 나오지도 않았지만 머릿속에 그림이 떠오르지 않았다. 비모국어인 외국어 글을 읽고 이해한다는 것은 '그림이 떠오르는 것'이다. 낱말 하나하나의 뜻을 알았다고 해도 그것이 이미지로 연결되지 않으면 이해했다고 할 수 없다.

사전을 샅샅이 뒤지며 어둠 속을 더듬는 심정으로 겨우겨우 일본어로 번역을 마쳤다. '탈락이겠지'라고 체념했지만 결과는 뜻밖에도 '둘 다 합격'이었다. 그렇게 나는 그 번역 회사에 번역자로 등록되었다.

번역료는 재미있게도 '자진 등록제'였다. 일정 분량(100단어라든가 A4 한 장이라든가)에 1000엔 내지 1500엔처럼 등록한다. 사장은 의뢰가 들어오면 값싼 번역가부터 차례로 일을 맡긴다. 그러니까 번역료를 높게 책정하면 일을 별로 못 받고 낮게 책정하면 일은 많아도 보수는 저렴해진다.

시세를 몰라서 아무래도 비싸게 책정했는지 영어는 일감이 얼마 없었다. 영어는 번역가 수가 월등히 많기에 싼값에 맡기는 사람도 그만큼 많았을 것이다. 한편 프랑스어 쪽은 한 달에 한두 번 정도로 띄엄띄엄 들어왔다.

보르도를 모르는
프랑스어 번역가

번역 일은 할 때마다 식은땀을 흘렸다. 애초에 프랑스어 전문 번역가로서 역량이 모자랐을 뿐만 아니라 한술 더 떠 치명적인 문제는 내가 프랑스에 대해 거의 무지했다는 점이다.

나는 프랑스 문학을 전공했지만 앞서 말했듯이 좋아서 선택한 것이 아니라 성적이 별로라서 다른 선택지가 없었기 때문이다. 콩고 원정에 필요하다고 생각해서 수업은 성실히 듣고 예습도 철저히 했지만, 불문과 선생님들께는 정말 죄송한 이야기인데 프랑스어 자체에는 흥미가 없었다. 아니, 애초에 프랑스에도 관심이 없었다. 탐험할 데가 없는 나라이기 때문이다. 미지의 동물도, 수수께끼의 민족도 없으니 어쩔 수 없다. 다 프랑스 탓이다.

내 프랑스어 스승도 신통치 않았다. 실비 선생은 모국 프랑스에 무관심했다. 아프리카와 아시아를 떠돌다가 일본까지 흘러들어 온 전직 히피였기에 수업 중에 나누는 대화라곤 내 콩고 관련 이야기와 그녀가 열중하던 무용 이야기뿐이었다. 그 밖에는 사하라사막의 유목민 투아레그인과 함께 생활했다든가 오토바이를 타고 인도를 종단했던 경험처럼 탐험부 동아리에서나 들을 법한 주제뿐이었다. 파리 생활이나 프랑스 문화 얘기는 한 번도 꺼낸 적이 없었던 것 같다.

그래서 프랑스어를 어느 정도 말하고 읽고 쓸 수 있음에도 웃음이 나올 만큼 프랑스에 무지했다. 〈콩고〉에 드나들 때는 파리를 경유해서 총 한 달 반 정도 머물렀는데, 그중 한 달은 콩고에서 말라리아에 감염되어 파리에서 앓아누워 있었다. 건강할 때도 돈을 아끼려고 외식을 하지 않고 바게트와 치즈, 물로 버텼다. 식당에는 실비 선생의 친구가 한 번 데려간 게 다였다. 같은 이유로 시내를 도보나 지하철로 돌아다니긴 했지만, 미술관은 무료 개방일에 루브르 박물관에 한 번 가봤을 뿐이다. 그마저도 사람이 너무 많아 금방 나와버렸다.

이름을 아는 배우는 알랭 들롱 정도였고 아는 도시는 고작 파리, 마르세유, 리옹이었다. 보르도가 와인의 명산지라는 사실조차 몰랐으며, 프랑스 요리는 음벰베만큼이나 미지의 세계였다. 이렇게 생각해 보면 내가 가봉에서 프랑스인의 말을 못 알아들었던 것도 당연하다. 보르도도 모르는 인간과 프랑스인 사이에 대화가 제대로 될 리가 없을 것이다.

나는 콩고라면 빠삭하다. 가능하다면 콩고 관련 번역을 하고 싶었다. 하지만 번역 일로 맡게 되는 원고는 당연히 프랑스나 파리를 배경으로 한 것들뿐이다.

도대체 어떤 내용의 원고를 번역했는지 지금은 전혀 생각나지 않는다. 스스로 기억에서 지워버렸을지도 모르겠다. 다만 항상 사전을 뒤져가며 오랜 시간을 들여 번역했다는 사실만은 확실히 기억한다.

사장은 내가 찾아가도 잡담은 전혀 하지 않고 현관에 나를 세워둔 채 원문과 번역문을 빠르게 훑어보곤 했다. 단 5분 만에 번역 원고의 완성도를 확인하는 것이었다. 이 순간이 무서웠다. 어설픈 실력은 나 스스로도 인정했으니 "이건 못 쓰겠다"라는 말을 들어도 전혀 이상하지 않았다.

그러나 매번 사장은 표정을 바꾸지 않고 "네, 괜찮네요. 수고하셨어요"라고 말했다. 나는 '다음번까지 목숨은 부지할 수 있겠군' 하고 안도의 한숨을 내쉬었다. 나도 번역가로서 원고료를 받는다는 소소한 만족감에 젖어들었다. 아마 시급으로 환산하면 100엔도 안 되었겠지만 말이다.

배운 적도 없는 이탈리아어로 의학 논문을 번역하다

이 사무실에서 일한 지 네댓 달쯤 되었을 때 이탈리아어를 '교통사고'로 맞닥뜨렸다. 어느 날 사무실로 불려 간 나는 평소처럼 무표정한 사장에게 원고를 건네받았다.

"이탈리아어인데 모레까지 돼?"

"예? 이탈리아어는 배운 적도 없는데요!" 놀라서 소리쳤지만 사장은 태연했다. "프랑스어랑 문법이 같으니까 괜찮아. 나중에 내가 체크할 테니까."

아연실색하며 내용을 듣고 또다시 경악했다. 의학 논문이라는 것이다. 일본어로 읽어도 이해하기 어려울 법한 글을, 그것도 전혀 모르는 언어인데 번역까지 하라고?

웬만하면 다들 거절했겠지만 안타깝게도 나는 이런 비상식적인 전개를 즐기는 성격이다. 재미있겠다고 생각해서 덥석 수락해 버렸다. 곧장 서점으로 달려가 작은 이탈리아어 사전을 3000엔쯤에 구입했다. 서둘러 집으로 돌아와 사전 맨 뒤의 문법 설명을 읽었다. 그때까지는 '왜 사전 끝부분에 형식적으로 문법 설명이 붙어 있을까?'라고 의아했었는데, 제대로 문법서를 읽을 겨를도 없을 경우는 꽤 도움이 된다.

쭉 훑어보니 확실히 문법은 시제나 동사 변화 따위가 프랑스어와 꽤 비슷했다. 비슷한 단어도 많았다. '어쩌면 번역할 만하겠는데?'라고 생각했지만 곧바로 생각을 고쳤다. '할 만한 게 아니고 해야만 하는 거다.'

일단 제목부터다. 근데 제목의 단어들이 사전에 하나도 안 나온다. 순간 멍해졌다. 아마 전문 용어일 것이다. 일반 사전에는 나오지 않았다. 어쩔 수 없이 본문부터 번역하기로 했다. 단어를 하나도 모르니 전부 사전에서 찾아야만 했다. 처음 등장한 il을 찾다가 또 경악했다. '정관사, 남성 단수'라고 쓰여 있다. 영어로 치면 the다. 정관사를 사전에서 찾아보는 프로 번역가는 전 세계에서 나밖에 없을 것이다.

그때의 절망감은 지금도 잊을 수 없다. 왜 그때 단호하게 거절하지 않았을까 후회가 몰려왔지만 이미 돌이킬 수 없었다. 주변에 이탈리아어를 할 줄 아는 사람이 한 명도 없었으니 스스로 해낼 수밖에 없었다. 거의 자포자기 상태로 무슨 단어든 나오는 족족 사전에서 찾기 시작했다. 하지만 사전에도 없는 전문 용어가 한가득하고 전체적인 그림이 좀처럼 잡히지 않았다. 무슨 내용인지 종잡을 수조차 없었다.

영일 의학 사전으로
간신히 수습하다

이튿날 아침 일찍 와세다대 도서관으로 직행했다. 목적은 영어 의학사전이었다. 의대가 없는 와세다대 도서관에 이탈리아어나 프랑스어 의학사전은 없겠지만 영어라면 있을 것 같았다. 유럽의 대다수 언어는 같은 어족에 속하는 데다 고대 그리스-로마 문명을 공유한다. 그래서 유럽의 학술용어에는 고대 그리스어와 라틴어 어휘가 매우 많다. 특히 로마 제국의 공용어이자 오랫동안 성경의 언어였던 라틴어가 그렇다.

라틴어의 직계 후손인 이탈리아어와 프랑스어는 물론이고 영어도 라틴어를 학술용어로 많이 차용한다. 예를 들어 '개'는 프랑스어로 chien시앵, 이탈리아어로 cane카네라서 모두 라틴어 canis카니스에서 유래한 것은 분명하다.

이에 반해 영어로는 dog 혹은 hound하운드다. dog는 어원이 불분명하지만 hound는 게르만계 단어다. 참고로 독일어로 개는 hund훈트다. 닥스훈트dachshund에도 들어간다. 그런데 영어에서도 '개과'는 canid캐니드, '송곳니'는 canine tooth케이나인 투스이다. 학술 용어는 완전히 라틴어 계통이다.

이렇게 영어와 프랑스어의 학술 용어가 유사함은 나도 알고 있었다. 음벰베 탐사 때 읽던 영어와 프랑스어 문헌에서도 생물학 용어가 자주 등장했기 때문이다.

분명 이탈리아어도 마찬가지일 것이다. 영어 사전을 찾아보면 형태는 조금 다를지라도 비슷한 단어가 나올 테니 그러면 수수께끼가 풀릴 것이라 짐작했다. 기대대로 영일 의학 사전을 발견하고 제목부터 살펴봤다. 내 직감이 맞았고 논문 제목을 파악할 수 있었다. 뜻을 알아내자 또다시 깜짝 놀랐다.

〈췌장염과 대장염 병발 시 면역 저하에 대해〉라는 뜻이었다. 마침 에이즈가 본격적으로 화제가 되던 시기인데, '면역 저하'라면 에이즈 연구와 관련이 있을지도 모른다. 하지만 그렇다면 왜 그런 중요한 논문을 저런 허술한 번역 회사에 의뢰하는 거지? 일본 의학계는 대체 어떻게 돌아가는 거야? 분노와 걱정이 뒤죽박죽 소용돌이쳤다. 그러나 의학계를 걱정할 여유는 없었다.

그날 나는 온종일 밥도 안 먹고 도서관에 틀어박혀 영일 의학 사전과 이탈리아어 사전을 붙잡고 씨름했다. 단어나 구절의 의미를 원고 여백에 빨간 볼펜으로 적어 나갔다. 여백은 금세 선혈 같은 붉은색으로 물들었다.

써넣은 글씨가 빼곡한 원고를 거듭거듭 읽다 보니 놀랍게도 점점 내용의 흐름이 이해되기 시작했다. 어쩌면 뇌가 마비되어 자기방어 본능으로 스스로 논리를 만들어냈을지도 모른다. 어쨌든 늦은 밤 집으로 돌아와 책상에 앉으니 어눌하게나마 이탈리아어가 일본어로 변환되고 있었다.

다음 날 정오 마침내 일본어 문장으로서 의미가 맞아떨어지는 번역 원고를 들고 사무실로 가서 건넸다. 나는 사흘 동안 쏟아낸 아드레날린으로 흥분 상태였는데 "아, 끝났어? 수고했네"라는 무심한 말만 들었다. 어학 실력이 뛰어난 사장도 이탈리아어 의학 논문까지는 즉석에서 검토할 수 없는 듯했다. "나중에 볼게."

나는 맥이 빠졌지만 너무 피곤해서 바로 집으로 돌아와 쓰러지듯 잠들었다. 이튿날 아무래도 신경이 쓰여서 조심스럽게 사무실에 전화를 걸었다. 전화를 받은 사장은 담담하게 말했다. "검토했는데 문제없었어." 믿기지 않았지만 정관사조차 사전에서 찾던 인간이 번역한 원고가 무사히 통과했다. 정말 제대로 검토했을까 의심도 들었지만 프로는 결과가 전부다. 의뢰인이 만족하면 그만이다. 나도 만족하기로 했다.

다시는 펼치지 않은 이탈리아어 사전

그 후에도 두세 번 더 프랑스어와 영어 번역을 했지만 얼마 지나지 않아 편지 한 통이 왔다. 사장이 보냈다. 봉투를 열어보니 정갈한 글씨로 다음과 같이 적혀 있었다.

"당신은 영어와 프랑스어 모두 프로 번역가로서 실력이 모자랍니다. 아직 젊으니 좌절하지 말고 더 공부하고 경험을 쌓으세요."

쌀쌀맞은 사람치고는 자상하고 다정한 글이었지만 어쨌든 해고 통보였다. 프로 번역가가 되었다고 진지하게 생각했던 만큼 충격이었지만 한편으로 이런 생각도 들었다. '영어와 프랑스어가 형편없다면 이탈리아어는 괜찮았나?'

그건 영원한 수수께끼다. 일부러 산 이탈리아어 사전도 다시는 펼쳐지지 않은 채 어디론가 사라져 버렸다.

이탈리아는 19세기에 겨우 통일을 이룬 후발국이다. 식민지도 별로 없었고 그나마도 제2차 세계대전 패전 후 일찌감치 잃어버렸다. 말하자면 이탈리아어는 로망스어군 중에서 약소 언어다. 그래서 아시아, 아프리카, 남미에서 쓰는 나라가 없다. 결국 나도 이탈리아어를 배울 기회를 갖지 못했다.

1   《에스놀로그: 아메리카 대륙과 태평양 언어(제23판)》(2020)에는 7117개라는 숫자가 제시되어 있다.《언어학 대사전》(1988)에 나오듯이 오늘날 언어의 수가 5000개에 달한다고 생각하는 연구자가 많고 일부에서는 7000개 이상에 이를 수도 있다고 본다(제1권 세계 언어편). 시대가 흐를수록 언어의 총수는 늘어나는 경향을 보인다.

2   다가이 모리오 저,《언어 기원론의 계보》(고단샤, 2014) 223쪽, 356~362쪽.

3   생물학에서 family는 '과(科)'이고, '목(目)'은 order인데 도감 등을 보면 '원숭이목=원숭이의 동류'처럼 '목' 단위로 묶는 경우가 많아 여기서는 편의상 '목'을 family로 간주한다.

4   일본의 언어학자들 사이에서는 오키나와 등지의 언어도 일본어의 방언으로 간주하는 것이 주류인 듯하다. 다음은 짓센여자대학 야마우치 히로유키 교수와 세이신여자대학 이와타 가즈나리 교수의 지적이다.
마사요시 시바타니Masayoshi Shibatani의《일본의 언어들The Languages of Japan》(케임브리지 대학 출판부Cambridge University Press, 1990)에서는 일본의 언어로 아이누어와 일본어 두 가지를 다루며 분석한다. 또한 핫토리 시로服部四郎의《일본 조어의 재구日本祖語の再建》(이와나미쇼텐, 2018)의 해설에서 우와노 젠도는 언어와 방언의 차이를 다음과 같이 말한다. "언어와 방언을 객관적으로 구분하는 언어학적 기준은 존재하지 않으며 차이의 정도뿐만 아니라 정치·사회언어학적 관점에서 나누거나 (혹은 편의상 나누지 않고) 쓸 뿐이다."
이와 비슷한 견해로 일본어는 어떤 어족과도 계통적 연관성이 명확하지 않은 고립된 언어이며 '일본어족'이라는 분류명을 붙이는 것도 적절하지 않다고 보는 사람도 있다.

계획도시처럼 질서정연한 스페인어

　괴수 탐사를 위해 필요했던 프랑스어와 벼락을 맞았지만 별다른 후유증이 없었던 이탈리아어에 이어 내가 세 번째로 접한 로망스어는 스페인어였다.

　2장에서 언급했듯 당시 막연하게 〈콩고〉 전문가가 되고 싶다고 생각하던 중 남미 아마존에 점점 관심이 가기 시작했다. 아마존은 세계 최대 유역 면적을 자랑하는 아마존강과 그 지류가 펼쳐진 지역으로, 브라질, 페루, 콜롬비아, 볼리비아, 에콰도르 등에 걸쳐 있다.

　〈콩고〉와 비슷한 열대 정글이지만 콩고강 유역보다 훨씬 규모가 크다. "자연도 그렇고 민족도 그렇고 콩고보다 아마

존이 훨씬 굉장하다." 베테랑 촬영 기사에게 들었던 말이다. 내 눈으로 아마존을 보고 둘을 비교해 보고 싶었다. 남미에는 흥미를 자극하는 '수수께끼'가 적지 않았다.

팔로마 선생님의 쾌적한 스페인어 수업

아마존에 가려면 스페인어나 포르투갈어를 배워야 했다. 평소라면 '프랑스어와 링갈라어를 겨우 익혔는데 언어를 또 배우기는 귀찮아'라고 생각하겠지만, 나의 경우 〈콩고〉에서 겪었던 언어 빅뱅과 정체성 위기 덕에 새로운 언어를 배우는 심리적 허들이 이상할 정도로 낮아졌다.

게다가 목표를 달성하려면 언어라는 마법을 손에 넣어야 한다는 RPG적 사고방식이 뿌리내려서 오히려 새 언어를 배우는 일이 설레기까지 했다. 아마존을 다스리는 두 언어 중 무엇을 배울지 갈피를 못 잡은 게 문제였다.

중남미 대부분의 나라에서 공용어인 스페인어를 배우는 것이 나중에 더 유용할 테지만 아마존만 따지면 약 70퍼센트 이상을 브라질이 차지한다. 브라질 공용어인 포르투갈어를 배워야 아마존을 더 폭넓게 돌아다닌다는 논리가 성립된다.

여러 요소를 고민하다 스페인어로 정한 이유는 환각제 때

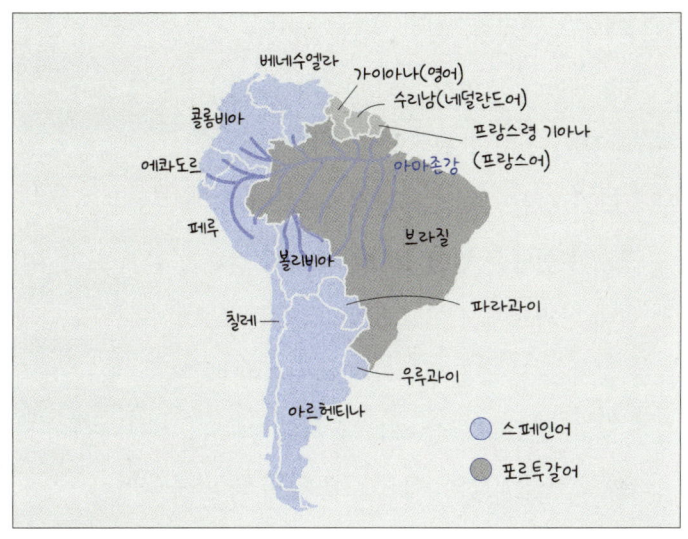

남미 언어 분포 지도. 나라 수로 따지면 스페인어가 압도적으로 많다. 포르투갈어는 브라질 한 나라뿐이지만 브라질 자체가 커서 사용 지역이 넓다. 그 밖에 과거 영국 식민지였던 가이아나는 영어, 과거 네덜란드 식민지였던 수리남은 네덜란드어, 여전히 프랑스 영토인 기아나는 프랑스어가 각각 공용어다.

문이다. 콜롬비아 남부 아마존강 지류의 원주민이 의식에서 사용하는 야헤yagé라는 환각제를 마시면 미래가 보인다는 책을 읽고 단번에 마음을 빼앗기고 말았다. 정글 속에 신비로운 약물이 실재한다는 사실도 놀랍고, 누구라도 한 번쯤 미래를 보고 싶지 않겠는가.

콜롬비아의 공용어는 스페인어다. 어학원에서 배우기보다는 전처럼 원어민에게 개인 교습을 받을 생각이었다. 실비 선생과 마찬가지로 하치오지에서 부토 무용단에 있는 프랑스인에게 문의하자 아는 스페인 여성을 소개해 주었다. 이름은 팔로마였다. 당연히 실비 같은 히피처럼 가르칠 의욕도 없을 아마추어겠거니 넘겨짚었었다. 막상 만나보니 경험도 풍부하고 가르치는 기술도 제대로 갖춘 어학 교사였다.

팔로마 선생은 영어 교사인 영국인 남편과 함께 스기나미구 임대 아파트에서 살고 있었다. 매주 토요일 오후 그 아파트를 찾아갔다. 집을 방문하면 나뭇결이 아름다운 둥근 테이블에 앉고, 선생은 항상 하얀 찻주전자에 고급스러운 향의 허브티를 우렸다. 찻잔이 탁 소리를 내며 내 앞에 놓였다.

"Gracias그라시아스(고맙습니다)"라고 말하면 선생님은 "De nada데 나다(별말씀을요)"라고 우아하게 미소 짓는다. 시작부터가 실비 선생과는 다르다. 실비 선생은 단 한 번도 음료를 내준 적이 없고 다다미에 털썩 주저앉아 다리를 뻗었다.

수업도 솜씨가 좋았다. 스페인어로 쓴 입문용 교재로 기초 중의 기초부터 순서대로 가르쳤다. 처음에는 알아듣기 쉬운 영어로 가르치다가 내가 스페인어 표현을 익혀가면서 점차 스페인어 사용 비율을 늘려가는 이상적인 교수법이었다.

막상 배워보니 프랑스어와 스페인어는 생각보다 훨씬 비슷했다. 재미있게도 발음은 완전히 달라 귀로 들으면 전혀 무관한 언어처럼 들린다. 글을 보면 가까운 친척이라는 걸 금방 알 수 있다. 문법은 거의 같고 기초 어휘도 상당히 유사하다.

프랑스어와 다른 스페인어의 문법적 특징은 세 가지다.

첫 번째, 주어를 생략하기도 한다. 두 번째, 정중한 말투에서 쓰는 2인칭 대명사 usted는 동사가 3인칭 단수 변화를 한다. 세 번째, 프랑스어 구어체에서 사라진 단순과거(과거형의 한 종류)를 구어에서도 쓴다.

프랑스어와 스페인어의 차이는 링갈라어와 보미타바어의 차이 정도로 느껴졌다. 보미타바어를 소리만 들으면 링갈라어와는 마치 다른 어족인 느낌인데 문법을 따라가다 보면 역시 비슷하다.

보미타바어를 배우기는 쉽지 않았는데, 교재도 사전도 없었기 때문이다. 스페인어는 교재와 사전이 갖춰져 있을 뿐만 아니라 의욕과 솜씨를 겸비한 교사까지 존재했다.

그동안 필사적으로 밀림을 개척하듯이 언어를 배워왔기에 너무도 편안한 학습 환경이 당황스러울 정도였다. 냉난방이 완비된 스포츠카로 여행하는 기분이었다.

우회도로도
입체교차로도 없는 언어

학습 환경만 편안했던 게 아니고 스페인어라는 언어 자체가 편안했다. 오랜 어학 방랑을 돌이켜 보면 스페인어는 마치 언어계의 정돈된 계획도시, 일본 헤이안 시대 수도이자 지금의 교토인 헤이안쿄平安京 같다.

　세계의 대도시 대부분은 원래 작은 마을이었다가 오랜 시간에 걸쳐 커졌다. 파리도, 런던도, 도쿄도 마찬가지다. 그래서 길은 뒤얽혀 어지럽고 처음 온 사람은 지리를 파악하기가 어렵다.

　그런데 헤이안쿄는 지금의 교토시 중심부로 처음부터 '도읍지'를 상정하고 설계하여 건설된 도시라서 모든 것이 정돈되어 있다. 바둑판처럼 도로가 넓게 뻗어 있고 길은 북쪽에서 남쪽으로 1조, 2조, 3조라고 번호를 매겨서 매우 알기 쉽다.

　언어도 도시와 마찬가지로 오랜 역사를 거치면서 문법이 복잡해지고 많은 불규칙성이 생긴다. 원래는 헤이안쿄처럼 직각이었을지 모르는 모퉁이도 많은 사람과 차량이 오가면서 둥글어지거나 좌회전 차선이 만들어지기도 한다. '큰길은 막히니까 샛길로 가자'고 생각하는 사람이 나타나거나 우회도로나 입체교차로를 만들어 교통 상황을 개선하려고 한다.

　구체적인 예를 들어보자. 일본어는 맥주병이나 연필의 개수를 헤아리는 '本'이라는 단위가 앞에 붙는 수에 따라 발음이 ほん혼에서 ぼん본이나 ぽん폰으로 바뀐다.5 한 병은 一本잇폰, 두 병은 二本니혼, 세 병은 三本산본처럼 뒤에 오는 단위의 발음이 달라지는데, 앞에 오는 소리에 따라 뒤의 소리가 달라지는 음운적 현상이다.

　또한 小雨(가랑비)는 '코아메'가 아니고 '코사메'로 읽는다. 모음이 연속되어 일본어에서 위화감이 있어 그렇게 변했다고 여겨지지만, 小梅(매화의 일종)는 역시 모음이 이어지는데도 '코우메'라고 읽지 '코스메'가 되지는 않는다.

그 밖에 똑같이 きる키루라고 읽어도 着る(입다)와 切る(자르다)는 활용 방식이 달라서 부정형은 着ない키나이와 切らない키라나이처럼 서로 다르게 변화한다. 외국인 학습자가 곧장 이해하기 어려운 문법적 불규칙성이다.

언어는 시간이 지나면서 '말하기 더 편하게' '다른 단어와 구별하려고' 아니면 그냥 말실수나 불분명한 역사적 요인으로 인해 변해간다. 외국어 학습자에게는 이러한 미묘한 변화가 너무 복잡하고 어렵다고 느껴질 수 있다. 다른 언어에서도 이러한 '미세 조정'이나 '침식'이라고 할 만한 현상으로 생겨난 어휘나 문법의 세세한 변화는 흔히 볼 수 있다.

또한 강세나 성조가 변하거나 모음과 자음이 뭉개지거나 달라붙는 사례도 무수히 많다. 문자 표기가 음성의 역사적 변화를 따라가지 못해 발음과 철자가 엇갈리는 일도 자주 일어난다. 영어는 소리를 그대로 적는 표음문자로 쓴다고 생각하기 쉽지만 실제로는 철자만 보고는 발음을 알기 어려울 때가 많다. 예를 들어 read는 '리드'와 '레드' 두 가지로 읽히는데, 전자는 현재형이고 후자는 과거형이다. 마치 농담 같다.

프랑스어의 철자와 발음의 관계는 이보다는 규칙적이지만 어말의 자음이 모조리 생략되었다가 뒤에 모음이 오면 마치 좀비처럼 되살아나는 공포스러운 구조가 남아 있어 전 세계 초심자를 괴롭힌다.

철자와 발음의 어긋남은 앞에서처럼 도시에 빗대자면 지도와 실제 길이 다른 셈이다. 오래된 지도에는 최근에 생긴 우회도로나 터널이 표시되지 않고 지금은 사라진 옛길이 그대로 남아 있기도 하듯 말이다.

다가가기 쉽고
친절한 설계의 스페인어

이제 다시 스페인어로 돌아가 보자. 놀랍게도 스페인어는 오랜 역사를 자랑하며 세계적으로 널리 쓰는 언어인데도 이유를 알기 어려운 미세 조정이 거의 없다. 발음과 철자도 별로 어긋나지 않는다. 모음은 a, e, i, o, u 다섯 개뿐이고 일본어 '아이우에오'와 비슷하며 달리 읽는 방식은 없다. 프랑스어처럼 명사에 남녀 성별이 있지만, 프랑스어에서는 단어만 봐서는 성별을 알기 어려운 반면, 스페인어는 어말이 o로 끝나면 남성, a로 끝나면 여성으로 명확히 구별된다. 소리의 약화나 융합도 최소한으로 억제된다.

놀랄 만큼 규칙적이다. 큰길이 동서남북으로 정확히 곧게 뻗어 있고 불규칙한 샛길은 없다. 길모퉁이가 닳아 없어지지 않고 우회전 차선이나 좌회전 차선도 따로 마련하지 않아 모두 일률적으로 딱딱 꺾인다. 일본어와 달리 스페인어는 언제나 '한 병, 두 병'이라고 변함없이 헤아린다. 이런 도시에서는 길을 잃을 일이 없다. 외지인이라도 금방 익숙해질 수 있다.

중국어를 비롯해 아프리카나 아시아의 여러 언어에서 흔히 있는 성조도 없으며 영어처럼 강세가 여기저기 옮겨 다니는 일도 없다. 스페인어의 강세는 항상 규칙적이며 드물게 불규칙한 강세를 가진 단어가 있더라도 따로 강세 기호가 붙는 친절한 설계다.

교토외국어대학의 오카모토 신쇼 교수(스페인어학 전공)에 따르면 스페인어의 발음과 철자가 일치하는 데는 이유가 있다. 16~17세기에 정서법正書法을 합리화하려는 논의와 제안이 활발했고, 18세기에는 스페인 왕립 학술원Real Academia Española이라는 국가 학술 기관이 정서법을 확립했다. 학술원에서 현재까지도 주기적으로 개정을 거듭하며 철자와 발음이 어긋나지 않도록 한다.

다만 스페인어의 음운이나 문법이 어째서 이렇게까지 규칙적인지는 이렇다 할 결정적인 요인이 없다고 한다. 기독교 선교사도 원주민 언어를 익혀 포교했고 세계 진출이나 식민 지배 과정에서 현지인이 알아듣기 쉬운 스페인어를 보급한 것도 딱히 아니다.

특히 인상적이었던 점은 아직 제대로 배우기도 전에 소리를 그대로 알아들을 수 있었다는 점이다. 영어는 원어민이 이야기하면 아예 소리를 분간할 수 없을 때가 많다. 그에 비하면 천양지차다.

이유 중 하나는 스페인어 단어가 주로 모음으로 끝나기 때문이다. 단어가 모음으로 끝나는 언어로는 링갈라어, 인도네시아어, 일본어 등이 있으며 단어가 자음으로 자주 끝나는 영어 같은 언어보다 알아듣기 쉽다고 한다. 하지만 내 인상으로는 스페인어가 일본어나 링갈라어보다도 개별 음이 더욱 또렷하여 훨씬 잘 들리는 느낌이다.

문법은 프랑스어와 비슷해서 단순하기는커녕 오히려 굉장히 복잡하다. 그런데도 앞서 설명한 헤이안쿄적인 성격 덕분에 스페인어는 누구나 쉽게 다가갈 수 있다. 프랑스나 프랑스어권 아프리카를 돌아다니다가 자연스레 프랑스어를 익혔다는 일본인의 이야기는 들어본 적이 없지만 남미 여행 중에 어느새 스페인어를 할 수 있게 되었다는 사람은 차고 넘친다.

일본어와 스페인어의 발음이 비슷하고 친화성이 높기 때문만이 아니다. 세계 어느 누구든 쉽게 익힐 가능성이 높다는 것이다. 확실한 증거는 없지만 '정황 증거'라면 충분하다.

피진도
크레올도 없는 언어

 2015년에 세상을 떠난 천재 언어학자이자 문화인류학자 니시에 마사유키西江雅之 선생은 흥미로운 지적을 했다. 니시에 선생은 피진어와 크레올어 연구의 일인자였다. 피진어란 한 언어가 다른 언어와 만나서 생긴 혼성 언어다. 특히 제국주의적 '육식 언어'가 날뛰던 시대에는 지배국의 언어가 현지 언어와 섞이며 수많은 새로운 언어를 탄생시켰다. 예를 들어 파푸아뉴기니의 공통어이자 공용어 중 하나인 '톡 피진'은 영어를 기반으로 하는 피진어다.
 일본에서도 과거 요코하마 외국인 거류지에서 '오랜만입니다. 잘 지내시죠?'라고 인사할 때 'おまえ、長いとき拜見ない。大丈夫あります?(너, 오랜 시간 뵙지 못함. 안녕 있어요?)' 같은 특수한 일본어가 사용되었다고 알려져 있는데, 이것도 '요코하마 피진'이라는 피진어의 일종이다.[6]
 한편 피진이 언어로 자리 잡고 많은 사람이 이를 모어로 사용하게 되면 그것을 크레올이라 부른다. 링갈라어도 콩고강 유역의 여러 언어가 섞여 만들어졌는데 1991년 출간된 《언어학 대사전 제3권》에서는 피진의 하나로 분류되었지만, 현재는 킨샤사와 브라자빌을 중심으로 이를 모어로 삼은 사람이 많이 늘어나서 크레올이라 불러도 될 것 같다.

니시에 선생에 따르면 영어, 프랑스어, 포르투갈어, 네덜란드어에는 피진과 크레올이 있는데 웬일인지 스페인어에는 거의 없다. 카리브해의 네덜란드령 ABC(아루바, 보네르, 퀴라소) 제도에서 쓰는 파피아멘투어나 필리핀의 차바카노어 등이 있지만 대부분 포르투갈어-스페인어 크레올이다. 먼저 포르투갈어가 현지 언어와 섞여 크레올이 되고서 스페인어 어휘가 포르투갈어 어휘를 대체해 나간 것이다. 다시 말해 스페인어가 포르투갈어 크레올을 점령한 꼴과 같다(니시에 마사유키 지음,《피진·크레올 언어의 세계》).

요컨대 스페인어 크레올이 전무하다고 단언할 수는 없지만 거의 존재하지 않는다. 니시에 선생은 그 이유를 밝히지 않았지만 내 생각에는 그 원인이 분명하다. 영어, 프랑스어, 포르투갈어 등은 아프리카, 중남미, 아시아, 뉴기니 등지에서 원어민이 이해하고 배우기 어려워 원래의 언어를 단순화하고 현지 언어와 섞었다. 피진이 필요했던 것이다. 그러나 스페인어는 그렇지 않았던 것이 아닐까? 애초에 스페인어 자체가 피진 같은 특징을 갖고 있었기 때문이 아닐까? 스페인어는 대항해시대부터 전 세계 사람들이 공유할 수 있는 언어였다고 짐작해 본다.

로망스어적인 교제

자, 다시 나의 학습 이야기로 돌아가자. 스페인어는 발음도 단순하고 문법도 프랑스어와 거의 같으면서 훨씬 명확했다. 텍스트를 적당히 훑어보고 수업을 세 번쯤 듣자 스페인어의 뼈대가 선명하게 보였다. 물론 보인다고 해서 말할 줄 아는 것은 전혀 아니다. 어휘와 동사 활용을 하나하나 외워야 하고 여기에는 시간과 노력이 많이 든다. 하지만 훌륭한 선생님 덕분에 학습 과정은 마치 헤이안쿄를 달리는 드라이브처럼 쾌적했다. 게다가 나는 혼자서 수업을 듣고 있던 것이 아니었다. 사실 당시 사귀던 여자 친구와 둘이서 함께 배웠다.

여자 친구는 영어밖에 배운 적이 없었기에 원래라면 나와 함께 공부하기에 너무 불리한 조건이었다. 마치 운전면허조차 없는 사람이 대형 면허 강습을 받는 것과 같았다. 하지만 내가 권하자 기꺼이 함께 수업을 듣기 시작했다. 학구열이 강하고 성격도 좋은 사람이라서 즐겁게 공부를 이어갔다. 팔로마 선생과도 잘 맞아서 토요일 오후는 헤이안쿄 드라이브 데이트 같은 분위기였다.

그야말로 '로맨스로만 가득한 로망스어 공부!'라고 말하고 싶지만, 사실 내 마음속은 헤이안쿄와도 로맨스와도 동떨어진 속셈이 도사리고 있었다. 간단히 말하면 사귀기 시작한

지 1년도 지나지 않아 관계가 이상해졌다. 밥이나 먹자고 하면 흔쾌히 응했는데 식사하는 동안은 밝고 즐거운 분위기였는데도 진짜 밥만 먹고는 금세 돌아가 버린다.

관계가 변한 이유는 여러 가지가 있었다. 첫 데이트 때 진흙투성이가 되어 기어야 하는 동굴로 데려갔고, 디즈니랜드에 가자는 제안에 나는 시시하다며 한마디로 거절했고, 아프리카로 가서 몇 달간 돌아오지 않았다. 애초에 여자 친구는 지극히 평범한 회사원이라서 나랑은 가치관이 너무 달랐다. 지금 떠올려도 한숨이 나오지만 내 가치관을 일방적으로 강요하고 있었다.

주말마다 만난 걸 생각하면 딱히 다른 남자가 생기지도 않은 듯했고 나는 아직 관계를 회복할 기회는 충분히 있다고 생각했다. 그 비장의 카드가 스페인어 공부였다. 또다시 내 세계로 끌어들이려는 비겁한 수단이었지만, 외국어를 좋아하고 열린 마음을 지닌 그녀는 기꺼이 받아들였다.

'아자!' 주먹을 불끈 쥐며 힘내기로 했지만 생각대로 잘 풀리지는 않았다. 스페인어 실력은 점점 느는 반면에 우리 관계는 '연인'에서 '연인 미만, 친구 이상'으로 가다가 슬슬 '친한 어학 동료'로 변했다. 우리 사이가 점점 침식되거나 미세 조정이 되는 듯했다. 언어학의 계통 분류에서 어족이 아니고 적당히 묶이는 여러 언어의 사이처럼 되어버렸다. 이것도 로망스어군 비슷한 셈이다.

내가 한 차례 아마존 여행을 다녀온 사이 우리의 관계는 깨끗하게 소멸해 버렸다. 세계 곳곳에서 공통어 노릇을 하는 스페인어조차 우리 둘의 공통어가 되지는 못했다.

5   도이 다다오, 모리타 다케시 지음,《신정 국어사 요설》(슈분칸 출판, 1975) 참조.
6   '요코하마 피진'은 스기모토 도요히사 지음,〈메이지유신의 일영 언어 접촉—요코하마의 영어계 피진 일본어(1)〉《세이조 잉글리시 모노그래프》 No.42(2010), 및 긴스이 사토시 지음,《이것도 일본어인가? 이방인의 말이 태어날 때》(이와나미쇼텐, 2014) 참조.

마술적 리얼리즘의 콜롬비아 여행

　나는 지금까지 스페인어권을 다섯 차례 여행했다. 처음에는 남미의 콜롬비아, 그다음은 남미의 페루와 볼리비아, 스페인을 두 번 방문했으며, 마지막으로 2017년에 다시 페루를 찾았다.

　그중에서도 압도적으로 인상 깊었던 곳은 스페인어를 배우기 시작한 지 반년쯤 지난 1990년에 방문한 콜롬비아였다. 지금 돌이켜 봐도 35년에 걸친 나의 변방 나그넷길에서 단발성 여행으로서는 최고로 즐겁고 재미있었다.

스페인어 화자는
스페인어에 구애받지 않는다

한 가지 이유는 '해방감'이다. 스페인어 실력이 늘수록 여자 친구와 거리가 멀어지는 듯한 일본 생활이 괴로웠다. 탐험부 활동이나 일과는 상관없는 해외여행은 '어학 빅뱅'이 일어난 이후 처음이었다. 그야말로 마음 편한 여행이었다.

또 하나의 이유는 스페인어 자체였다. 스페인과 남미의 스페인어는 조금 다르다는 팔로마 선생의 말을 듣고 긴장했지만 실제로 콜롬비아에 가보니 큰 차이는 없었다. 이후의 경험을 종합해 보아도 스페인어는 세계 곳곳에서 쓰는 언어치고 방언 차이가 비교적 적은 듯하다.

남미의 스페인어는 오히려 '헤이안쿄 언어'의 성격이 더 두드러졌다. 본토 스페인에서는 영어 thing의 th처럼 위아래 치아 사이에 혀를 끼우는 θ 발음이 있다. 이를테면 나에게 매우 중요한 단어 cerveza세르베사(맥주)는 c와 z 모두 그 발음이라서 입안이 바쁘다. 그러나 남미에서는 이 발음을 일반적인 s 소리로 대체한다. 목이 마르면 식당이나 바에 들어가서 'Una cerveza, por favor우나 세르베사 포르 파보르(맥주 한 병 주세요)'라고 그대로 발음하면 꽤 정확하게 전달되어 시원한 맥주를 마실 수 있다. 참고로 스페인에서도 이 발음으로 충분히 통한다. 스페인 사람들도 라틴아메리카식 발음에 익숙하기 때문이다.

 무엇보다도 콜롬비아에 '언어 내 서열'이 없어서 좋았다. 콜롬비아 사람들은 내가 스페인어를 해도 당연하게 받아들였다. '아, 스페인어를 할 줄 아는구나!'라고 놀라거나 기뻐하지도 않는다. 대신 나와의 대화가 원활하지 않더라도 '얘, 뭐라는 거야?'라거나 '스페인어 못 하는 거야?' 같은 반응을 보이지 않았다. 대화가 안 통할 때는 난처한 표정을 짓지만, 곤란해서 그럴 뿐이지 나를 깔봐서가 아니었다.

 흥미롭게도 페루에서도 볼리비아에서도 본고장 스페인에서도 마찬가지다. 스페인어 화자는 자신의 언어에 놀랄 만큼 구애받지 않는다. 이는 나만의 생각이 아니다. 아내도 의견이 같다. 여행을 좋아해서 혼자 인도, 동남아시아, 북아프리카 등 다양한 곳을 여행한 아내는 페루에 갔을 때만 두 달 동안 스페인어를 독학해 현지에서 써먹었다. 언어에 무관심한 아내가 여행지의 언어를 공부한 것은 이때뿐인데 현지에서 의사소통에 큰 어려움이 없었다. 그것만으로도 스페인어의 훌륭함을 알 수 있다. 역시 페루 사람 그 누구도 아내의 스페인어 회화에 아무런 반응도 보이지 않아 놀랐다고 했다.

 영어 원어민은 상대가 영어를 한다고 특별히 반기지는 않지만 못 알아들으면 짜증을 내는 경우가 많다. 영어가 세계 보편의 언어라 생각하기 때문이다. 프랑스어 원어민은 프랑스어에 자부심이 강해서 외국인이 프랑스어를 하면 다소 기뻐하든가 제대로 못하면 신경질을 부린다.

링갈라어, 태국어, 미얀마어, 소말리어, 아랍어, 일본어 등 비주류 언어 화자는 외국인이 그 언어를 할 줄 알면 기뻐하다가도 알고 보니 실제로는 서툴다는 걸 알면 '이게 뭐야' 하는 표정을 짓는다. 또한 이전에도 자꾸 말했듯이 언어가 서툰 외국인을 어린아이 취급하기 십상이다. 내 경험상 거의 유일한 예외가 스페인어, 그리고 아마도 포르투갈어까지일 것이다.

콜롬비아 사람의 언어관은 거대한 슈퍼마켓

이 사람들에게는 모국어나 외국어라는 개념이 없는 것 같다는 느낌을 받았다. 내가 여행했던 당시 콜롬비아는 《라틴 아메리카 알아보기 사전》(1987)에 따르면 백인 20퍼센트, 흑인 4퍼센트, 혼혈 75퍼센트, 원주민 1퍼센트로 인종이 구성되었다. 이 중 원주민을 제외한 99퍼센트는 모어가 스페인어라고 짐작된다. 즉 압도적 다수가 스페인어로만 생활한다.

앞서 콩고의 언어관이 3층 건물이라고 했는데 그 비유에 맞추면 콜롬비아 사람의 언어관은 코스트코 같은 단층짜리 외국계 대형 마트다. 어디를 가도 스페인어밖에 없는 세상이다. 사실 생선 코너나 과일 코너 등에는 민족어를 사용하는 원주민의 작은 부스가 있지만 대개 의식하지 않는다. 그런 부스에서도 스페인어가 통하기 때문이다. 콜롬비아 사람 대부분은 평생 동안 스페인어 말고는 보고 들을 기회가 없어서 부자부터 일용직 노동자까지 국내 어디에서나 누구와도 스페인어로 대화한다.

한편 콜롬비아에는 '외국인'도 많이 살지만 대부분 베네수엘라나 페루 등 남미 사람이며 당연히 스페인어를 쓴다. 콜롬비아에 비즈니스로 오는 외국인도 대개 스페인어를 할 수 있으며 일본인처럼 스페인어를 모어로 하지 않는 외국인 관광객조차 스페인어 한 마디라도 할 수 있는 사람이 많다.

콜롬비아 사람에게 세계가 곧 스페인어라는 언어관도 무리가 아니다. 하지만 콜롬비아에서도 지구상에는 미국인이 쓰는 영어가 있고 영어가 전 인류의 특권층 언어라는 사실도 어느 정도 안다. 스페인어가 세계 누구나 쓰는 언어가 결코 아니라는 점도 안다. 그래서 못하는 사람을 깔보는 경향이 없는 것이 아닐까. 콜롬비아 사람들의 언어관은 마치 영어라는 존재가 알려져 있긴 하지만 사용자가 극히 적어 어딘가 먼 곳에 있다는 느낌이다.

더욱 흥미롭게도 콜롬비아 사람을 비롯하여 다른 남미 국가나 스페인 사람 등 스페인어를 쓰는 이들은 언어뿐만 아니라 사람을 대할 때도 지극히 평등하다. 나처럼 외지인이라는 게 빤히 보이는 상대에게도 거리를 두지 않고, 위에서 내려다 보거나 동경의 시선을 보내지도 않고, 마치 같은 나라 사람처럼 대한다. 어디까지나 내 경험이지만 이런 반응을 보이는 곳은 스페인어권 외에 브라질이나 포르투갈 같은 포르투갈어권 정도일 것이다. 요컨대 남미 사람 대부분이 그렇다.

남미 사람들은 모국어와 외국어의 구별이 없을 뿐 아니라 모국인과 외국인의 구별도 별로 신경 쓰지 않는 것 같다.

〈콩고〉에서는 다국어가 소용돌이치는 환경에 흥분하여 '현지어로 말하며 웃기는 즐거움'을 알게 됐다면, 콜롬비아에서는 '현지어로 말해도 어색하지 않은 안도감'에 빠져들었다. 딱 봐도 외국인인 내가 어눌한 스페인어를 말해도 마치 같은 나라 사람처럼 대해주었기에 나는 스르르 녹아들었다.

라틴아메리카 문학의 매력

여행 자체도 굉장히 흥미로웠다. 나는 매일 눈을 휘둥그레 뜨며 마치 가르시아 마르케스의 세계 같다고 생각했다.

콜롬비아에 가기 전까지 나는 일본에서 멀리 떨어진 변방이라는 의미에서 남미를 아프리카와 비슷하게 상상했으나 실제로는 전혀 다른 세계였다. 아프리카 사람은 95퍼센트 이상이 그곳에 대대로 살아왔다. 반면 남미는 스페인 사람이 가져온 구대륙의 전염병이 퍼졌고 면역이 없던 원주민이 무서운 기세로 목숨을 잃으면서 인구가 급감했다. 그 빈자리를 채우려고 유럽 각지에서 이민자가 몰려오고 아프리카에서는 노예가 끌려왔다. 유럽인은 각지에 유럽식 도시를 건설하며 부유층과 중산층을 형성했다. 그 결과 남미에는 유럽적인 문화가 뿌리내렸고 문학 전통도 훌륭하다. 중남미는 '라틴아메리카'라서 문학도 '라틴아메리카 문학'으로 불린다.

특히 1990년경 내가 콜롬비아와 페루의 아마존을 여행할 당시에는 콜롬비아의 가브리엘 가르시아 마르케스, 페루의 마리오 바르가스 요사, 칠레의 이사벨 아옌데 등 세계 정상급 작가들이 각국에 포진해 있었다.

나는 남미에 갈 준비를 하며 이들의 문학 작품을 읽고 완전히 사로잡혔다. 하늘에서 날개 달린 노인이 떨어져 고대 노르웨이어를 말했다거나, 200년을 산 독재자가 죽었을 때 궁전이 온통 소로 가득 찼다거나, 예지력을 지닌 소녀가 사랑 없는 결혼을 하려고 소작인을 학대하는 남자를 불러들였다거나, 황당한 에피소드가 산맥처럼 이어지는데도 판타지가 아니라 담담한 문체로 어디까지나 '현실의 사건'처럼 흘러간다. 이것을 '마술적 리얼리즘'이라고 한다.

내가 가장 좋아했던 작가는 가르시아 마르케스와 이사벨 아옌데였다. 다만 당시 아옌데는 데뷔작 《영혼의 집》만이 일본어로 번역되어 있었다. 나는 더 참을 수 없어 콜롬비아의 수도 보고타 서점에서 세 번째 작품 《에바 루나Eva Luna》를 원서로 샀다. 일본에 돌아온 후 사전을 찾아가며 두세 달에 걸쳐 읽었다. 스페인어 공부에 크게 도움이 되었지만 얼마 지나지 않아 남미 문학의 번역본이 속속 출간되면서 원서를 읽을 필요가 없어지고 말았다. 아쉬운 일이다.

나는 필요하면 무엇이든 하는데 필요가 없어지면 의욕이 싹 사라진다. 스페인어 원서를 읽은 것도 이때가 처음이자 마지막이었다. 일본에서는 화제가 되는 해외 문학 작품이 금세 번역되기 때문에 원서를 읽을 동기가 유지되기 어렵다.

마음에 드는 애랑 데이트하라는 주인장

다시 콜롬비아 여행 이야기로 돌아가 보자. 콜롬비아는 마치 라틴아메리카 문학 속 세상처럼 눈부시게 다채로운 세계였다. 당시 콜롬비아는 정부와 마약(코카인) 마피아, 반정부 게릴라가 삼파전을 벌여 치안이 극도로 좋지 않았다. 미국은 마약 소탕을 명분으로 파나마에 침공했고 곧 콜롬비아도 쳐들어갈 것이라는 억측도 난무했다. 콜롬비아에 몇 안 되던 외국인들이 급히 탈출하던 와중에 환각제를 찾아 이곳에 들어왔으니 내 행동 자체가 마술적 리얼리즘이다.

그런데도 콜롬비아 사람들은 이 엉뚱한 일본인을 뜨겁게 맞아주었다. 콜롬비아에는 일본인이라곤 대사관 직원과 상사 직원 정도밖에 없어서 일반인에게 나는 매우 희귀한 존재였다.

게스트 하우스 직원들은 내 방으로 몰려와 '하폰(일본)은 비가 많이 오느냐, 바나나를 먹느냐'처럼 머릿속에 떠오르는 대로 질문을 쏟아내며 좀처럼 돌아가지 않았다. 슈퍼마켓에서도 계산대 여직원이 '어디서 왔느냐? 결혼했느냐? 애인은?'이라며 역시 질문 공세. 내 뒤에 긴 줄이 생겨서 너무 신경이 쓰였는데 자세히 보니 뒤에서 기다리던 사람들도 가만히 내 대답에 귀를 기울였고 한산한 줄에서 일부러 이쪽으로 오는 사람까지 있었다.

숙소 근처에는 대만 사람이 운영하는 저렴하고 맛있는 식당이 있었다. 콩조림, 소뼈 수프, 채소 샐러드, 카사바, 바나나, 쌀 등이 들어가는 콜롬비아식 정식 한 끼가 약 200엔 정도였다. 당시 중국어를 할 줄 몰라 주인과 스페인어로 대화를 나눴는데 사흘째 가니까 느닷없이 "우리 가게에서 일하는 애들 중에 마음에 드는 애랑 데이트해"라고 권했다.

'뭐라고?'라고 생각할 틈도 없이 진지한 얼굴로 재촉하는 주인의 말에 떠밀려 얼떨결에 웨이트리스 네댓 명 중에서 얼핏 봐서 귀여운 아이를 가리켰다. 주인은 그 아이를 불러 세우며 "이 일본인 세뇨르가 너를 좋아한대"라고 했다.

"이봐요!" 난 당황했는데 겨우 열여덟 살이던 아가씨는 얼굴을 확 붉히며 "저도요"라고 대답했다. 주인은 "오늘은 이제 그만 일하고 너희는 나가서 놀아"라며 마치 중매쟁이처럼 우리를 밖으로 떠밀었다.

아무리 생각해도 이상했는데 이 얘기를 콜롬비아 사람에게 들려주면 다들 "아주 좋네!"라며 "무이 비엔Muy bien!"이라고 할 뿐 누구도 별일이라고 여기지 않았다.

이 모든 일이 내가 본격적으로 스페인어로 말하기 시작한 지 고작 사나흘 만에 벌어졌다. 내 어휘는 모자랐고 동사 활용도 절반밖에 몰랐지만 나는 이미 현지인 속으로 싹 녹아들어 있었다. 통하기 쉬운 스페인어의 특징과 외지인에게 장벽이 낮은 콜롬비아 사람의 태도, 나아가 새로운 것에 느끼는 호기심의 강도는 정말 놀라웠다.

판타지가 아닌 콜롬비아의 현실

그러나 나는 여자애랑 놀아나려고 이역만리 콜롬비아까지 온 것이 아니다. 아마존으로 가서 환각제를 찾으러 왔다. 일주일 정도 머문 후 보고타를 떠나 아마존으로 향했다.

그 여정은 역시 가르시아 마르케스의 소설 같았다. 개척민의 마을에서는 웃통을 벗은 젊은이가 말에 올라탄 채 자동차 사이를 활보했다. 아마존강 지류를 배 타고 내려가다 보니 전쟁터를 방불케 하는 총격전 소리가 '탕탕' 들렸고 승객들은 모두 그곳에서 내렸다. 정부군과 게릴라가 교전 중이랬다.

하지만 매일같이 일어나는 일이라서 긴장감은 없었다. 승객들도 익숙한 듯했다. 권총을 청바지 허리에 꽂아 넣고 호주머니에서 꺼낸 사탕수수 독주를 병째 들이켜며 껄껄대는 딱 '무법자' 같은 남자들도 있었다. 마치 서부극 속으로 들어온 기분도 들었다.

아마존의 작은 마을에 도착하니 마침 세밑 축제로 북적이고 있었다. 그 지역의 주요 산업은 코카인 생산과 판매인데 주변 밀림 속에 있는 코카인 공장에서 일하던 남자들도 마을로 돌아와 있었다. 그들은 마약 조직과 싸우려고 주둔 중인 군인과 함께 술을 마시고 싸구려 코카인을 흡입하며 밤새도록 떠들썩하게 놀았고 나도 그 무리에 끼었다.

현지 어부를 고용해 원주민 마을까지 보트를 타고 갔다. 원주민 세코야족 남자들은 머리부터 발끝까지 덮는 원피스 같은 옷을 입고 있었다. 마치 고대 일본인이 입었다는 관두의 貫頭衣를 떠올리게 했으며 고상식高床式 가옥은 마치 2세기 일본의 고대 국가 야마타이국邪馬臺國에 온 기분이 들게 했다. 당시 나는 스페인어와 환각제로 정신없었기에 세코야어는 배울 생각조차 못 했다. 어쩌면 그즈음에는 이미 콜롬비아 사람이 다 됐을지도 모른다. 마을의 주술사가 만든 환각제를 마시고 해먹에 몸을 맡긴 채 흔들리고 있었다. 미래는 볼 수 없었지만 대신 천 년 동안 여행하는 충격적인 꿈을 꾸었다.

이 여행에서 마술적 리얼리즘이 중남미의 현실이라고 몸소 느꼈다. 판타지를 현실처럼 쓴 것이 아니다.

예를 들어 가르시아 마르케스의 대표작 《백 년의 고독》에서 무대가 되는 '마콘도'는 너무 외진 마을이라 수도로 나가는 길조차 없었다. 그런데도 때때로 유럽에서 집시들이 곡예 공연을 하러 찾아온다. 이 대목을 읽으면서 모순 같다고 생각했지만 콜롬비아에 가보니 그런 의문은 사라졌다. 콜롬비아의 아마존에는 트랑킬란디아Tranquilandia라 불리는 코카인 비밀 공장이 여러 군데 있었다. 정확한 위치는 아무도 모른다. 무심결에 트랑킬란디아에 발을 들이지 않도록 조심하라고 말해주던 이가 여럿이었다. 국가 경찰도 못 가지만 한낱 여행자가 우연히 갈 수도 있는 데가 존재하는 것이다.

또한 내가 몸소 겪은 일은 아니지만 아프리카에서 만난 일본인 여행자가 들려준 얘기다. 콜롬비아의 작은 마을에 머물고 있던 어느 날, 숙소에 현지의 젊은 여성이 어린아이를 데리고 찾아왔다고 한다. "이 아이의 아빠는 전에 사귀던 일본인 여행자예요. 여행을 계속하더니 연락이 뚝 끊겼죠. 나중에 이 아이가 태어났는데 세 살이 넘도록 말을 하지 않네요. 아마 일본인의 아이여서 스페인어를 모르나 봐요. 일본어라면 알아들을지도 몰라요. 뭐라도 말 좀 걸어주세요."

왼쪽은 세코야족 마을 사진이다. 우리가 도착하자 마을 사람들이 모여들었다. 오른쪽은 주술사가 채집해 와서 환각제로 쓰는 식물이다. 주로 아마존에 자생하는 바니스테리옵시스(Banisteriopsis)속 덩굴식물로 콜롬비아에서는 '야헤(yagé)', 페루에서는 '아야와스카(ayahuasca)' 등으로 불린다. 그 밖에 역시 정신에 작용하는 식물의 뿌리나 나무껍질을 섞어 달이면 환각제가 만들어진다.

그 일본인 여행자는 어리둥절했지만 어쩔 수 없이 일본어로 "이름이 뭐야?" "어디 사니?"라고 말을 걸었다. 물론 아이는 아무 반응도 없었지만 젊은 엄마는 "이제 조금이라도 말을 할 수 있게 될 거예요. 고맙습니다"라며 정중히 인사하고 떠났다고 한다.

꼭 판타지처럼 들릴 수도 있지만 적어도 내가 방문했을 무렵의 남미에서는 충분히 있을 법한 일이었다. 관광지조차 아닌 작은 마을에 여행자가 찾아와 현지 여성과 사랑에 빠지고 다시 어디론가 떠나버린다. 그 후 아이가 태어난다. 깊은 산골 마을 이야기도 아니고, 여자도 옷차림새나 행색으로 보아 번듯한 집안의 규수였던 것 같다고 한다. 중남미 이외의 지역에서는 이런 접촉이 흔하지 않지만 내가 보고타의 식당 주인으로부터 종업원과 데이트하라고 권유받았듯이 이곳에서는 금세 인연을 맺기도 한다.

마술적 리얼리즘의 매개자, 스페인어

남미는 빈부격차가 심하고 원주민, 유럽계, 아프리카계, 더 나아가 아시아에서 온 이민자까지 실로 다양한 사람들이 살고 있다. 자연환경도 고산, 밀림, 바다, 사막 등 모든 것이 있고 그것들이 바로 맞닿아 있다.

보통이라면 마주칠 일 없는 이질적인 요소들이 쉽게 조우한다. 고층 빌딩이 늘어선 대도시부터 말과 자동차가 같은 도로를 달리는 시골 마을, 더 나아가 고대 야마타이국을 빼닮은 마을까지 문명사의 모든 발전 단계가 불규칙하게 공존해서 시간의 흐름조차 왜곡된 것처럼 보인다.

세코야족 마을에 머물 때 나를 재워준 집의 젊은이가 티셔츠와 반바지를 달래서 줬는데, 준 옷을 입자마자 내 동생과 너무 닮아 보여 놀라움을 금치 못했다. 원주민은 일본인처럼 몽골로이드 계열의 외모라서 이런 일이 일어날 수 있다. 그는 당연히 스페인어도 하니 당장 보고타의 카페에서 일해도 문제없으리라고 생각했다.

이런 '중남미의 현실'이 마술적 리얼리즘의 원천이라는 점은 나뿐만 아니라 많은 라틴아메리카 문학자나 스페인어 전문가도 지적하는 바다.

나는 한 걸음 더 나아가 그 최대의 매개자가 스페인어가 아닐까 생각한다. 유럽계 대부호든 마약 마피아의 말단 조직원이든 원주민 마을 사람들이든 평범한 여행자든, 모두가 유창하든 서툴든 개의치 않고 스페인어를 사용한다. 아프리카처럼 언어로 단절되어 있지 않다. 스페인어만 할 줄 알면 어디든 들어갈 수 있다.

아시아와도 다르다. 나중에 태국과 미얀마에서 나는 마약 관련 인물들과 깊이 얽히지만 일반 여행자가 그런 이들과 만날 기회는 거의 없다. 우선 여행자가 태국어나 미얀마어를 상당히 잘해야 한다. 언어가 통하지 않는다는 전제가 있어 현지 마약업자들은 외국인 여행자와 생활권이 아예 다르고 외국인에게 말을 거는 일도 없다. 하지만 콜롬비아에서는 쉽게 알게 된다. 콜롬비아 사람에게는 언어의 벽도 없고 외국인과 거리를 두는 습관도 없다. 오히려 호기심에 다가온다.

스페인어는 무엇이든 삼켜버린다. 그리고 무엇이든 삼켜진다.

자이르 시골 마을에서 들은 스페인어

더 신기했던 일은 콜롬비아를 떠난 뒤에 일어났다. 나는 일본으로 돌아가 며칠 뒤 다시 〈콩고〉로 갈 예정이었다. 앞서 잠깐 언급했듯 〈NHK 스페셜〉에서 자이르에 사는 수렵·채집민을 다루는 프로그램을 제작할 예정이라서 사전 현장 답사를 맡아달라는 요청을 받았기 때문이다. 일개 대학생이 어떻게 이런 일을 혼자 맡는지 의아했지만 내게는 소중한 아르바이트였다.

도쿄를 경유하여 거의 같은 옷차림을 하고 같은 배낭을 멘 채 파리를 거쳐 킨샤사로 날아가서 다시 국내선을 갈아타고 자이르 동부 키상가니라는 도시의 공항에 도착했다. 공교롭게도 내 비행기 좌석은 맨 뒤쪽이라서 마지막으로 내렸다. 시골 같은 공항이라 마중 나온 사람들이 탑승교를 몸소 둘러싸고 있었다. 후텁지근한 바깥 공기가 감싸는 가운데 내가 탑승교를 내려오자 가톨릭 수녀 복장의 백인 여성이 갑자기 말을 걸었다. "이 비행기에서 내리는 신부님은 없나요?" "아뇨, 아무도 없습니다. 제가 마지막이에요." 이렇게 대답하고 나서야 나는 놀랐다. 수녀는 나에게 스페인어로 질문하고 나도 반사적으로 스페인어로 답해서였다.

〈콩고〉는 프랑스어권이며 여태 한 번도 스페인어를 쓰는 사람을 본 적이 없었다. 이곳에서 스페인어를 쓴다는 발상 자체가 떠오르지 않았다.

"왜 제가 스페인어를 할 거라고 생각하셨나요?"라고 묻자 수녀는 어리둥절한 표정으로 대답했다. "아, 그러게요……. 왜 그랬을까요. 나도 모르겠네요. 보통 이곳에서 스페인어를 쓰지는 않는데……." 참고로 수녀는 현지에 거주하던 스페인 사람이었다.

내가 특별히 콜롬비아 사람 옷을 입고 있었던 것도 아니고 그런 옷이 따로 있지도 않다. 누가 봐도 아시아인 여행자였다. 아무래도 내게서 '스페인어의 아우라'라도 뿜어져 나왔나 보다. 그렇게밖에 설명할 수 없었다.

남미에서 마술적 리얼리즘이 발전한 이유는 남미의 땅과 사람들의 극적인 다양성과 언어 장벽 부재만은 아닐 것이다. 어쩌면 스페인어라는 언어 자체에 마법 같은 요소가 있지는 않을까.

지금도 가끔 그런 망상에 사로잡히곤 한다.

브라질 포르투갈어에 참패하다

콜롬비아 여행 다음 해, 이번에는 아마존강을 하구에서 발원지까지 현지의 정기선을 갈아타고 움직이게 되었다.[7] 6학년으로 여전히 한낱 대학생이지만 아마존 가이드북 집필을 맡게 되었기 때문이다. 취재팀은 나 외에 사진가 스즈키 구니히로 씨와 탐험부 후배 미야자와 신야까지 세 명이었다.

나와 스즈키 씨는 강 하구에서 상류로 올라가고 미야자와는 반대로 상류에서 내려오며 브라질 북부 아마존강 중류 지역의 테페라는 마을에서 합류할 예정이었다. 두 패로 나누면 중간에 각각 정보를 교환할 수 있어서 좋겠다는 발상이었다.

후배는
어학 천재

　중요한 것은 언어인데 이번 여행의 절반 이상이 브라질인 만큼 스페인어뿐만 아니라 포르투갈어도 필요했다.
　나는 포르투갈어를 실제로 들어본 적이 없었지만 콜롬비아에서 만난 현지인이 브라질 사람 말은 대충 알아듣는데서 포르투갈어는 스페인어의 방언 비슷하다는 인상이 강했다. 다만 기본 어휘나 발음이 다소 다를 테니 역시 배울 필요가 있었다. 동행하는 스즈키 씨는 그렇다 쳐도 단독으로 이동할 미야자와하고는 함께 배우기로 했다.
　미야자와는 당시 나와 같은 와세다대학 근처의 오래된 아파트에 살았다. 각각 다다미 석 장 크기의 단칸방에 세를 들어 살았는데 냉장고나 전기밥솥, 전화 등을 공유해서 사실상 함께 사는 것이나 마찬가지였다.
　그는 '어학 천재'였다. 적어도 내게는 그렇게 보였다. 태국 북부의 소수민족인 라후족 마을에서 서너 달 머물렀을 때는 태국어와 라후어를 동시에 어느 정도 습득했다. 네팔의 구릉족 마을에서 반년 동안 소규모 수력 발전 NGO를 도울 때도 네팔어와 구릉어를 익혔다고 한다.
　미야자와를 천재로 여기는 이유는 습득한 언어가 많기도 하지만 방식이 탁월하기 때문이다. 나처럼 문법을 찾아보고 단어장을 만들거나 사전을 뒤지지 않았다. 그저 원어민과 함께 지내는 것만으로 자연스럽게 언어를 익힌다. 한 번 들은 단어는 그대로 기억하고 잊어버리지 않는다는 것이 무엇보다도 부러웠다. 나는 한 번 들은 단어를 5초 후면 깡그리 잊어버리다 보니 매번 모두 메모장에 적어두고 필요할 때마다 다시 들춰 봐야 했다. 기억력의 차이는 압도적이었다.

게다가 귀까지 아주 좋아서 일본인에게 어려운 거센소리 ㅋ과 된소리 ㄲ의 차이, 받침소리 ㅇ과 ㄴ의 차이도 명확히 알아차렸다. 물론 그 당시 나는 아직 태국어, 미얀마어, 중국어처럼 유기음과 무기음을 구별하는 언어를 접해본 적이 없었기에 그저 감탄하며 들을 뿐이었다.

미야자와는 언어, 특히 마이너 언어를 사랑하는 마음만큼은 나에게 뒤지지 않았고 우리는 자주 단칸방에서 다양한 언어에 대해 밤새 이야기를 나누었다. '마이너 언어 연구소'를 둘이서 설립하자는 말까지 했다. 설립이라고 해봐야 단칸방 입구에 간판을 하나 걸어두는 정도였겠지만.

졸린 선생과 양아치 학생

그렇게 해서 나는 미야자와와 함께 포르투갈어를 배우기

로 했다. 미야자와는 영어 외의 유럽 언어를 배운 적이 없었다. 네팔어는 힌디어와 가까운 인도유럽어족에 속하지만 로망스어군과는 문법, 발음, 어휘 등 모든 면에서 크게 다르다. 이전에 내가 여자 친구와 함께 스페인어를 배울 때처럼 상대에게 불리한 공동 학습이었는데, 미야자와가 어학의 천재였기에 그 정도 핸디캡이 있어야 균형이 맞을 거라고 생각했다.

지금도 후회되는 점으로 그때 나는 포르투갈어 원어민, 즉 브라질 사람한테 배우려고 하지 않았다. 일본브라질중앙협회(현 일본브라질협회)에서 일본인 선생님을 찾았다. 협회에 브라질 이야기를 들으러 갔다가 만난 인연으로 수업을 받게 되었다. 이름은 가명으로 야마오카 선생이라 해두겠다.

야마오카 선생은 1930년대에 브라질과 관련된 많은 일본인이 그랬듯이 파란만장한 삶을 살았다. 대학을 졸업하고 대기업 상사에 취직하기 전까지는 좋았으나 태평양 전쟁이 시작되기 전에 브라질 상파울루 지사에 발령을 받았다. 처음에는 3, 4년 근무 예정이었는데 전쟁이 격화되어 귀국할 수 없게 되었다. 현지의 일본계 2세 여성과 결혼해 가정을 꾸렸다. 전쟁이 끝났어도 일본은 가난한 패전국이었고 브라질과의 왕래가 어려운 상황이 계속되었다. 결국 선생이 일본에 귀국한 건 상파울루로 건너간 지 20년이 지난 후였다고 한다.

그 후에도 상사에서 계속 근무하다가 정년퇴직했다. 우리가 만났을 당시에는 협회에서 고문 역할을 맡으며 희망하는 사람들에게 자원봉사로 포르투갈어를 가르쳤다. 당시 연세가 일흔다섯 살쯤이었는데 그 시절로서는 상당히 고령이었다.

우리 둘은 7월부터 9월까지 석 달 동안 매주 토요일 오후 1시에 신바시에 있는 협회에 가서 한 시간 반 동안 수업을 들었다. 당시 우리의 차림새는 매우 독특했다. 미야자와는 구불구불 파마를 했고 나는 당시 일본에서는 보기 드문 드레드헤어 스타일이었다. 게다가 둘 다 하와이에서 어울릴 법한 화려한 무늬의 셔츠를 입고 찢어진 청바지 차림에 고무 쪼리를 끌고 다녔다. 완전히 히피 아니면 양아치였다.

선생님은 우리의 꼬락서니에 당황한 눈치였지만 인종과 민족의 도가니인 브라질에서 오랫동안 살아서인지 그걸 갖고는 전혀 잔소리를 하지 않았다. 다만 그해 여름은 유난히 더웠다. 수업을 듣는 방은 에어컨은커녕 선풍기조차 없었고 아마존 밀림에 버금가는 찜통 더위였다.

우리도 더위에 몽롱해졌지만 선생님은 더더욱 지쳤다. 선생님이 브라질에서 출판된 교재의 예문을 읽고 설명하는 일본식 전통 외국어 수업이었다. 그런데 종종 선생님의 목소리가 끊겼다. 가만 보면 선생님이 꾸벅꾸벅 졸고 계셨다. 우리는 얼굴을 마주 보고 킥킥대다 한쪽이 "선생님, 이 문장의 주어는 뭔가요?" 같은 질문을 던졌다. 그러면 선생님은 화들짝 놀라 깨어나서 아무 일도 없었던 듯이 다시 설명을 이어갔다.

그래도 원래 하던 내용을 이어가면 괜찮다. 어느 순간은 교재가 털썩 떨어져 덮여버렸다. 선생님은 깜짝 놀라 황급히 아무 페이지나 펼쳐 읽기 시작했다. 그러면 완전히 엉뚱한 곳에서 이어진다. 이를테면 제3과 28쪽을 공부하다가 느닷없이 제5과 43쪽으로 건너뛰는 식이다. 우리는 그런 상황에서도 별다른 불평 없이 선생님이 제비뽑기한 부분을 그럭저럭 찾아가며 수업을 따라갔다.

나는 스페인어의 문법과 기초 어휘를 알고 있었다. 그래서 문장을 읽을 때는 포르투갈어와 스페인어가 일본어 표준어와 간사이 사투리보다도 차이가 적어 한 언어의 변종 같았다. 선생님이 읽는 포르투갈어도 스페인어와 비슷하게 수월한 발음이었다. 그래서 엉뚱한 쪽을 들락날락해도 어려움 없이 잘 따라갔다. 한편 천재 미야자와는 유럽 언어가 처음인데도 식은 죽 먹듯 동사 변화와 단어, 표현을 흡수했다.

그렇게 수업 중 졸음이 끊이지 않는 고령의 선생님과 어학을 너무 좋아하는 양아치 학생 두 명이라는 기묘한 조합으로 석 달 동안 포르투갈어 수업이 이어졌다.

아마존 취재 경로. 계획상 나와 스즈키 씨는 브라질 남부의 도시 상파울루에서 아마존 하구의 도시 벨렝까지 장거리 버스로 이동하고, 거기서 정기선을 갈아타고 테페까지 가기로 했었다. 한편 미야자와는 페루의 수도 리마에서 국내선 비행기로 푸칼파까지 날아가 그곳에서 역시 정기선을 타고 테페로 향했다.
아마존강은 페루의 미스미산에서 발원해 남미 대륙을 가로지르며 대서양으로 흘러들어 가는 본류가 가장 긴 강이다.

브라질 포르투갈어의 수수께끼

 10월이 되자 나는 사진가 스즈키 씨와 함께 브라질 남부 상파울루로 향했다. 거기서부터 광활한 브라질을 오로지 버스만 타고 70시간 넘게 걸려 북쪽으로 이동해 아마존강 하구의 도시 벨렝에 도착했다. 이후에는 현지 정기선을 갈아타며 강을 거슬러 올라갔다.
 미야자와는 페루 정글의 소도시 푸칼파에서 아마존강을

타고 내려오기로 했다. 하지만 휴대전화도 인터넷도 없던 시절이라 어떻게 움직이는지 우리는 서로 알 방법이 없었다.

브라질에서 처음으로 포르투갈어에 부딪친 결과는 충격 그 자체였다. 현지인이 하는 말을 도무지 알아들을 수 없었다. 연음이 되고 음조는 마치 노래 부르는 듯 가벼워서 처음에는 프랑스어를 듣는 줄 알았을 정도였다. 프랑스인이 말하는 프랑스어처럼 마치 나비처럼 가볍게 날아올라 순식간에 시야에서 사라진다. 한마디로 전혀 못 알아들었다는 뜻이다.

브라질 사람의 실제 발음은 선생님과 전혀 달랐다. 선생님은 r을 'ㄹ'처럼 발음했지만 브라질 사람은 'ㅎ'에 가까운 소리로 발음했다. 또한 l도 선생님은 영어나 프랑스어의 l처럼 발음했지만 브라질 사람들은 음절 끝의 l을 '우'처럼 발음했다.

유명한 축구선수들 이름 Ronaldo, Ronaldinho, Rivaldo는 '로날두, 로날디뉴, 리발두'가 아니고 '호나우두, 호나우지뉴, 히바우두'처럼 발음된다.

재미있는 점은 브라질 격투기 선수들이 일본에 소개될 때는 현지 발음에 가깝게 표기된다는 것이다. 유명한 그레이시 주짓수의 그레이시Gracie 가문이 그렇다. 세계 최초의 종합격투기 대회인 발리 투두Vale Tudo(무엇이든 다 되는 종합격투기)에서 우승한 호이스 그레이시, 400전 무패의 사나이로 불리며 다카다 노부히코와 후나키 마사카쓰에게 압승을 거둔 힉슨

그레이시, 사쿠라바 가즈시 및 스도 겐키와 격전을 펼친 호일러 그레이시의 이름은 각각 Royce, Rickson, Royler라고 쓰지만, 야마오카 선생님 식으로 읽는다면 '로이스, 릭슨, 로일러'가 된다. 그 밖에 gente(사람들)는 선생님에 따르면 '젠테'였으나 실제로는 '젠치'다. 모음 e가 어말에 오면 i 소리에 가까워지며, 자음인 d와 t와 만나면 '디/티'가 아니고 '지/치'에 가까워진다.

 포르투갈어도 스페인어와 마찬가지로 원래는 각 단어가 모음으로 끝나니 알아듣기 쉬워야 한다. 그런데 브라질 사람들이 빠르게 말해서 그런지 단어의 끝 모음이 잘 안 들리는 경우가 많았다.

 이상하지 않을 수 없었다. 야마오카 선생님은 옛날 일본어학 선생님들처럼 책으로만 공부한 사람이 아니라 현지에서 20년 이상 거주한 사람이다. 일본계 2세인 부인도 포르투갈어 원어민이다. 선생님도 원어민에 가까운 발음을 한다고 우리가 생각한 것도 무리는 아니다. 그러나 실제로는 거의 딴 언어와 같은 발음을 배웠다.

 나는 매일 희뿌연 안개 속에서 헤매듯 불안한 마음으로 포르투갈어의 바다를 떠다녔다. 내가 하는 말은 통해도 상대가 무슨 말을 하는지 못 알아들었다. 여행에 필요한 회화 정도는 되는데 상대방의 체험담이나 어떤 사건의 경위 등을 물어보면 갑자기 길을 잃는다.

왜 원어민 선생님을 선택하지 않았을까. 어째서 당시에도 많았던 일본계 브라질 사람을 찾아 회화 연습을 하지 않았을까? 마음 깊이 후회했다.

한 달이 지나도 나의 포르투갈어는 큰 진전을 보이지 않았다. 잘못된 발음이 뇌에 박혀서 고쳐지지 않았다. 내가 천재가 아니라 언어의 범부이기 때문이다.

행상이 된 언어의 천재

두 달 후, 페루 국경에 가까워지면서 우리는 테페에 도착했다. 시장 주변을 어슬렁거리며 찾던 중에 함께 있던 스즈키 씨가 "아, 미야자와다!"라고 외쳤다. 처음에는 어디 있는지 전혀 찾을 수 없었으나, "Camisa barata, camisa barata카미사 바라타, 카미사 바라타!(옷 싸요, 싸요!)"라고 스페인어로 호객하는 목소리가 귀에 익었다.

머리는 덥수룩하게 자라고 홀쭉해져 인상이 싹 바뀌었지만 분명히 미야자와였다. 어째서인지 아마존에서 행상을 하고 있었다. 이야기를 듣고는 깜짝 놀랐다. 페루 수도 리마에서 총을 들이미는 악덕 경찰 두 명에게 돈을 빼앗기고 아마존강 상류의 도시 푸칼파에서 강을 따라 여행을 시작했으나 배

위는 미스미산으로 향하는 들판에서 만난 새끼 알파카를 업은 남자를 찍은 사진이다. 페루 남부의 안데스산맥에 아마존강의 발원지인 미스미산이 있다.
아래는 테페에서 찍은 사진이다. 가이드가(왼쪽) 밤에 잡은 악어를 다음 날 아침 살펴보고 있는 나(오른쪽).

안에서 도둑을 맞아 남은 돈까지 몽땅 잃어버렸다는 것이다.

테페까지는 친절한 승무원들이 음식을 나눠 주었고 도착한 후에는 같은 배를 타고 왔던 페루인 행상인 그룹에 얹혀 지내면서 함께 옷을 팔며 생계를 이어왔다고 한다.

역시나 어학 천재인 만큼 배운 적도 없는 스페인어에 금세 적응하고 있었다. 물론 아주 능숙하진 않았지만 행상인들과 자연스럽게 대화하고 심지어 장사까지 맡아 하고 있었다. 선생님의 포르투갈어 발음이 워낙 스페인어와 비슷해서 어쩌면 미야자와에게는 오히려 행운이었을지도 모른다.

미야자와는 빈털터리가 된 채 행상 생활에 지쳐 보였다. 그 모습이 나는 부러웠다. 나는 돈 걱정은 없었지만 말이 안 통해서 하루하루가 고통스러웠다. 내 눈에는 브라질에 들어와서도 스페인어로 밀어붙이며 브라질 손님과 가격을 흥정하며 옷을 파는 미야자와가 눈부시게 보였다. 그에게는 브라질인의 포르투갈어가 나보다 훨씬 더 잘 들리는 듯했다.

어학 천재는 실재한다. 어디를 가든 곧바로 현지에 녹아들어 언어 장벽 없이 살아가는 사람이 있다. 비록 재수 옴 붙는 일을 겪더라도 말이다.

이런 씁쓸한 경험에 착잡한 한숨을 내쉴 수밖에 없었다.

7   정확하게는 아마존 하구의 브라질 도시 벨렝에서 페루의 이키토스까지는 정기선을 갈아타고, 그 이후로는 치안이 좋지 않아 항공이나 육로를 이용해 아마존강의 가장 긴 원류가 발원하는 미스미산 부근까지 갔다.

아프리카 문학으로 불문과 졸업 대작전

프랑스어, 이탈리아어, 스페인어, 포르투갈어를 거치며 로망스어를 탐험해 왔지만 마지막에는 다시 프랑스어로 돌아오게 되었다.

앞서 말했듯이 나는 구체적인 목표가 있을 때는 꽤 열심히 하지만 목표가 사라지면 갑자기 동기부여가 바닥나는 나쁜 습성이 있다. 언어의 천재는커녕 배운 어떤 언어도 대단한 수준에 도달하지 못한 이유는 그 때문이다.

'교토대 아프리카센터'라는
새로운 진로

한때 그토록 열심히 공부했던 프랑스어도 그렇다. 음벰베 탐사가 끝나고 관심이 남미로 옮겨가자 완전히 흥미를 잃어버렸다. 불문과 전공의 대학 수업도 슬슬 결석하기 시작했다. 3학년까지는 착실히 출석해 학점을 땄지만 4학년부터 6학년까지는 학점을 하나도 못 땄다. 당연히 계속 유급 상태였다.

〈NHK 스페셜〉의 리서치 일로 자이르에 가기도 했으니 프랑스어를 가끔은 써먹었기는 했다. 하지만 음벰베 탐사 때와 비슷한 기본적인 단어와 표현만으로도 충분해서 관성대로 대충 버텼다.

사실 프랑스어로 돌아가려던 적이 딱 한 번 있었다. 대학 시절 〈콩고〉에 가기 전후마다 항상 교토대 아프리카 지역연구센터(현 아프리카 지역연구 자료센터, 이하 '아프리카센터')를 찾았다. 아프리카센터는 이마니시 긴지 박사가 시작한 생태인류학과 더불어 대형 유인원의 생태 및 사회학 연구로 세계적으로 유명했다. 특히 〈콩고〉 연구에 충실해서 콩고 시골 마을에서 아프리카센터 연구자 두 명과 우연히 마주친 적도 있었다. 인터넷이 없던 시절이라 어떤 자료가 있는지조차 알 수 없었기에 이 연구소에 직접 물어보는 편이 가장 빠르고 확실했다.

연구자들은 교수와 대학원생까지 모두 정말 친절해서 〈콩고〉에 관한 의문점이나 모르는 정보도 아낌없이 알려줬다.

학자 같지 않은 자유분방한 분위기도 마음에 들었다. 무엇을 연구했느냐보다 몇 킬로미터를 걸었느냐가 더 중요하다는 말이 그럴듯하게 떠돌 정도로 탐험가 기질의 사람이 많았다. 나는 호텔에서 묵을 생각조차 없었기에 처음에는 교토 근처의 무인역에서 노숙을 했는데 보다 못한 젊은 연구자들이 돌아가며 자기 집에서 재워 주었다.

이렇게 교토대 사람들과 친해지자 인류학과 교수가 "우리 대학원에 들어오면 어떨까? 너는 현장 조사도 할 수 있고 프랑스어도 되니까 당장 실전 투입이야"라며 권유했다. 무엇보다 2차 시험 면접은 어떻게든 될 테니 1차 필기시험만 잘 보면 된다는 것이었다. 당시 나는 취업할 마음은 전혀 없이 그냥 외국에서 빈둥빈둥 프리랜서 작가로 살자고 막연히 생각했는데 이 제안을 듣고 덤벼들었다. '교토대 아프리카센터 연구원이라니 멋있잖아!'라고 단순하게 생각한 것이다. 만약 합격한다면 프랑스어와 다시 인연을 맺게 된다.

그런데 이런 고마운 조건이라고 해도 내게는 쉬운 일이 아니었다. 아프리카센터가 이과 연구소였기 때문이다. 시험 과목은 영어, 제2외국어(내 경우는 프랑스어), 그리고 물리학, 생물학, 화학 중 택일이었다. 영어와 제2외국어는 아마 괜찮을 텐데 문제는 선택과목이다. 나는 뼛속까지 먹통 문과생이니 물리학이나 화학은 논외로 하고 소거법에 따라 생물학을 골랐다. 친해진 아프리카센터 대학원생이 과거 기출문제를 대량으로 복사해서 받아 보긴 했지만, 고등학교 시절에도 생물이 낙제점에 가까웠던 나에게 교토대 대학원 입시용 생물학은 역시나 장벽이 높았다. 대학생을 위한 생물학 입문서 같은 책을 사서 독학했지만 점점 절망적인 기분이 들었다.

세상의 불공평함을 깨달은 순간

그런데도 결코 아프리카센터에 가는 것을 포기하지 않았다. 그 증거로 교토대의 초청을 받아 프랑스에서 저명한 인류학자가 온다는 소식을 듣고 아프리카센터 선생님들께 부탁해 그 학자(A 박사라고 부르기로 한다)가 도쿄에 왔을 때 만날 자리를 일부러 만들었다. A 박사는 아직 젊은 마흔두 살의 나이에 〈콩고〉의 수렵·채집민 연구로 세계적인 권위를 얻었다.

우리가 만난 곳은 아마 신주쿠의 찻집이었을 듯싶다. 함께 온 아프리카센터의 I 선생이 갑자기 가게 구석에 있는 전자오락기에서 뽕뽕거리며 놀기 시작했다. 아프리카센터에는 이런 별난 사람이 많았다. 덕분에 나는 A 박사와 마주 앉아 〈콩고〉의 문화, 수렵·채집민, 인류학 등 이것저것을 물어볼 수 있었다. 공통어는 프랑스어가 아니라 영어였다. 프랑스인 연구자의 프랑스어는 아마 절반도 이해가 안 됐을 테지만 프랑스인이 말하는 영어는 쉽게 알아들을 만했기 때문이다.

A 박사는 젊은 동양인 학생인 나에게 매우 스스럼없이 성실하게 대답해 주었지만 정작 무슨 이야기를 나누었는지는 전혀 기억나지 않는다. 내 형편없는 기억력도 한몫했겠지만 무엇보다 마지막 대화가 너무 강렬해서 그 전까지의 내용이 완전히 날아가 버렸기 때문이다.

"저는 〈콩고〉를 연구하는 인류학자가 되고 싶습니다. 어떻게 하면 훌륭한 인류학자가 될지 조언해 주실 수 있나요?" A 박사는 잠깐 뜸을 들이다가 답했다. "일본인 연구자들은 우수하지만 단 하나 약점이 있는데 언어죠."

'어?' 순간 당황했다. 〈콩고〉가 주무대인 아프리카센터 연구자는 다들 어학 실력이 좋다. 영어와 프랑스어뿐만 아니라 링갈라어와 현지 부족 언어까지 한다는데, 실제로 내가 콩고에서 우연히 마주친 아프리카센터의 두 연구자는 현지 콩고인들도 놀랄 만큼 링갈라어가 유창했다.

그런데도 A 박사의 눈에는 아직 멀었다는 것일까? 역시 세계 정상급이 보는 관점이 다르구나 싶었다.

다시 충격적인 발언이 이어졌다. A 박사는 일본인 연구자들이 프랑스어가 서툴다고 했다. 나중에 I 교수님께 들은 이야기인데, 사실 A 박사는 현장 연구를 프랑스어로 진행했다.

〈콩고〉의 공용어는 프랑스어라서 고등학교를 졸업한 사람이라면 읽기, 쓰기, 말하기 모두 일상생활에서 전혀 문제가 없는 수준의 프랑스어를 구사한다. 개중에는 프랑스 지식인과 비교해도 손색없을 출중한 사람도 있다. 하지만 〈콩고〉는 인텔리들에게 마땅한 일자리가 적어 그렇게 스펙이 높은 사람이 일정한 직업 없이 빈둥거리는 경우도 많다.

그런 현지의 뛰어난 인재를 통역사로 부려 수렵·채집민에게 닥치는 대로 물어보며 조사한다. 모국어를 써먹으니 아무리 복잡하게 얽힌 얘기라도 풀어낼 수 있다. 나도 일본어로 연구한다면 아무리 복잡한 신화나 친족 체계라도 깊게 물어보고, 사냥 방식이나 분배 체계가 계절이나 그룹에 따라 어떻게 달라지는지도 엄청난 속도로 파악할 수 있을 것이다.

현지 조사뿐만 아니라 〈콩고〉에 관해 식민지 시대부터 지금까지 엄청난 양의 문헌이 프랑스어로 남아 있어 술술 읽을 수 있다. 논문도 프랑스어나 이와 가까운 영어로 쓰면 된다.

A 박사는 링갈라어도, 민족 언어도 전혀 할 줄 몰랐다. 그런데도 일본인이 프랑스어에 서툴러 연구자로서 약점이 있다는 말을 서슴없이 했다. 거기엔 성찰도 전혀 없었지만 딱히 악의도 느껴지지 않았다.

오만방자한 프랑스인과 불공평한 세상을 바라보니 아찔했다. 〈콩고〉를 비롯한 아프리카의 프랑스어권 국가는 정치 경제적으로 프랑스의 영향력이 압도적이라서 프랑스가 여전히 아프리카를 식민지처럼 대한다고 생각했는데 프랑스인의 의식으로도 완전히 식민지 상태인 것 같다.

프랑스어에 정나미가 뚝 떨어졌다. 애초에 〈콩고〉처럼 프랑스어권 아프리카를 연구 분야로 삼는다면 프랑스인을 절대 이길 수 없는 것 아닌가?[8] 겨우겨우 이어지던 대학원 입시 준비도 의욕이 사라졌다. 뭐, 그냥 핑계일 수 있다. 실제로 교토대의 연구자들은 프랑스어라는 핸디캡을 안고도 세계적으로 인정받는 연구 성과를 내고 있었다.

문제는 나 자신에게 있었다. 생물학이 어렵고 이와 더불어 학문이 예상보다 훨씬 꾸준함과 인내를 요한다는 점을 알아차렸다. '미지나 수수께끼를 엄청 좋아하고 극적인 과장됨이 100퍼센트 농축된 것 같은 나 자신에게는 무리다!'라고 깨달은 셈이다. 그러나 그런 불편한 진실까지 포함해 모든 책임을 프랑스어에 떠넘기고 싶어졌다.

마음속으로 외쳤다. '아듀, 르 프랑세!(잘 가라, 프랑스어!)'

좋은 조건의
태국 취직 정보

아프리카센터행을 단념하자 대학을 졸업할 마음도 사라졌다. 어쨌든 아직도 남은 학점이 산더미였는데 프랑스어를 공부해야 딸 수 있었다. '뭐, 됐어. 그냥 중퇴하고 프리랜서 작가 하면 되지'라는 생각이 자연스럽게 들었다.

이후 남미 아마존을 하구에서 원류까지 거슬러 올라가며 가이드북을 만드는 작업에 전념했다. 하지만 알면 알수록 중남미는 지배 계급이 스페인계나 포르투갈계 백인이고 정치적으로는 미국의 영향력이 매우 강했다. 중남미는 종종 미국의 뒷마당이라 불릴 정도였다.

요컨대 아프리카도 남미도 일본에서 보면 먼 곳이지만 서구인에게는 그다지 멀지 않다. 언어적으로도 영어와 로망스어군이라는 육식 언어에 제압돼 있다.

당시 나는 세상 사람들이 깜짝 놀랄 만한 일을 해내고 싶다는 중2병스러운 야망이 있었다. 그런데 영어나 로망스어가 지배하는 아프리카나 남미에서는 불리하다는 느낌이 들었다. 오히려 유럽어가 안 통하는 아시아가 더 낫지 않을까?

막연히 그런 생각을 하며 단칸방에서 빈둥거리던 중에 돌연 취업 정보가 날아들었다. 태국을 오가며 문화인류학을 전공하는 탐험부 선배가 태국 북부 치앙마이대학교에 일본어 강사 자리가 있다고 알려줬다. 월급은 일본 돈으로 2만 5000엔 정도다. 일본인 기준으로는 터무니없이 적었지만 태국 공무원의 대졸 초봉과 같고 숙소도 제공되어 생활에는 지장이 없다고 했다. 게다가 일본어 교육 기술이나 경험도 필요 없다는 것이다. 조건은 단 두 가지인데 일본인(모어 화자)이고 대졸자면 됐다. "할게요!"라고 즉답했다.

그런데 여기서 최대 장벽이 나타났다. '대졸'이란 불문학 전공으로 졸업해야 한다는 뜻이었다. 프랑스어와 작별하고 아시아를 목표로 삼았는데 정작 그곳에 가려면 프랑스어를 넘어서야만 했다.

'세상은 왜 이다지도 불합리한 걸까……'

8 이 책을 쓴 후, 약 30년 만에 당시 내가 도움을 받았던 콩고 수렵채집민 연구자 다케우치 기요시 씨(도야마대학 퇴임 교수)와 연락이 닿아 이 일을 물어보았다. 다케우치 교수에 따르면 '(A 박사는) 확실히 프랑스어를 주로 사용하면서 연구했지만 언어학적 조사를 정밀하게 진행해 수렵채집민(아카인)의 어휘에 관한 20권이 넘는 백과사전까지 편찬 중이라서 아카인의 언어를 상당히 이해하고 있었을 것'이라고 한다. 이 점은 내가 전혀 몰랐던 사실이다. 하지만 그럼에도 프랑스어로 연구가 가능했으니 압도적으로 유리했던 건 틀림없다.

또한 다케우치 교수에 따르면 일본인 연구자가 프랑스어를 더욱 공부해야 한다는 A 박사의 쓴소리는 '프랑스어권에서 조사한다면 행정 기관이나 오지에 진출한 프랑스 벌목 회사 등에 도움을 요청할 때 영어보다 프랑스어를 할 줄 아는 게 유리하다'라는 것과 '프랑스어권 인류학 연구에는 프랑스인 연구자들이 축적한 방대한 자료가 있는데 일본인 연구자가 이를 읽지도 않거나 그럴 생각도 하지 않는다면 어리석은 일'이라는 두 가지 내용 혹은 둘 중 하나를 말하고 싶었을 것이라 한다.

A 박사가 오만하다기보다는 콩고가 프랑스어권에 속할 수밖에 없는 식민주의의 문제가 더 크다는 것이다. 다케우치 교수는 또 덧붙였다.

"인류학이나 박물학은 식민주의의 산물이라는 측면이 있고 2차 대전 전 일본인 인류학자나 민속학자도 한반도의 민속이나 대만과 미크로네시아 원주민(오키나와와 아이누도 같은 범주에 든다)에 관한 연구를 일본어로 많이 발표해서 서구 연구자가 이 지역 문헌을 조사하려면 엄청난 고생을 합니다."

식민주의와 언어의 문제는 정말로 생각할 거리가 많다.

프랑스어와의 마지막 전투

　이리하여 프랑스어와 마지막으로 싸움을 벌였다. 대학 7년 차, 남은 학점을 끝까지 채워 등록하고 4년 만에 수업에 나가기 시작했다. 아주 힘들어 죽을 뻔했다. 그간 밤낮이 뒤바뀐 채 살다 보니 아침에 일어날 수가 없었다. 간신히 강의실에 도착해도 90분 동안 가만히 앉아 있기가 고역이었다.

　세계에서 싸우겠다는 목표를 품고 있으면서 정작 학교 수업 출석에 사경을 헤매는 꼴이 됐다. 시간이 지나며 새로운 생활 패턴에 적응했고 오랜만에 접한 프랑스 문학 작품이 신선하기도 해서 꽤 재미있게 공부할 수 있게 됐다.

마음대로 번역한
콩고 소설

문제는 졸업 논문이었다. 별다른 아이디어도 떠오르지 않았을뿐더러 시간적 여유도 없었다. 수업도 버거운데 남미 아마존에서 취재한 내용을 책으로 엮는 작업도 맡고 있었다. 동시에 논문까지 쓰는 곡예를 부리긴 무리였다.

어쩌나 고민하는 사이 시간은 점점 흘러가고 반쯤 졸업과 태국행을 포기할 뻔했을 때 별안간 하늘의 계시를 받았다.

'동갈라 씨의 소설, 그걸 논문으로 쓸 수 있지 않을까!?'

동갈라 씨는 콩고 작가 에마뉘엘 동갈라다. 그의 동생 제레미를 만나 알게 된 사이다. 음벰베 탐사를 떠나기 전, 후쿠오카현 이케지리에 콩고 유학생이 있다는 확인되지 않은 소문을 쫓아 찾아간 적이 있는데 알고 보니 그가 제레미였다. 음벰베 탐사에서 돌아온 후 친해졌고 세 번째 콩고 방문 때는 제레미의 가족 대부분을 만나며 동갈라 씨도 소개받았다.

작가라는 소리는 들었지만 나를 포함해 '자칭 작가'는 세계 어디에나 널렸고 대부분 변변한 성과가 없으니 제레미의 형이자 좋은 사람이라는 점 말고는 딱히 관심이 없었다.

그런데 작별 인사를 할 때 프랑스어 책 한 권을 건네받았다. 최근 프랑스에서 출간한 소설인데 제레미에게 전해 달랬다. 제목은 《기원의 불Le Feu des origines》. "아, 그럴게요." 하고 부담 없이 받아서 귀국 비행기 안에서 책장을 훌훌 넘기다가 재미에 빠지고 말았다. 결국 긴 비행과 환승 시간 동안 사전을 찾아가며 다 읽어치웠다.

읽기만 한 게 아니다. 일본에 소개할 가치가 있다고 판단해서 누구한테 의뢰받은 적도 없고 저자의 양해도 구하지 않은 채 석 달 동안 260쪽이 넘는 분량을 일본어로 다 번역했다. 하지만 출판을 어떻게 해야 할지 전혀 감이 오지 않았다. 목표를 잃으면 나는 갑자기 흥미가 사라진다. 이번에도 번역 원고는 금방 잊혔다.

1년 후, 궁지에 몰리면 본능이 꿈틀거리기 때문인지 문득 책 생각이 났다. 내용도 잘 기억나지 않아 워드프로세서로 작성해둔 일본어 번역 원고를 다시 읽어봤다. '이거 뭐야, 엄청 재밌잖아!' 하고 내가 번역한 소설에 굉장히 흥분해 버렸다.

주술사(呪術師)와 사술사(邪術師)의 차이

흥미로운 점은 이 작품이 남미의 가르시아 마르케스와 마찬가지로 마술적 리얼리즘 작품이라는 것이다. 콩고의 원시 공산제 마을에서 태어난 소년이 점차 위대한 주술사로 성장한다. 그런데 백인이 마을을 침략해 국토를 식민지로 만든다.

주인공은 노예 같은 처지로 전락하며 지옥 같은 고통을 겪는다. 이윽고 독립 투쟁으로 백인을 몰아내는 데 성공하지만 이번에는 전통적 관습과 근대적 합리주의 사이에서 갈등한다.

아프리카의 자연과 주술적 세계, 압도적인 이방인의 폭력, 토착 신앙과 기독교가 혼재된 메시아 신앙, 자연과 과학의 충돌이 한 인간의 일생에 응축되어 있다. 서정적이고도 차분한 문체로 그렸다. 이 작품을 유달리 술술 읽고 번역했다. 쉬운 프랑스어로 쓰여 있기 때문인데 그뿐만이 아니다.

이전에 번역 회사 일을 할 때는 프랑스의 광경이 떠오르지 않아 고생했다고 말한 바 있다. 하지만 이번에는 그런 고민이 없었다. 왜냐하면 나는 이 작품의 배경을 실제로 봤기 때문이다. 콩고 전통 마을의 풍경은 익숙하다. 기차 뒤를 따라 아이들이 환성을 지르며 달리는 모습도(기차가 아니라 자동차였지만) 자주 목격했고, 마을 사람들이 격렬하게 말다툼하는 장면은 직접 봤을 뿐만 아니라 종종 끼어들기도 했다.

소설의 언어는 프랑스어지만 이미 '번역'이 된 셈이다. 동갈라 씨의 모어는 콩고어이고 제2언어는 링갈라어다. 이 책에 묘사된 세계는 콩고어나 링갈라어 같은 민족어의 세계다. 작가는 이를 프랑스어로 '번역'한 것이다. 진짜 원서의 세계를 미리 알던 나는 프랑스어 '번역'도 쉽게 해독할 수 있었다.

예컨대 마을 사람이 'veranda(베란다)'에 돗자리를 깔고 낮잠 자는 장면이 나온다. 내가 애용하는 《로열 불일 중사전》

(오분샤)을 찾아보면 '베란다: 유리창이 달린 작은 거실, 인도 등지에서 건물을 둘러싼 툇마루'라고 되어 있다. 콩고 마을에는 안 맞아서 '넓은 처마 밑'이라고 옮겼다. 시골집에는 긴 처마가 있고 그 아래에 돗자리나 의자를 내어놓아 쉬거나 낮잠 자는 관습이 있어서다. 저자는 이를 veranda로 옮긴 듯했다.

소설의 또 다른 키워드로 'nganga응강가'와 'sorcier소르시에'라는 말이 등장한다. 콩고는 주술이 왕성한 고장이다. 병을 고치거나 타인의 저주로부터 보호하는 '착한 주술사'는 '응강가' 혹은 2장에서 이야기한 '몽강가'라고 부른다.

동갈라 씨의 소설에서는 콩고어나 링갈라어 그대로 'nganga'로 쓰는데 때때로 같은 말뜻을 프랑스어 guérisseur게리쇠르(치료자)나 féticheur페티쇠르(주술사)로도 표현한다.

반면 프랑스어 sorcier소르시에는 앞서 언급한 사전에 '마법사, 마술사; (미개 사회의) 주술사'라고 정의되어 있다. '소르시에' 역시 콩고에서 일상적으로 쓰이지만 이는 링갈라어나 콩고어의 'ndoki은도키'를 프랑스어로 번역한 것이다.

'소르시에, 은도키'는 '악한 주술사' 혹은 '흑마술사'를 의미하며 존경을 담은 '응강가'와 확연히 구별된다. 스스로 "나는 악한 주술사다"라고 말하는 사람은 없으므로 '소르시에, 은도키'는 사실상 욕이나 경멸어다. 따라서 사전대로 'sorcier'를 '주술사'로 해석하면 오역이 될 수 있다. 나는 사악하다는 의미를 더하여 '사술사邪術師'라는 말을 쓰기로 했다.

이처럼 프랑스어에 능숙해도 콩고에 무지한 번역가라면 어려움을 겪을 용어도 쉽게 소화할 수 있었다. '아프리카인의 프랑스어는 아는데 프랑스인의 프랑스어는 모른다.' 여태까지 늘 이게 고민이었는데 이때 비로소 장점으로 바뀌었다.

프로의 일, '본 졸업논문'

자, 이제 졸업 논문 이야기로 돌아가자. 나는 번역 원고를 들고 담당 교수에게 찾아갔다. 교수님은 당연히 깜짝 놀랐다. 그럴 만했다. 불문학 전공 졸업 논문으로 콩고 소설 번역 원고를, 저자 이름조차 모르는 책의 원고를 학생에게 건네받으면 누구라도 당황할 것이다.

다행히 담당 교수는 성실한 사람이라서 꼼꼼히 읽고는 문학적으로 매우 훌륭한 작품이라고 인정해 줬다. 이 책을 출간한 알뱅 미셸Albin Michel은 프랑스의 유명 문학 출판사다. 다만 번역은 졸업 논문으로 인정되지 않는다는 와세다대 불문과 규정 때문에 내 논문 문제는 교수 회의에서 무려 두 시간이나 논쟁이 벌어졌다고 들었다. 담당 교수가 애써준 덕분에 결국 번역은 '부 졸업논문'으로 하고 '본 졸업논문'은 따로 쓰되 소설 배경 설명으로 충분하다는 결론이 났다.

'됐다!' 주먹을 불끈 쥐었다. 당시 나는 콩고라면 누구보다 잘 알고 있었다. 배경 설명 같은 건 얼마든지 쓸 수 있었다. 오히려 지금까지 말하고 싶어도 들어줄 사람이 없었던 터라 쓸 수 있다는 게 기쁨 그 자체였다. 일주일 만에 완성했다. 남은 건 문헌 조사를 통해 고유명사, 숫자, 사실관계를 확인하는 작업뿐이었다. 지금 약 30년 만에 다시 읽어보니 해설이 놀라울 만큼 탄탄하다. 억지로 끼워 맞춘 느낌이 전혀 없고 주제를 꿰뚫은 사람이 핵심을 추려 풀어냈다. 바로 프로의 작업이다. 물론 내가 프로는 아니었지만, 정말 콩고를 사랑했구나 싶어 스스로 감탄했다.

이 논문에서는 저자 동갈라 씨의 가족도 소개했다. 동갈라 씨는 맏아들이며 형제가 일고여덟 명 있다. 바로 아래 동생을 언급한 대목에는 쓴웃음이 나왔다.

"(전략) 해안 도시 푸앵트누아르에 사는 차남 장피에르 집에 놀러 갔다가 고슴도치를 야자유로 끓인 현지 명물 요리를 얻어먹었다. 장피에르는 싹싹하고 느긋한 사람인데 '프랑스어가 공용어인 한 콩고의 진정한 독립은 불가능하지 않을까? 공통어인 링갈라어나 콩고어를 빨리 문자화해 국어로 지정해야 한다'라고 말해서 인상적이다. 실제로 지금도 콩고 경제를 좌지우지하는 건 프랑스다. 아프리카의 절반 가까이를 차지하는 프랑스어권은 여전히 프랑스의 속국이나 다름없다. 기울고 있다는 평가를 받는 프랑스가 아직 쓰러지지 않는 이유는 오로지 옛 식민지에 미치는 영향력 덕이 아닐까? 그것을 가능케 하는 건 바로 프랑스어다."

인류학자 A 박사에게 마음껏 빈정대는 문장이 아닌가? 지금도 결코 틀리지 않은 말이라고 생각한다.

이 졸업 논문은 그해 불문학 전공에서 최고 점수를 받았다. 딴 학생들이 의욕을 보이지 않은 덕분에 받은 점수라 큰 의미는 없다. 그래도 프랑스어를 정면으로 비판하면서도 최고 성적을 낸 건 솔직히 통쾌했다. 4년 뒤에 이 번역 작품은 《세계가 태어난 아침에》라는 제목으로 쇼가쿠칸小学館에서 출간됐다. 현재는 아쉽게도 절판되었다.

대학 7년 동안 프랑스어와 벌인 씨름은 이렇게 끝이 났다. 안타깝게도 내 프랑스어 실력은 이때가 정점이었고 지금은 처참히 퇴화했다. 특히 독해와 작문 능력은 당시의 4분의 1도 되지 않을 것이다. 사용할 기회가 없을 뿐만 아니라 프랑스어를 떠올리는 일조차 거의 없으니 당연한 일이다.

프랑스어뿐만 아니라 의학 논문에서만 마주친 이탈리아어, 여친에게 차인 기억과 함께 떠오르는 스페인어, 브라질에서 전혀 알아듣지 못했던 포르투갈어도 마음 아프다. 로망스어군 전체가 나에게는 달콤쌉싸름하다.

하지만 당시엔 로망스어 따위는 중요하지 않았다. 그저 졸업할 수 있어서 기뻤을 뿐이다. 마음은 이미 아시아의 언어로 향해 있었다.

4장
골든트라이앵글의 다언어 세계

태국어　버마어　중국어

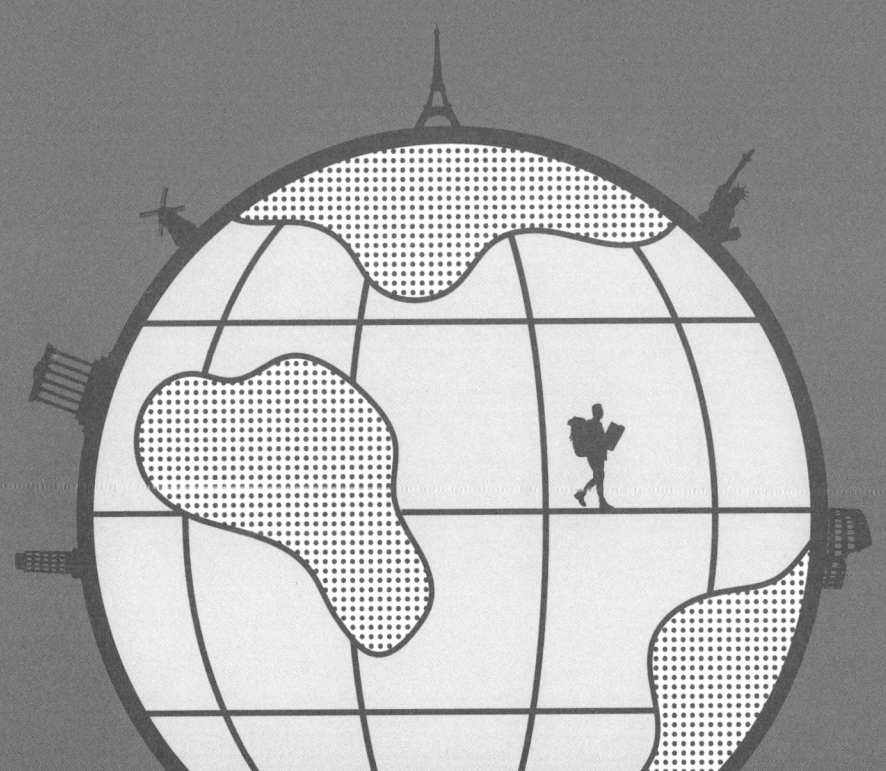

이상적인 어학 학교에서 태국어를 배우다

태국어는 불문과 졸업 논문이 통과되어 졸업이 확정된 직후인 1991년 3월부터 배웠다. 자기중심적 성향의 끝판왕인 나는 그렇게 7년간 대학 생활을 마음껏 즐겨놓고도 졸업이 결정되자마자 '학교라는 감옥에서 드디어 풀려났다며' 해방감을 만끽하고 있었다. 주위 사람들은 어처구니가 없어서 기겁할 정도였다.

그런데도 졸업이 결정된 후 가장 먼저 한 일이 다른 학교에 다니기 시작한 것이었으니 이렇게 제멋대로인 인간도 없을 것이다. 다만 일반적인 학교는 아니었다.

언어 전문학교에서
태국어 집중 강좌를 듣다

나는 태국어를 배우러 아시아·아프리카어학원에 다니기로 했다. 공익재단법인 아시아·아프리카문화재단이 1961년에 '일본과 아시아·아프리카의 단결과 세계 평화 공헌'을 건학 이념으로 창립한 아시아·아프리카 언어 전문학교다.

전문학교이므로 2년제 전문 과정도 있지만 일반인 과정도 마련되어 있었다. 1990년대에는 한국어, 힌디어, 베트남어 등 아시아 언어 일고여덟 개와 아프리카의 스와힐리어 집중 강좌가 매년 3월과 7월에 열렸다. 태국어 강좌를 신청했는데 어떻게 알게 되었는지는 기억나지 않는다. 아마도 언제나처럼 태국어 원어민, 즉 태국인을 찾아보려다가 이 강좌를 발견했을 것이다. 태국 부임까지 석 달도 남지 않아서 다른 선택지를 알아볼 겨를도 없이 이 강좌에 뛰어든 모양이다.

이곳은 내게 이상적인 어학 학교였다. 사람들이 자주 묻는 '어학의 요령'도 이 학교에 모두 담겨 있었다. 수업은 말 그대로 '집중 강좌'였다. 월요일부터 금요일까지 매일 수업이 있었고 오후 7시부터 8시 반까지 한 시간 반씩 꽉 채워서 4주간 이어지는 총 20회 과정이었다.

일본인 강사와 원어민 강사가 번갈아 가며 수업을 했다. 일본인 강사는 문법과 읽기, 쓰기를, 원어민 강사는 발음과 회화를 가르쳤다. 최고의 조합이었다.

일본인 선생님만 있으면 일본의 일반 학교 교육처럼 회화를 전혀 익히지 못한다. 내가 포르투갈어를 배울 때처럼 선생님의 발음이 현지 원어민과 달랐던 적도 있다. 반면 원어민 선생님만 있으면 문법이나 읽기와 쓰기 설명이 아무래도 미흡할 수밖에 없다. 이 조합으로 배우면 두 가지 단점이 완벽하게 해소된다.

교재는 강사들이 손수 만든 프린트물이었다. 매주 월요일에 일주일 분량을 나눠 준다. 함께 제공된 바인더에 프린트물을 모아서 정리해 두니 점차 두꺼워지면서 교과서가 되었다. 학습자가 매우 쉽게 쓸 수 있는 교재였다.

수강생은 강좌마다 열 명에서 스무 명쯤이었고 태국어는 열다섯 명 정도가 들었다. 대학생도 있고 직장인이나 나 같은 백수, 아르바이트생 청년도 있었다. 모두 대체로 매우 열심히 공부하는 분위기였다. 결석하는 사람은 거의 없었다. 한 번이라도 빠지면 따라가기 어려워진다는 이유도 있었다. 집중 강좌의 엄격함이다.

어쨌든 나는 처음 보는 광경이었다. 초등학교부터 대학까지 학교 수업이란 '어쩔 수 없이 나가는 것'이라고 생각했다. 하지만 이곳은 달랐다. 처음 자기소개를 들은 바로는 모두가 태국에 여행을 다녀왔거나 앞으로 갈 예정이고, 회사 지시로 공부하러 왔다는 사람은 하나도 없었다. 태국은 지금처럼 인기 있는 여행지나 파견지가 아니라서 일이라면 대부분 영어로 해결했다. 친구와 함께 온 사람도 전혀 없었다. 각자가 굳센 의지로 태국어 학습에 참여했기에 수업 중에는 기분 좋은 긴장감이 교실에 감돌았다.

가깝지 않고, 싸지 않고, 융통성 없는 어학 학교

아시아·아프리카어학원은 불편한 곳에 있었다. 주오선 미타카역이나 기치조지역에서 버스로 약 20분을 가야 했다. 게이오선 센가와역에서는 버스로 약 10분 정도로 좀 더 가까웠지만, 센가와역은 특급이나 급행 열차가 정차하지 않아서 마찬가지로 가기 어려웠다. 게다가 버스는 배차 간격이 길어 늘 오래 기다렸다. 당시 비교적 교통이 편리한 와세다에 살던 나조차 왕복 두 시간은 거뜬히 걸렸다.

오가는 시간이 오래 걸린다는 점이 내게는 오히려 좋았다. 가면서는 전철과 버스 안에서 전날까지 배운 내용을 복습하고, 돌아오면서는 그날 들은 수업을 복습할 수 있었기 때문이다. 복습을 하고 바로 수업에 들어가면 새로운 지식이나 학습 요령도 무리 없이 익힌다. 마찬가지로 수업 직후에 다른 환경에서 복습하면 머릿속이 정리되어 쉽게 기억에 자리 잡는다. 만약 학교가 집 근처였다면 굳이 앞뒤로 한 시간씩 복습 시간을 따로 마련해야 했을 텐데 그렇게 번거로운 일은 못 했을 것이다. 통학 시간 덕에 확보할 수 있었던 복습 시간이었다.

여담이지만 내 생각에 어학은 예습이 별로 필요 없다. 혹시라도 필요하다면 그것은 일본식으로 '선생님이 원문을 읽고 학생에게 일본어로 번역시키는' 강독 수업이 존재하기 때문이다. 그렇지 않다면 단연 예습보다 복습이 중요하다. 매번 신선한 놀라움과 흥미를 가지고 배운 새로운 정보를 몸과 마음에 자리 잡도록 하는 것이 관건이다. 몸과 마음이라고 굳이 말하는 이유는 언어가 머리만이 아니라 눈, 귀, 입, 손을 써먹는 신체적인 기술 체계이기 때문이다. 스포츠나 요리, 악기 연주와도 비슷하다.

그런데 이 학교에 다니는 동안 나는 어학원이나 개인 교습에 대한 세간의 상식이 잘못된 것이 아닌가 생각하게 되었다. 일반적으로는 '가까운 곳' '저렴한 수업료' '유연한 수업 시간'이 좋다고 여겨지지만 반대가 아닌가 싶다. '가깝지 않은 곳' '싸지 않은 수업료' '고정되어 융통성이 없는 수업 시간'이야말로 좋은 것이 아닐까.

장소는 앞서 언급했듯 왕복 통학 시간 덕에 최적의 복습 시간이 생긴다. 그다음은 수업료다. 아시아·아프리카어학원은 영리 목적의 단체가 아니라서 가격이 합리적이지만 20회분을 한꺼번에 내므로 금액이 상당하다. 3만~4만 엔 정도였던 것 같다. 당연히 도중에 수강을 그만둬도 수업료를 환불받을 수는 없다. 게다가 교통비가 꽤 많이 든다. 하루에 1000엔 정도니까 도합 한 달에 2만 엔 정도 들었을 듯하다. 나는 당시 월세 1만 2000엔을 내고 외식은 전혀 없이 자취를 했다. 술자리도 거의 안 가서 한 달 생활비가 3만 엔 정도 들었다. 집중 강좌 수업료에 교통비를 더하면 두 달 치 생활비에 가까웠던 셈이다.

어학 수업은 어느 정도 지출이 있는 편이 좋다. 수업료가 비싸면 '열심히 본전을 뽑아야 아깝지 않다!'라는 마음이 든다. 싸면 '뭐, 대충 해도 괜찮겠지'라는 마음이 되기 쉽다. 내 모어를 가르치고 상대방에게 외국어를 배우는 교환 수업이나 무료 수업이 최악이다. 공짜라서 긴장감 제로에다가 가르치는 사람도 배우는 사람도 빛의 속도로 의욕을 잃는다.

시간이 고정되어 옮길 수 없는 것도 중요하다. 앞서 말했듯이 어학은 스포츠 훈련과 거의 비슷해서 가능한 한 연습의 리듬을 만드는 것이 중요하다. 같은 날 같은 시간에 수업을 받고 복습도 같은 시간대에 해야 기술과 지식이 더 잘 정착된다. 유동적이면 리듬이 깨진다. 일이나 집안 사정으로 시간을 바꿀 수 있으면 편리해 보여도 대부분 어학의 우선순위를 낮출 뿐이다.

진정으로 그 언어를 공부하고 싶다면 어학을 최우선으로

해야 한다. 가정이나 일이나 연애보다 어학이 중요하다. 아시아·아프리카어학원 집중 강좌는 매일 오후 7시부터 수업이 시작되므로 6시에는 다른 용무를 끝내야 한다. 야근은 피하며 아이 돌보기는 다른 가족에게 부탁하거나 대책을 마련하고 저녁 모임도 일절 끊어야 한다. 본업이나 가정생활에 지장이 생기거나 가족이나 동료에게 '미안하지만 태국어 공부가 있어서'라고 사과나 부탁을 하려니 운신의 폭이 좁아지는 느낌도 들 것이다. 하지만 그러니까 더욱 좋다. 다른 큰일을 소홀히 하며 언어에 시간을 쏟고 있으니 더욱더 진지하게 임하게 된다.

이런 말을 하면 일이나 개인 생활을 희생할 수는 없다고 말하는 사람이 있을 것이다. 물론 몇 달 동안 내내 이 상태를 유지하기는 불가능하다. 그래도 단기간이라면 할 만하다.

어학은 로켓처럼 시작을 끊어라

이 또한 나의 지론인데 어학은 초반 질주가 매우 중요하다. 자동차 엔진도 에어컨도 운전을 시작할 때 에너지를 가장 많이 소비한다. 어학도 마찬가지다. 전혀 모르는 언어 체계를 자신의 심신에 각인시키려면 초기 수업의 빈도는 높을

수록 좋다. 나는 그때까지 주 1회 레슨밖에 받아본 적이 없는데 그것이 레슨비를 지불할 만한 한계였기 때문이다. 혹시 가능하다면 최소 주 2회는 받는 편이 좋다고 늘 생각했다. 어렵게 연료에 불이 붙으려 해도 일주일이나 간격이 벌어지면 불이 꺼져버린다. 꺼지지는 않더라도 기세가 꺾여서 매우 아깝다. 초기 단계에서는 연료를 계속 투입하여 엔진을 풀가동해야 한다. 가능하다면 석 달 정도, 어렵다면 처음 한 달이라도 좋다. 그렇게 하면 '로켓 스타트'를 기대할 수 있다.

그렇다. 아시아·아프리카어학원 집중 강좌는 내가 열망하던 로켓 스타트 강좌다. 한 달이 끝날 때쯤이면 기초가 꽤 탄탄해진다. 많은 수강생이 이후 현지로 여행을 가거나 독학으로 계속 배우기도 한다. 현지에 가면 매일이 연습의 장이 되고 기초가 어느 정도 쌓이면 독학으로도 실력이 오른다.

나는 이 집중 강좌가 너무 좋아서 이후 중국어와 아랍어도 여기서 배웠을 정도다. 아쉽게도 아시아·아프리카어학원에 이 강좌는 더 이상 없다. 만약 지금도 있고 세계 각국의 언어를 배울 수 있다면 해마다 다녔을 것이다.

나는 이 '이상적인 학교'를 한 달 만에 끝낸 후 두 달 가까이 집에서 시판 태국어 교재로 연습했다. 테이프를 들으며 발음을 따라 하고 태국 문자를 반복해서 쓰며 외우는 데 시간을 보냈다. 이것만으로는 몇 마디 조금 할 수 있는 정도였지만 도움닫기로 충분했다. 평소보다 더 완벽하게 준비했다는 생

도미타 다케지로 엮음, 《태일 대사전》
(일본 펜클럽 발행/메콩 출판사 발매, 1997)
태국어를 배우거나 태국에서 연구하거나 취재하는 모든 사람에게 필수적인 사전. 동식물의 종까지 세세하게 기재되어 정가 2만 8000엔도 저렴하게 느껴질 만큼 내용이 충실하다.

각에 매우 흡족했다. 그런데 출발을 며칠 앞두고 퍼뜩 깨달았다. '일본어 가르칠 준비는 하나도 안 했잖아!'

나는 일본어 교육 역량이나 지식이 전혀 없었다. 대학 측에서 요구하지는 않았지만 어느 정도 책이나 자료를 읽거나 경험자에게 이야기를 듣기라도 해야 하지 않았을까. 《모두의 일본어》라는 교재를 사용한다기에 구입은 했지만 페이지를 펼쳐본 적조차 없었다. 황급하게 후다닥 책장을 넘기니 '테형て形'을 '테 폼form'이라 부르기도 하고 못 들어본 문법 용어가 몇 개 있어서 눈이 휘둥그레졌다. 아무래도 같은 일본어 문법이라도 내국인과 외국인이 보는 것은 전혀 다른 것 같다.

태국어 학습에 몰두하느라 본래의 목적이 머릿속에서 사라져 있었다. 하지만 이미 때는 늦었다. 새로운 땅 태국으로 떠날 수밖에 없었다.

치앙마이에서 만난 태국어의 신세계

　자극이 넘치는 아프리카 콩고나 남미를 돌아다녔던 나에게 태국 치앙마이는 그야말로 신세계 그 자체였다. 아담하고 아늑하면서 시내도 사람도 기후도 온화하고 느긋했다.
　내가 부임한 치앙마이대학교는 구시가지에서 2킬로미터쯤 떨어진 곳에 있고 부지가 광대했다. 너무나 넓어서 교직원도 학생도 오토바이나 합승 자동차를 타고 캠퍼스 안을 이동하는 것이 일반적이었다.
　치앙마이에 도착한 건 1992년 5월 말이었다. 이 무렵부터 10월쯤까지 우기가 이어진다. 낮 최고 기온은 섭씨 33~34도에 이르렀지만 스콜이 자주 내려서 그늘지고 바람이 잘 통하는 곳은 오히려 쾌적했다. 에어컨이 없어도 불편하지 않았다.

무엇보다 신선했던 건 직장 환경이었다. 일본어과 선생님은 일본인 두 명, 태국인 네 명으로 구성됐는데 나를 제외한 전원이 서른 살 이하의 여성이었다. 학생들도 압도적으로 여자 비율이 높았다. 내가 담당한 4학년 반은 열두 명 중 열한 명이 여자다. 언제나 반짝반짝 빛나는 젊은 여성들의 즐거운 목소리가 주위에 울려 퍼졌다.

다른 언어와
모든 요소가 다른 태국어

언어 학습 측면에서도 태국어는 나에게 새로운 세계였다. 태국어는 타이카다이어족에 속하며 인도유럽어족이나 반투어군과는 모든 면에서 동떨어져 있었다.

더 말하자면 언어 빅뱅 이후 내가 배운 언어 중에서 단연코 가장 어려웠다. 처음엔 '이게 뭐야~?'라는 느낌이었다. 언어는 학습하는 데 크게 네 가지 요소로 나눌 수 있다. 문법, 발음, 어휘, 문자다. 첫 번째로 문법은 진화 계통의 결과인 어족 및 그 하위 분류인 어파에 크게 영향을 받는다. 어족이나 어파가 같다면 문법도 비슷한 경우가 많은 듯하다. 프랑스어와 스페인어, 혹은 링갈라어와 보미타바어, 스와힐리어 등이 그런 예다.

두 번째, 발음은 어족과 어파라는 계통뿐만 아니라 지역에도 좌우된다. 서로 다른 언어 계통이라도 가까운 지역에 있는 언어는 서로 영향을 주고받아 발음이 닮는 경우가 있다. 예를 들어 태국어는 미얀마어나 중국어와 계통이 다르지만 모두 성조가 있고 유기음(거센소리)과 무기음(된소리)의 구분이 있다는 점 등에서 발음상 공통점이 많다. 이는 5장에서 더 자세히 다루겠다.

세 번째로 어휘는 매우 흥미롭다. 어족이나 어파가 같다면 '아저씨' '머리' '먹다' 같은 기초 어휘는 비슷한 경우가 많지만, '정부' '학교' '상황' '세계' 같은 추상적 어휘나 학술어는 언어 계통과 큰 관련이 없다. 오히려 그 지역이 역사적으로 어떤 문명권의 영향을 받아왔는가에 좌우된다(이하, 이런 단어들을 '문명용어'라고 부르기로 한다). 예를 들어 일본어와 중국어는 전혀 다른 어족이지만 문명용어의 절반 이상을 공유한다. '정부' '학교' '상황' '세계' 등은 모두 한자가 같다.

네 번째, 문자는 언어 계통과 가장 관계가 적고 문명권의 영향을 가장 강하게 받는다. 이것도 한자를 생각하면 금방 납득이 간다. 세계 주요 문명권에는 '유럽 문명권' '중화 문명권' '아랍(이슬람) 문명권' '인도 문명권' '페르시아 문명권' 등이 있다.

자, 여기서 태국어를 보자. 내가 아는 언어들과는 무서울 정도로 다르다. 내가 그때까지 배운 영어, 프랑스어, 링갈라어, 보미타바어, 스페인어, 포르투갈어, 스와힐리어 등은 앞선 네 가지 요소를 서로 폭넓게 공유한다. 이 언어들은 계통상 인도유럽어족의 게르만어파(영어)와 로망스어군, 반투어군에 포함된다. 그런데 놀랍게도 내가 배운 인도유럽어족의 언어들과 반투어군의 언어는 문법적으로도 발음적으로도 꽤 비슷했다. 아니, 배우고 있을 땐 전혀 생각해 보지 않았지만 태국어와 비교해 보니 압도적으로 가깝다.

우선 문법부터 살펴보자. 모두 인칭(나, 너, 그 등)과 시제(현재, 과거, 미래 등)에 따라 동사가 눈이 핑핑 돌게 변화한다. '가다'라는 동사는 프랑스어나 스페인어에서 도대체 몇 가지 형태가 있을까? 세어본 적이 없어서 모르지만 백 가지 이상은 될 것이다. 그런데 태국어에서 '가다'는 'ไป빠이' 하나뿐이다. 주어가 나든 너든, 시제가 현재든 과거든 그냥 '빠이'뿐이다. 놀라울 정도로 심플하다.

발음은 지금까지 배운 언어들이 훨씬 더 단순했다. 자음이 두세 개씩 겹쳐 나오는 영어는 예외로 치더라도 로망스어는 그렇지 않고 반투어도 전혀 어렵지 않았다. 그런데 태국어는 성조聲調가 있다.

성조란 소리의 높낮이를 말한다. 일본어도 같은 はし하시가 억양으로 '다리橋'와 '젓가락箸'처럼 의미를 구별하는 경우가 있다. 표준어에서 '다리'는 '하'가 낮고 '시'가 높다. '젓가

락'은 그 반대다. 이것도 일종의 성조다. 다만 일본어는 높은 소리와 낮은 소리 둘뿐이지만 태국어는 '평탄한 소리' '내려가는 소리' '내려갔다가 올라가는 소리' '올라가는 소리' '올랐다가 내려가는 소리'라는 다섯 가지의 음조가 있다. 게다가 같은 '카' 소리라도 숨을 내뱉는 유기음인 거센소리 '카'와 숨을 내쉬지 않는 무기음인 된소리 '까'처럼 일본인은 물론이고 콩고인이나 프랑스인도 전혀 구별하지 못하는 소리의 구별이 존재한다.

어휘도 지금까지 배워온 언어는 전혀 도움이 되지 않았다. 로망스어끼리는 기본 어휘가 서로 비슷하다. 영어도 라틴어 어휘가 다수 포함되어 있어서 특히 문명어휘는 서로 유사하다. 게다가 아프리카 언어들은 문명어휘를 대량으로 영어나 프랑스어 같은 식민지 시절의 종주국 언어로부터 차용한다. 그 결과 지금까지 내가 배운 언어들의 어휘는 교양 수준이 높아질수록 서로 유사해졌다. 예컨대 '정부'라는 단어는 영어 government, 프랑스어 gouvernement, 스페인어 gobierno, 포르투갈어 governo처럼 서로 매우 비슷하다. 그리고 링갈라어나 보미타바어에서도 프랑스어를 그대로 썼다(스와힐리어만은 serikali라는 페르시아어 기원의 단어를 사용한다). 일상적인 주제보다 교양 있는 내용이 대체로 더 말하기 쉬웠던 이유도 그 때문이다.

태국은 일본과 마찬가지로 식민 지배를 경험한 적이 없는 아시아의 몇 안 되는 나라 중 하나이며, 태국어는 일본어보다도 유럽 언어의 차용어가 적다. 그보다는 인도의 팔리어(산스크리트어의 구어체) 불경을 통해 유입된 어휘나 태국보다 먼저 번영했던 크메르 왕국(캄보디아)의 언어인 크메르어에서 받아들인 어휘가 매우 많다. 참고로 태국어에서 '정부'는 รัฐบาล라타반인데 영어 government와는 전혀 닮지 않았다.

결정적으로 문자가 제일 크게 달랐다. 지금까지 배운 언어는 모두 로마자를 썼기 때문에 새로운 문자를 배워본 적은 없었다. 링갈라어나 보미타바어에는 문자가 없었지만 로마자를 썼다. 그러나 태국어는 태국 문자가 있으므로 처음부터 배워야 했다.

무엇보다 처음 봤을 때 태국 문자는 인식은커녕 글자로조차 보이지 않았다. 곡선이 많고 조밀한 무늬처럼 보일 뿐이었다. 게다가 태국 문자는 전 세계적으로 보아도 학습이 꽤 어려운 부류에 속한다고 지금도 생각한다.

어떤가. 언어 학습의 네 가지 요소 모두가 나에게는 새로운 만큼 지금까지 배워온 언어 지식이 전혀 도움이 되지 않는다. 모든 것을 처음부터 익혀야 한다는 건 매우 큰 도전이다. 그러나 결코 낙담하지 않았다. 오히려 '신세계의 언어를 만났다!'라는 두근거림이 더 컸다.

태국어는 태국어대로 여태 배운 언어와는 분리해서 공부하자고 마음먹으니 오히려 편해졌다. 동사의 활용이나 명사와 형용사의 성별이나 수를 신경 쓰지 않아도 되니 남는 장사 아닌가. 문제는 발음과 문자다. 귀가 좋지 않은 내게 성조가 다섯 가지나 된다는 건 큰 난관이었다. 어떻게 그런 걸 알아듣고 발음까지 분간할 수 있다는 걸까?

이 책을 쓰고 있는 지금이야 발음을 외우려면 원어민이 녹음한 음성을 반복해서 듣기가 최선이라고 본다. 하지만 당시에는 그런 방법이 고통스럽기만 했고 결국 예전에 학교에서 영어 단어를 외울 때처럼 그저 단어와 예문을 계속 쓰면서 외웠다. 태국 문자는 규칙이 지극히 복잡하지만 일단 익히고 나면 단어를 봤을 때 어떤 성조나 발음인지 거의 완벽히 파악되는 구조다. 이것이 영어와 결정적으로 다른 점이다. 영어는 friend나 Wednesday처럼 철자와 발음이 엇갈리는 단어가 매우 많다. 그래서 마치 한자를 외우듯이 철자를 하나하나 외워야 하지만 태국어는 철자를 익히면 발음도 거의 할 수 있게 된다.

물론 이는 어디까지나 '이론적으로는' 그렇다는 것이고 실제로는 반복해서 발음 연습을 하지 않으면 올바른 성조를 못 익힌다. 일본에서 공부하고 있었다면 쓰기만으로는 회화 연습이 부족할 수밖에 없으나 다행히 나는 태국에 살고 있었다. 집에서 한 걸음만 나가면 만나는 태국인이 모두 선생님이고 일상 대화가 전부 회화 연습이었다. 거리를 거닐며 간판을 읽는 것조차 문자 공부가 되었다.

태국 사람들은 콩고에서 링갈라어를 말했을 때처럼 열광적으로 반응하진 않았지만 그래도 내가 태국어를 말하면 나름대로 즐거워했다. 식당이나 백화점 같은 데서 또래의 젊은 직원들과 태국어로 하는 대화도 재미있었다.

예를 들어 내가 มาจากญี่ปุ่น마 짝 이뿐(일본에서 왔어요)이라고 말하면, 고등학생쯤 되어 보이는 여자아이가 웃는다.

"그렇게 '마'를 발음하면 '개'예요."

"엥? 똑같지 않아요?"

"전혀 달라요! '오다'는 평탄하고 '개'는 내려갔다가 올라가요."

"그럼…… 마 짝 이뿐."

"맞아요!"

이런 식으로 배울 수 있었다. 나중에 문자와 비교하면서 "아, 역시나" 하고 납득했다. 선생님이 곳곳에 있다는 건 참 고마운 일이다. 그리고 즐겁다.

일본어 수업에서
학생들에게 태국어를 배우다

하지만 나에게 가장 큰 스승은 일본어과 학생들이었다. 나는 태국어를 제대로 할 줄 모르고 일본어 교수법에도 무지

해서 4학년을 맡게 되었다. 학생들은 3년 동안 일본어를 철저히 공부해 이미 상당한 일본어 실력을 갖췄을 테니 초보 일본인이라도 가르칠 수 있으리라는 배려였다.

실제로 내가 뭘 가르쳤는지는 잘 기억나지 않는다. 6~9월의 전기와 11~2월의 후기로 수업 내용이 나뉘었고 전기에는 '편지 쓰기' '작문' 등을, 후기에는 '일본 문학', '작문' 외에도 졸업 논문 지도를 한 기억은 있다. 나처럼 졸업 논문을 제출한 해에 누군가의 졸업 논문을 지도한 사람은 아마도 없을 것이다.

처음에는 학생 열두 명 중에서 두 명의 일본어 실력이 유독 뛰어났고 나머지 열 명과는 같은 학년이라 보기 어려울 만큼 차이가 커서 놀랐다. 이 불가사의한 실력 격차의 이유는 금세 밝혀졌다. 일본인 교사가 일본어로 설명하면 못 알아듣는 학생이 알아들은 학생에게 "선생님이 뭐래?"라고 묻는다. 그 학생은 "방금 선생님이 뭐랬냐면……" 하고 설명해 준다.

이런 상황이 거듭 쌓이면 잘하는 학생은 점점 더 잘하고 못하는 학생은 더욱 의존해서 갈수록 격차가 벌어진다. 내가 맡았을 때는 이미 두 명의 잘하는 학생이 '학급 통역'이라는 지위를 얻어 나머지 열 명은 둘의 통역에 귀를 기울이는 체제가 완성되어 있었다. 내가 뭔가 말하면 학생들은 선생인 내가 아니라 통역하는 친구를 쳐다볼 정도였다.

여담이지만 외국 여행에서 어학 실력을 늘리고 싶다면 절대 자신보다 조금이라도 잘하는 사람과 함께 가서는 안 된다. 여행 중에 현지인과의 소통을 그 사람에게 맡기다 보니 내 학생 다수와 같은 상태가 되어버린다. 반대로 자신보다 못하는 사람과 함께 가면 '통역' 노릇이 번거롭긴 해도 확실히 실력이 는다.

처음엔 잘하는 두 친구에게 통역하지 말라고 주의를 주었지만 둘이 입을 다물면 다른 학생들이 내 말을 전혀 이해하지 못해 수업이 진행되지 않았다. 어쩔 수 없이 중요한 부분에서는 통역을 묵인할 수밖에 없었다. 그러다가 점점 내 태국어 실력이 늘면서 이게 오히려 내게는 유리함을 눈치챘다.

"제가 이제부터 하는 말을 노트에 받아 적으세요"라든가 "주말에 뭐 하면서 보냈어요?"라든가 "저는 대학 시절 아프리카에서 신기한 동물을 찾아다녔어요" 같은 일본어를 통역하는 학생이 태국어로 옮기면 나는 '아, 태국어로는 이렇게 말하는구나!' 하고 알 수 있었다. 게다가 그 표현은 교과서에 나오는 문장이 아니고 학생들이 실제로 사용하는 살아 있는 표현이었다.

점차 나는 통역에 매우 관대해졌고 나 자신도 적극적으로 태국어를 써서 학생들과 대화하기 시작했다. 어떤 학생은 일본어로 "선생님!"만 부르고 나머지는 전부 태국어로 말하는 경우도 있었다. 물론 부임 초기에는 무슨 말인지 전혀 몰랐지만, 그럴 때는 통역 학생이 "선생님, 난티다가 이렇게 말했어요"라든가 "그건 ~라는 뜻이에요"라고 알려줬다.

내가 제일 처음 그들에게 배운 표현은 เอาใหม่아오마이(다시)였다. 내가 한 말을 잘 못 알아들으면 "선생님, 아오마이, 아오마이~"라고 호소하듯 말한다. 재미있게도 태국어 교재를 보면 '다시'나 '한 번 더'에 해당하는 표현은 다른 식으로 나오고 '아오마이'는 본 적이 없다. 구글 번역 같은 데서도 '아오마이'는 안 나온다. 구어체 표현이고 쓰임이 워낙 넓어서일 것이다.

'아오마이'는 "다시 해줘"나 "다시 말해줘"처럼 요청할 때도 쓰이고 "사진 한 장 더 찍고 싶어"처럼 스스로 뭔가를 한 번 더 하고 싶을 때도 쓰인다. 정말 편리한 표현이다.

잘하든 못하든 모두 내게는 훌륭한 태국어 선생님이었다. 물론 나도 교사이기에 때로는 엄하게 밀어붙인다.

"센세, 아오마이, 아오마이!(선생님, 한 번 더 말해줘요!)"

"ไม่ได้마이다이!(안 돼!)"

그러면 학생들은 "에~ ทำไม탐마이(왜요)? 센세, ใจไม่ดีนะ짜이마이디나(선생님, 너무해요~)" 이렇게 반응해서 교실엔 웃음이 가득했다. 스무 살 전후의 귀여운 학생들과 이런 대화를 매일 즐기니 정말 낙원 같았다. 이 세계에 머무르고 싶다고 생각한 적도 여러 번 있었다.

모두가 만족한 만화 언어 학습법

　　현지에 살면서 언어 배우기는 어학을 좋아하는 사람에게 더할 나위 없이 이상적이다. 치앙마이에서는 예전에는 없던 다양한 학습법 중에서 선택할 수 있었다. 나는 모조리 시도해 보았다. 학습법을 시험해 보는 자체에도 흥미가 있었던 것이다. 그중 두 가지를 소개하고자 한다.

어학원의
일대일 수업

먼저는 정석대로 어학원에 다녔다. 치앙마이에는 AUA랭귀지센터라는 외국인을 위한 어학원이 있어서 일본이나 다른 선진국에 비하면 매우 저렴한 값으로 영어를 할 줄 아는 선생님에게 일대일 수업을 받을 수 있었다. 1회 90분 수업을 주 3회, 월로 환산하면 12회 받았다. 한 달에 2000바트(약 1만 엔), 한 회당 900엔도 되지 않는 금액이다. 확실히 싸지만 나의 월급은 5000바트(약 2만 5000엔)밖에 안 돼서 매우 낮았기 때문에 월급의 절반 가까이가 수업료로 나가게 되었다.

AUA는 역시 가르치는 솜씨가 뛰어났다. 곧 영어는 거의 안 쓰고 수업은 쉬운 태국어로 진행했다. 의사소통이 안 될 때에만 영어를 사용했다. 교재에는 주로 태국, 특히 고도 치앙마이의 문화나 역사를 간단히 소개하는 수필 같은 글이 실려 있었다. 선생님은 치앙마이 토박이라서 자신의 경험을 섞어가며 설명해 주었다. 문법 설명도 전문적이면서 이해하기 쉬웠다. 마치 대학의 태국어과에서 수업을 듣는 듯했다. "원래라면 내가 이런 수업을 해야 하는 거겠지……" 하고 자주 생각하곤 했다.

내가 일본어를 제대로 가르칠 능력이 없다는 걸 자각하고 있었기에 처음부터 실전에 가까운 일본어 회화를 중심으

로 가르쳤다. 예컨대 실제 일본인은 '큰 것'의 뜻으로 大きい
ものオオキイモノ보다는 でかいやつ데카이야쓰라고 말하거나, '아
주 맛있다'의 뜻으로 とてもおいしい도테모 오이시이보다 すご
くおいしい스고쿠 오이시이 또는 すごいおいしい스고이 오이시이라
는 표현을 많이 쓴다. '스고이 오이시이'는 문법적으로는 틀
렸으나 실제로는 그렇게 말하는 사람이 더 많다. 나는 언어에
서 현실 우선주의를 지향하기에 문법이 틀렸더라도 사람들
이 실제로 쓰는 표현을 배우는 것이 중요하다고 생각한다.

반대로 말하면, AUA에서 가르치는 태국어는 너무나도
'공식적'이어서 아쉬움이 남았다. 태국어는 일본어만큼은 아
니더라도 역시나 글말과 입말이 다르다. 쓰는 말투도 교사와
학생이 같지 않다. 그래서 AUA만으로는 모자랐다. 나는 평소
학생들에게 가르치려던 '데카이야쓰' 같은 좀 더 친근한 구어
체를 배우고 싶었다.

대여점에서
일본 만화를 찾다

나는 만화로 눈을 돌렸다. 1990년대 초반 태국에서는 일
본 만화가 유례없이 인기를 끌었다. 온갖 종류의 만화가 태국
어로 번역되어 있었다. 단행본은 물론이고 《주간 소년 점프》

나《별책 마가렛》같은 만화 잡지조차 한 달 정도 늦게 번역 출판되고 있었다.

　이러한 만화들은 편의점이나 서점에서도 팔았지만 그런 곳에서는 극히 일부만 구할 수 있었다. 왜냐하면 치앙마이에는 서점 자체가 거의 없었기 때문이다. 당시 치앙마이에는 문구점과 함께 운영되는 서점이 한두 곳 있을까 말까였고 그마저도 책 종류가 별로 없었다. 편의점에는 일본 만화보다 태국 만화가 더 많았다. 태국 만화는 일본 만화와 전혀 다르게 무섭기도 하고 우스꽝스럽기도 한 귀신 공포물 중심이었다.

　그렇다면 대개는 어디에서 일본 만화를 읽었을까? 도서대여점이다. 당시 태국에는 마을 곳곳에 대여점이 있었다. 줄글 위주의 책은 극히 소수이고 대부분은 일본 만화 번역이었다. 만화는 주로 젊은이가 읽었고 특히 대학생에게 인기가 많아서 가장 잘 갖추어진 대여점은 대학 정문이나 후문 앞에 있었다. 정문 앞의 대여점은 보유한 책이 수천 권이라서 책을 좋아하던 나는 황홀했다.

　가장 먼저 고른 만화는《도라에몽》이었다. 이 만화는 언어 학습에 아주 적합하다. 사용되는 말은 초등학생 수준이고, 가정이나 학교, 직장 등 일상생활의 모든 장면이 그려져 있기 때문이다.《도라에몽》은 거의 모든 대여점에 있었다.

　대여료가 한 권에 얼마였는지는 전혀 기억이 나지 않지만 어쨌든 쌌다. 일본 엔화로 환산하면 한 권당 10엔이나 20엔 정도였던 것 같다.

태국어 초보자에게 가장 어려웠던 점은 문자 판독이었다. 태국어 만화는 말풍선 속의 글자가 기본적으로 활자가 아니라 손글씨였다. 번역자는 대부분 젊은 여성 같았고 활자와는 다른 둥글둥글하고 기묘한 글씨체가 쓰여 있었다. 마침 당시 일본 젊은 여성들 사이에서 유행하던 둥근 글씨체와 느낌이 비슷했다. 처음에는 당황했지만 익숙해지자 손글씨의 특징이 눈에 들어왔고 어느새 읽을 수 있게 되었다. 내 학생들도 비슷한 글씨를 써서 손글씨에 익숙해지니 학생들의 글씨도 읽을 수 있어서 큰 도움이 되었다. 작문에서 학생들이 일본어 표현을 모를 때는 태국어 단어를 써넣기도 했으니까.

글자를 알면 사전을 찾을 수 있다. 자주 나오는 단어는 노트에 적어두었다. 이해되지 않는 표현은 나중에 태국인 동료 교사나 학생에게 물어보기도 했다.

초등학생용 《도라에몽》에 질리자 슬슬 내가 좋아하는 만화를 찾아 읽게 되었다. 이건 정말 즐거웠다. 나는 원래 심각한 독서 중독자이자 괴로운 걸 극도로 싫어하는 체질이다. 뭐든지 편하게 하길 바라 마지않는다. 어학도 단어 암기나 동사의 활용, 예문 외우기 같은 성실한 노력은 젬병이라서 늘 더 쉽게 언어를 익힐 방법은 없을까 찾고 있었다.

그런 의미에서 좋아하는 만화를 즐기면서 태국어를 배울 수 있다면 그게 최고였다.

그리하여 나는 치앙마이 시내에서 만화 대여점만 발견하면 죄다 들러서 만화를 찾았다. 태국의 다른 도시로 여행을 가서도 마찬가지로 대여점을 샅샅이 뒤졌다. 어느 대여점이나 대충 '이쪽은 소녀 만화' '이쪽은 소년 만화'라는 식으로 구분했지만 대부분은 뒤죽박죽이었다. 게다가 태국어로 번역된 일본 만화책은 한 권이 일본 원서의 절반 정도 두께로 나뉘어 출판되는 경우가 많다. 각 권당 가격을 낮추려고 한 것일까? 책등이 좁아서 거기에 작게 적힌 태국어 제목은 읽기가 어렵다. 어떤 가게는 책이 수천 권이라서 처음엔 진짜 눈이 빙글빙글 돌 지경이었다.

하지만 익숙해지는 것도 금방이라서 한 달쯤 지나자 처음 가보는 가게라도 휙 둘러보기만 해도 일본어 책을 찾을 때처럼 내가 원하는 책을 재깍재깍 찾아낼 수 있게 되었다. 개중에는 '어? 이런 것도 있었네!' 하는 발견도 있었다.

내가 태국에서 읽은 만화는 양이 상당하다. 기억나는 작품으로는 《블랙잭》《메종일각》《도로로》《야와라!》 등이 있었다. 시리즈물은 전권이 다 있는 가게가 드물어서 오토바이를 타고 시내 곳곳을 돌아다니며 빠진 권을 찾아야 했다. 그러다 보니 내가 점점 치앙마이라는 도시 속으로 녹아들고 있음을 체감했다. 그 또한 즐거웠던 추억이다.

최고의 구어체 표현 교재, 만화

만화는 결과적으로 내 '본업'에 도움도 됐다. 후반기에는 '일본 문학' 수업이 있었다. 원래는 근대 일본 문학을 가르치는 수업이었다는데, 전임자는 나쓰메 소세키의 《마음》을 다뤘지만 나는 만화로 바꾸었다. 왜냐하면 일본의 문학 소설은 아무리 봐도 학부생 수준에는 너무 어렵기 때문이다. 전임자의 수업에서는 《마음》 한 권을 반년 동안 겨우 세 쪽밖에 진도를 못 나갔다고 한다.

무리도 아니다. 입학 이후로 일본어를 배운 지 고작 3년 반밖에 안 됐고 문학에 관심 있는 학생도 거의 없었다. 일본어과를 선택한 동기를 물어보면 '만화를 좋아해서'가 1위를 차지했다. 장래에 만화 번역가가 되고 싶다는 학생도 있었다. 실제로 태국에 넘쳐나는 엄청난 양의 일본 만화는 치앙마이 대학교를 포함한 각 대학의 일본어과 졸업생이 번역했다. 그렇다면 만화를 교재로 쓰는 게 더 낫다.

하지만 한 가지 문제가 있었다. 이토록 만화 번역이 잘 돼 있다 보니 교재로 삼기가 어렵다. 예를 들어 《블랙잭》을 교재로 쓰면 어떤 학생이 대여점에서 태국어판을 빌려 복사해 올 테니 수업의 의미가 반감되고 만다. 외국어 공부를 하면서 모국어에 너무 기대는 것은 좋지 않다. 태국인이 일본어를 배울 때 태국어 해설집을 갖고 있으면 백해무익이다.

하지만 태국의 대여 만화에 정통(?)한 나의 강점이 발휘된다. 온갖 만화가 있다고는 해도 일본에서 출판된 만화가 모조리 번역되지는 않는다. 이를테면 《도카벤》 같은 야구 만화는 거의 안 보인다. 태국인 대부분은 야구가 어떤 스포츠인지 잘 모르니 당연할 것이다. 시대극이나 회사원 이야기 같은 '아저씨용' 만화도 별로 없었다.

그 밖에도 이유는 알 수 없지만 아직 태국어로 번역되지 않은 만화도 있었다. 내가 읽어본 만화 가운데 '학생들이 좋아할 만한 작품'을 목록으로 뽑아 수업 준비 명목으로 대여점을 돌며 아직 번역이 안 된 만화를 찾아다녔다. 지금까지는 전설의 괴수처럼 '있을지도 모르는 것'을 찾아다녔다면 이때는 생전 처음으로 '없는 것'을 찾아 헤맸다.

그렇게 해서 고른 작품은 사이몬 후미의 《도쿄 러브스토리》였다. 일본에서 폭발적인 인기를 끌고 1991년에 드라마로도 만들어져 대히트를 기록했지만 어째서인지 태국어판은 출간되지 않았다. 참고로 《도쿄 러브스토리》를 어디서 구했는지는 기억이 나지 않는다. 방콕이나 치앙마이의 일본어 서점에서 샀을 수도 있고, 내가 일본에서 가져왔거나 치앙마이에 사는 일본인 지인에게 빌렸을 수도 있다.

일본 문학 수업 교재로 만화를 쓴다고 말하자 학생들은 눈이 휘둥그레졌다. 수업 시간마다 《도쿄 러브스토리》의 한

회 분량을 복사해 나누어 주었다. 세대가 같은 일본 젊은이의 풍속과 연애를 그린 이 만화에 다들 푹 빠졌다. 그들도 역시 힘들이지 않고 즐겁게 일본어를 잘하게 되고 싶다는 생각을 했던 것이다.

학생들은 어느 때보다 예습을 열심히 해왔다. 얼른 먼저 읽고 싶었을 테니 자연스러운 현상이었다. 무엇보다 수업 시간마다 굉장히 열띤 토론이 벌어졌다. 첫 화에 주인공이 여자를 헌팅해서 호텔에 데려가는 장면이 등장한다. 결국 대화만 나누고 아무 일도 일어나지 않은 채 아침을 맞이하지만, 이 장면만으로도 태국 학생들에게는 충격이었던 듯하다. 일본 만화를 좋아하는 한 학생이 "일본은 프리 섹스인가요?"라고 질문했을 정도다. 따지고 보면 이렇게 리얼한 풍속을 그린 젊은이용 연애 만화는 그때까지 없었을지도 모른다. 당시 태국은 일본보다 성에 훨씬 조심스러운 나라여서 번역이 안 됐을지도 모른다.

하지만 학생들은 여태 못 본 내용에 오히려 더욱 흥미를 느꼈다. 순박한 '나가오 간지'와 플레이보이 '미카미 겐이치'라는 두 남자가 등장하는데, 일본 여자도 누구를 더 좋아하는지 의견이 갈렸던 것처럼 태국 여학생도 명확히 둘로 나뉘었다. "저는 간지가 좋아요. 잘생기진 않았지만 믿음이 가요." "아뇨, 저는 미카미가 좋아요. 멋있잖아요. 정말로 사랑하게 되면 나중에 믿음도 생길 거예요." 등등 열띤 토론이 오갔다.

학생들이 이렇게까지 활발하게 일본어로 말하는 모습을 본 적이 없어서 감동도 받았다. 언어란 '하고 싶은 말이 있으면 말할 수 있는 것'이다.

기술적으로도 구어 표현 공부에 도움이 되었다. 그때까지도 가능한 한 구어체를 가르치려고 했지만 적당한 교재가 없어서 한계가 있었다. 책에 없는 말을 가르치기란 상상 이상으로 어려운 일이라, 결국 もう行かなければなりません모오 이카나케레바 나리마센(이제 가야 합니다)이나 それでは困ります소레데와 코마리마스(그러면 곤란합니다) 같은 교과서적인 표현에 머물기 쉬웠다. 그 결과, 학생들은 실제로 만난 일본인의 말을 잘 알아듣지 못해 곤란한 경우가 많았다.

일본어는 메이지 초기부터 언문일치를 이루었다지만 사실 그것은 환상에 불과하다. 실제로는 '문어가 조금 부드러워졌을 뿐'이다. 일본어로 쓰인 출판물 가운데 언문일치가 거의 실현된 것은 만화밖에 없다.

만화에는 じゃ、もう行くから쟈, 모오 이쿠카라(그럼, 이제 갈게)나 そんなの困るよ손나노 코마루요(그건 곤란한데) 같은 일반적인 일본인 말투가 자연스럽게 등장한다. 그런 일본어야말로 '현지인이 하는 말'이며, 내가 태국어 공부에서 추구한 방향이기도 하다. 만화에서 나와 학생들의 수요와 공급이 멋지게 일치했다.

기말 시험도 학생들의 간담을 서늘하게 했다. 나는 풀을

《도라에몽》의 태국어판 표지(왼쪽)와 《블랙잭》의 태국어판 표지(오른쪽).

준비해 오라고 말했다. 그리고 수업에서 아직 다루지 않은 《도쿄 러브스토리》의 회차를 인원수만큼 복사한 뒤, 모든 칸을 가위로 잘라 전부 흩어놓고 A4 용지 몇 장과 함께 학생 각자에게 나누어 주었다.

"올바른 순서로 칸을 배열해서 종이에 붙이세요."

학생들은 놀라긴 했지만 그림과 말풍선 속 일본어를 비교하며 한 시간 동안 어떻게든 이야기를 재구성해 나갔다. 의외로 다들 꽤 잘 해냈다.

어학과 만화는 궁합이 잘 맞는다. 나도 학생들도 서로 대단히 만족했던 수업이었다.

마약왕 아지트에서 샨어를 만나다

치앙마이에서 제2의 청춘 같은 나날을 누리던 나지만 이대로 일본어 교사로 정착할 생각은 추호도 없었다. 사실 치앙마이에 오기 전부터 아주 분명한 목표가 있었다. 어찌 보면 엉뚱하기 짝이 없는데, 바로 '골든트라이앵글에 들어가 양귀비를 재배하고 아편을 만드는 것'이었다.

암흑지대의
정체를 밝히겠다는 야망

골든트라이앵글(황금의 삼각지대)이란 한때 태국, 라오스, 미얀마(버마) 세 나라의 국경에 걸쳐 있던 마약 지대를 일컫는다. 당시 이 지역에서 만들어지는 마약의 대부분은 아편이었다. 아편은 아편 양귀비의 열매에서 나오는 액체다. 이를 정제하면 모르핀이나 헤로인이 된다. 내가 치앙마이에 살던 1990년대 초반에는 세계의 모든 불법 아편 중 약 60~70퍼센트가 이곳에서 생산된다고 들었다. 실제로는 그 무렵 태국과 라오스에서 양국 정부가 단속하여 양귀비 재배가 빠르게 줄고 있었다. 대부분은 미얀마 동북부의 샨주에서 이루어졌다.

샨주는 세계에서도 손꼽히는 암흑지대였다. 제2차 세계대전 종전 후 중국에서 공산당군과 국민당군 사이에 내전이 발발했고, 결국 패배한 국민당군의 잔당이 국경을 넘어 샨주로 몰려왔다. 샨주를 거점으로 삼아 중국 공산당에 역습을 꾀하던 국민당군은 군대를 유지하고 생활을 꾸릴 자금을 마련하기 위해 현지의 소수민족을 동원해 양귀비를 재배하고 아편을 생산하기 시작했다. 국민당 잔당은 1950년대 초반에 실질적으로 해체되지만 일부는 마약 마피아로 현지에 남았다.

한편 이와는 별개로 샨주는 극도의 혼란 상태에 있었다. 미얀마 군사정권이 소수민족을 탄압하고 자유와 독립을 요구하는 소수민족은 반정부 무장 세력을 여럿 조직해 반격을 이어갔다. 정부군은 민병대를 동원해 반정부 세력을 억눌렀고 이 민병대가 마피아로 변하는 일도 비일비재했다.

게다가 샨주는 해발 1000~2000미터의 여러 산과 깊은 계곡, 수많은 작은 분지로 이루어진 산악 지대다. 험준한 지형 위에 수많은 민족이 뒤섞여 사는 샨주에서 군사 독재 정권과 소수민족 무장 세력, 마피아까지 세 세력이 얽히고설키며 싸움을 벌이니 그야말로 혼돈 그 자체였다. 샨주 마약 지대의 실태는 수수께끼에 싸여 있었다. 단기 방문한 외국 언론인은 있어도 장기 취재를 한 사람은 거의 없었다. 하물며 현지인 속에 섞여 양귀비 재배부터 아편 생산까지 함께 하는 것은 전례 없는 일이다. 그러나 나는 마약을 기간산업으로 삼은 미지의 땅의 전모가 밝혀지지 않을까 하며 몸소 시도했다.

아프리카나 남미 지역은 인도유럽어족 패거리가 칼자루를 휘둘렀지만 이곳에는 그들의 손길이 미치지 않았다. 샨주 현지인의 언어는 전혀 다른 계통이다. 샨주에는 타이카다이어족, 중국티베트어족, 몬메르어족, 먀오야오어족 등 네 개의 서로 다른 언어 그룹이 공존한다. 언어적으로도 혼돈스럽다. 인도유럽어족의 언어가 공용어나 공통어로 자리 잡지도 않았다. 적어도 언어 면에서는 내게 핸디캡이 없었다.

게다가 샨인의 얼굴 생김새는 일본인과 매우 닮았다. 인도유럽어족계의 언론인이나 연구자가 몰래 이 지역에 잠입하려 해도 얼굴 생김새나 눈, 머리 색 등으로 금방 들키지만 나라면 현지인과 분간이 잘 되지 않는다. 그 또한 내게 유리했다. 세계를 상대로 싸우기에 안성맞춤인 장소였던 셈이다.

그런 거창한 야망을 품고 치앙마이에 오긴 했으나 당장은 어찌할 바를 몰랐다. 어쨌든 나는 그냥 현지에 채용된 졸때기 일본어 교사일 뿐 기자 경력도 없고 소속된 언론사나 뒷배도 없다. 마약 조직이나 게릴라와 아무 연줄도 없다.

치앙마이는 골든트라이앵글의 주요 도시로 여겨졌다. 샨주에서 생산한 아편을 어딘가에서 정제해 만든 헤로인이 치앙마이에 모여들었다. 헤로인은 유럽, 미국, 호주 등 전 세계로 밀수되었다. 하지만 어디까지나 지하 세계의 이야기다. 여긴 남미의 콜롬비아가 아니다. 마약 비즈니스는 어디까지나 지하에서 조용히 이뤄지고 일반 시민과는 전혀 관련이 없음을 두세 달 머물면서 충분히 실감했다.

어쩔 수 없이 나는 태국어를 배우고 귀여운 학생들과 연애 만화를 읽으며 하루하루를 보내고 있었다. 야망은 점점 멀어져 갔다.

표준 태국어를 못하는 '사장님'

샨주로 가는 실마리를 우연히 찾은 건 치앙마이에 온 지 다섯 달쯤 지났을 무렵이다. 계기는 관광 가이드를 위한 일본어 강좌였다. 치앙마이는 전 세계에서 여행자가 모이는 관광지라서 가이드를 업으로 삼은 사람이 많았다. 이들은 오랫동안 가이드를 자처하며 일해왔지만, 내가 부임한 해부터 치앙마이 당국이 공인 관광 가이드 라이선스 제도를 도입했다.

라이선스를 따려면 치앙마이대학교에서 역사와 문화에다가 자신이 전문으로 삼을 외국어 강좌를 3주 동안 들어야 한다. 영어 가이드라면 영어, 일본어 가이드라면 일본어 같은 식이다. 그리고 마지막에는 각 과목 시험을 통과해야 비로소 공식 가이드 자격증을 받을 수 있는 구조였다.

나는 일본어 가이드 대상 강좌를 맡아 가르쳤다. 수강생 대부분은 대학을 나오지 않았고, 독학과 일본인을 상대하는 접객 경험만으로 일본어를 익힌 베테랑이었다. 일도 잘하고 돈도 꽤 잘 버는 듯했다. 자주 "선생님, 같이 가라오케 가요!" 하고 나를 불러줘서 금세 친해졌다.

그중에 '사장님'이라 불리는 남성이 있었다. 아직 서른 안팎이었는데 살집이 있고 머리가 벗겨져 묘하게 관록이 느껴지는 동시에 희극 배우 같은 익살스러움도 풍겼다. 치앙마이

주변 산악 지대에 사는 아카족이라는 소수민족 출신이랬다. 산골 마을에서 자라 학교를 안 다녀서 표준 태국어는 못 하고 대부분 치앙마이 방언(북부 태국 방언)으로 대화했다.

치앙마이 방언의 역사를 잠시 살펴보자. 예전 태국 북부 지역에는 약 800년 가까이 치앙마이가 수도인 '란나 타이 왕국'이 있었다. 란나 타이 왕국의 공용어가 치앙마이어다. 현지에서는 '캄므앙(คำเมือง)'이라고 부른다. '캄'은 '말', '므앙'은 '나라'나 '도시'를 의미하는데, 여기서는 '수도'나 '도읍', '서울'의 뉘앙스다. 즉 '서울말'이나 '경언京言'이라는 뜻이다.

지금은 캄므앙을 읽고 쓸 줄 아는 이가 거의 없지만 원래 문자도 있는 언어였다. 치앙마이역 앞의 비석에 란나 문자가 새겨져 있다. 태국 중앙 지역의 방콕의 왕조에 병합되고서 옛 란나 타이 왕국은 지금의 태국 북부 지역이 되었고, 그들의 서울말은 외국인 사이에서 '치앙마이 방언'이나 '북부 방언' 등으로 불리게 되었다. 참고로 '언어'를 뜻하는 태국어 ภาษา 파사는 세밀하게 구분하지 않을 경우 '방언'도 일컫는다.

만약 란나 타이 왕국이 태국(타이 왕국)에 병합되지 않고 독립국으로 남아 있었다면 치앙마이어는 지금도 진짜 '서울말'이었을 것이다. 외국인들 사이에서도 란나어나 치앙마이어로 불렸을지도 모른다(이하 '치앙마이어').

그럼 방콕의 표준 태국어와 치앙마이어는 어느 정도 다를까? 내 멋대로 떠올려 보자면 도쿄 사투리와 규슈 남단 가고

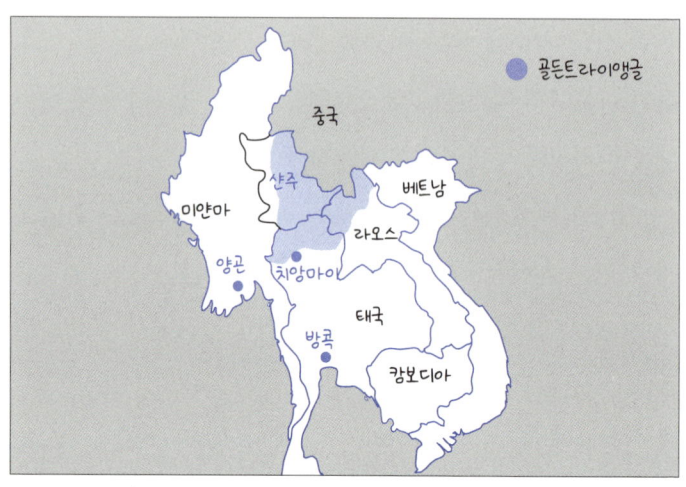

'골든트라이앵글'은 태국, 라오스, 미얀마(버마)의 삼국 국경지대를 가리키는 표현으로 사람마다 인식하는 지역이 다르다. 내 인식으로는 미얀마 샨주 대부분이 포함된다. 1990년대에는 아편이 주된 마약이었으나 현재는 암페타민류(이른바 각성제)로 대체되고 있다.
태국에서는 삼국 국경에 해당하는 메콩강의 중류 유역을 '골든트라이앵글'이라 부르는데 어디까지나 관광용 명칭이다.

시마 사투리 정도의 차이 아닐까 싶다. 듣자마자 이해되지는 않아도 단어 하나하나 비교해 보면 '아, 그런 거구나' 하고 공통점도 보인다.

북부 사람들은 어느 정도 치앙마이어를 할 줄 아는데, 당시 1990년대 초 무렵에는 젊은 세대 중 표준 태국어를 못 하는 사람은 드물었다. 그 점만 봐도 사장은 '촌놈' 취급을 당하곤 했다. 하지만 일본에서 5년 정도 돈벌이도 한 덕에 일본어는 가장 유창했다. 후배들도 잘 챙겨서 정말로 무시당하는 게 아니고 오히려 모두에게 존경을 받았다.

'마약왕 쿤사'의 부하!

자, 다시 이야기로 돌아가 보자. 어느 날 교외의 절에 현장 실습을 나가는 강좌가 있었다. 역사 선생님이 강의하고 가이드들은 열심히 노트 필기를 했다. 사장도 있었는데 가만 보니 뭔가 묘한 동그란 글씨를 메모장에 적고 있었다.

그게 뭐냐고 말을 걸자 사장은 황급히 메모장을 덮고는 "선생님, 아무것도 아니니까 공부 방해하지 마요" 하며 호들갑스럽게 장난을 쳤다.

돌아가는 길에 해산 장소인 버스터미널에서 사장이 내게 말을 걸었다. "선생님, 방향이 같으니까 같이 가요." 뚝뚝(삼륜 택시)에 함께 올라타자 사장은 히죽거리며 말을 꺼냈다.

"아까 노트 봤죠? 그거 버마어인데, 나 실은 버마 사람이고 샨족이에요."

그 설명을 듣고 깜짝 놀랐다. 샨주 동부의 켕퉁이라는 도시 출신으로 아버지는 중국계, 어머니는 샨족(이하 샨인)이라고 했다. 학교도 안 다녔다고 했지만 사실은 양곤대학교 물리학과를 졸업했다. 양곤대는 미얀마의 도쿄대에 해당하니 상당한 엘리트 아닐까.

군사정권하의 미얀마는 경제 침체로 일자리가 없다. 그는 태국의 아카족 사람에게 돈을 주고 태국인 신분증을 사서 태국인 행세를 했다. 그리고 태국의 여권을 얻어 일본으로 일하러 갔다고 한다. 치앙마이에 돌아와서는 태국인(치앙마이인) 여성과 결혼했다. '서울대' 출신이 이웃 나라에서 글을 읽지도 쓰지도 못하는 척하는 그의 경력 자체가 혼돈의 비경이 있는 샨주의 기묘함을 상징했다.

자기 집에서 밥 먹고 가라는 권유에 사장 집을 방문했다. 대학 정문에서 걸어가면 얼마 걸리지 않는 대로변에 자리한 2층짜리 회사 건물이다. 입구를 지나 안으로 들어가면 휑한 공간에 책상 하나만 보인다. 태국에 흔한 가족 경영 회사처럼 보였는데 막상 들어가 보니 놀라웠다. 정확히는 사장의 형네 집이고 형은 '마약왕 쿤사'의 부하라고 한다.

세계적으로 유명한 마약왕 쿤사는 가정환경이 사장과 비슷했다. 아버지는 중국계, 어머니는 샨인이다. 원래는 미얀마 군사정권의 하수인인 민병대 출신이었다. 오랫동안 군과 협력하여 샨주의 마약을 취급하다 무슨 생각이었는지 1980년대 중반부터 갑자기 미얀마 정부에 반기를 들고 몽타이 아미(Mong Tai Army, 약칭 MTA)라는 샨주 독립 무장 세력을 창설했다. 마약으로 얻은 풍부한 자금력으로 최신식 무기를 구비하고 다른 무장 세력을 통합하여 미얀마 굴지의 무장 세력으로 성장했다(편의상 이 책에서는 MTA를 '쿤사군'이라고 칭한다).

샨, 타이, 미얀마

샨은 어떤 민족인가. 미얀마는 다수파 버마족이 인구의 약 70퍼센트를 차지하며 그 밖에 소수민족이 셀 수 없이 많다. 그중에서도 샨인이 가장 인구가 많다. 2014년 통계에 따르면 미얀마의 총인구는 5141만 명(일본 외무성 홈페이지 기준)이며 그중 샨족은 9퍼센트라서(CIA,《The World Factbook》기준) 460만 명 이상으로 추산된다. 샨족은 샨주의 주류 민족이기도 하다.

샨인은 태국의 타이인과 친척뻘이다. 자민족 명칭 '따이(တႆး, Tai)'는 타이 왕국의 '타이(ไทย, Thai)'와 발음만 살짝 다를 뿐 어원이 같다. 그래서 쿤사군의 정식 명칭도 'Mong Tai Army(따이국군)'이다. '샨'이라는 명칭은 타이의 타칭 옛 이름인 '샴'의 버마식 발음이다. 원래는 그들의 자칭인 '따이'를 쓰는 것이 바람직하나, 헷갈릴 수 있으니 이 책에서는 '샨'으로 통일해 표기한다.

태국에도 샨족은 샨주 국경 인근에 수십만 명이 살고 있으며 소수민족으로 분류된다. 태국 사람들은 자신을 '타이 노이(작은 타이인)', 샨인을 '타이 야이(큰 타이인)'이라고 부른다. 타이 야이(샨인)에서 태국인이 나왔다고 생각하는 것이다. 하지만 어디까지나 역사적인 순서일 뿐이고 실제로 타이에서

'타이 야이'라는 말은 '문명화가 덜 된 산사람들'이라는 차별적 뉘앙스를 담고 있어 많은 샨족은 그 명칭을 좋아하지 않는다. 나 역시 태국 내 '타이 야이(샨인)'의 존재는 알고 있었지만 실제로 그들과 만나거나 언어를 들어본 적은 없었다.

사장의 집에는 형의 가족과 친척 등 여러 사람이 있었다. 모두 내가 들어본 적은 없지만 분명히 타이 계통인 언어로 대화를 나누고 있었다. 내가 알아들을 수 있었던 것은 '낀 카오(밥 먹다)'뿐이었다. 얼핏 들은 느낌으로는 치앙마이어나 타이 동북부 방언과 비슷해 보였다. '이게 샨어구나' 하는 느낌만으로도 인상적이었다.

타이어와 샨어는 어느 정도 다른가? 이것도 어디까지나 내 느낌으로 타이어와 샨어의 차이는 일본에 빗대면 표준 일본어와 표준 오키나와어(나하어) 정도인 것 같다. 따라서 서로 전혀 통하지 않는다. 하지만 문법이나 기초 어휘의 공통성이 높아서 샨족이 제대로 된 교육 환경에서 타이어를 배우면 꽤 빨리 익힐 수 있을 것이다. 내 감각으로 캄므앙(치앙마이어)은 어휘나 발음, 문법 측면에서 표준 태국어(방콕어)와 샨어의 정확히 중간쯤에 위치하는 것 같다. 그래서 샨족은 타이어를 배우기는 어려워도 치앙마이어는 비교적 금방 익힐 수 있다.

샨의 독립운동은 어떤 의미로는 타이어계 민족이 버마어계 민족으로부터 분리·독립하려는 움직임이다. 샨주는 홋카이도와 일본 동북 지방을 합친 면적만큼이나 넓다. 2014년

인구조사에 따르면 인구는 약 582만 명, 정확한 데이터는 없으나 그중 3분의 2 이상이 샨인으로 추정된다.[1] 만약 영국이 버마를 병합하지 않았다면 독립 국가가 되었어도 전혀 이상하지 않다. 또는 타이 왕국의 일부가 되었어도 그렇다. 그러면 지금쯤 샨어는 '타이어의 샨 방언'으로 취급됐을 것이다.

샨 요리를 먹었더니 낫토가 들어 있어서 '낫토다!?' 하고 속으로 깜짝 놀랐는데 그때는 감탄할 여유조차 없었다.

마약왕의 아지트, 비밀 보석 공장

식사 후 사장의 안내로 지하실로 내려갔더니 놀랍게도 그곳은 비밀 보석 공장이었다. 아직 12~13살밖에 안 되어 보이는 쿤사 군복을 입은 소년병 몇 명이 연마기로 윙윙 불꽃을 튀기며 루비와 사파이어를 갈고 있었다.

샨주는 세계 굴지의 루비 산지라고 한다. 참고로 루비와 사파이어는 같은 보석으로 색만 다르다. 샨주에서 밀수된 원석이 이곳에서 가공되어 치앙마이 시내의 유명 보석상에서 거래되는 것이다. 보석상도 역시 쿤사의 직영점이다. 사장은 관광 가이드로 부유한 일본인 관광객들을 그곳으로 안내하고 자신들이 밀수하여 가공한 보석을 판매한다고 했다. 사장

마약왕 쿤사(1934-2007). 쿤사는 샨주 북부 로이모 출신이다. 이 사진은 쿤사군(MTA)의 총사령관으로서 샨인의 회합에서 연설하는 모습이다. 뒷벽에 그려진 것은 샨주 깃발, 위의 글자는 샨어다.
쿤사군은 샨주 독립을 목표로 하는 반정부 게릴라인데 실제로는 정부군과는 거의 대립하지 않고 오로지 다른 반정부 게릴라나 마약 마피아와 항쟁을 벌였다. 군사정권의 앞잡이였을 것이다. 태국 국경에 가까운 호문에 거점을 두고 전성기에는 병력 2만 5000명에 로켓 발사대와 지대공 미사일 등 최신예 무기도 풍부하게 갖췄다.

은 자신이 나쁜 짓을 하고 있다는 기색은 전혀 없었다.

"나쁜 건 미얀마 군사정권이다. 샨인은 자유가 하나도 없다. 군의 말을 듣지 않으면 바로 체포되거나 살해당한다. 장사도 전부 군과 (다수파) 버마 사람에게 빼앗긴다. 그래서 우리도 여러 방법으로 돈을 벌어서 싸워야 한다." 사장은 이렇게 주장했다. 이후 많은 샨인도 같은 말을 말했다.

그러나 한가로운 치앙마이대학교 바로 옆에 마약왕의 아

지트가 있다니 나는 흥분을 감출 수 없었다. 샨주의 마약 지대로 잠입할 실마리가 갑자기 눈앞에 나타난 것이다.

나는 쿤사군 지배 구역에서 양귀비 재배를 해보고 싶다며 사장에게 호소했다. 사장은 나를 그저 대학에서 일본어를 가르치는 일본인 청년 정도로 생각했기에 이 말을 농담으로 여기는 듯했다. 여러 번 반복해서 말하자 마침내 진심이라는 걸 알아주고 쿤사의 부하인 형을 만나게 해주겠다고 했다.

날을 새로 잡아 형을 만나서 같은 이야기를 했는데 코미디언 같은 동생과 달리 말라깽이에 눈빛이 날카로운 형은 "하하, 그런 건 안 돼. 위험해. 그러다 죽어"라며 웃으며 상대해 주지 않았다.

무리도 아니다. 나는 어디서 굴러왔는지 모를 개뼈다귀 애송이다. 하지만 이 실마리를 놓칠 수는 없었다. 계속 들락거리며 집안사람들과 친해지고 쿤사는 아니더라도 조금이라도 높은 사람과 친분을 맺어 이야기를 통하게 하는 수밖에 없다고 생각했다.

하지만 괜히 자주 이 집, 샨인의 아지트를 찾는 것은 부자연스럽고 상대방도 꺼릴 터다. 그래서 떠올린 것이 바로 샨어를 가르쳐달라는 아이디어였다. 이들은 미얀마든 태국이든 소수민족으로서 얕잡아 보인다. 아프리카에서 겪었듯이 나는 언어가 그 사람들의 정체성임을 온몸으로 알고 있었다. 분명 샨인들도 자신의 모어를 배우고 싶다는 외국인이 있으면 기뼈하리라 믿었다. 나로서는 쿤사군에 연줄도 생기고 언어도 배울 수 있으니 일석이조다.

사장에게 말하자 역시나 바로 오케이해 줬다. 주먹을 불끈 쥐고 '됐다!'라고 생각했다. 하지만 샨은 그렇게 호락호락하지 않았다.

1 아소무라 구니아키阿曽村邦昭, 오쿠다이라 류지奥乎龍二 엮음, 《미얀마: 국가와 민족ミャンマー 国家と民族》(고콘쇼인古今書院, 2016)에 따르면, 1983년 통계에 '나는 샨인'이라고 응답한 사람의 비율은 76.2퍼센트라고 한다(432쪽).

적진 한복판에서 배우는 버마어 레슨

샨어를 배우면서 연줄을 댄다. 훌륭한 일석이조 작전이었는데 갑자기 난관에 봉착했다. 샨어를 가르쳐줄 사람이 마땅히 없었다.

샨어를 읽고 쓸 줄 모르는 샨인

아지트에는 '사장'의 형 가족, 친척, 그리고 쿤사군의 병사인 소년병 등 십여 명이 살고 있었다. 모두 샨주에서 태어나 자란 미얀마 국적의 샨인이었다.

　샨주의 생활환경은 결코 좋지 않았다. 미얀마는 군사정권 아래서 경제 발전도 매우 더디며 소수민족은 탄압받고 있었다. 불법 체포나 강제노동, 학살, 성폭행 등 심각한 인권 침해도 드물지 않았다. 그래서 지리적으로나 언어적으로 가까운 태국 북부로 도망치거나 일자리를 찾으러 오는 샨족이 매우 많았다.

　또한 태국인처럼 샨인도 자주 이동한다. 좋은 병원이 있다든가, 가고 싶은 절이 있다든가, 일자리를 찾는다든가, 그냥 가보고 싶다는가 하는 이유로 친척이나 지인을 찾아 몇 주에서 몇 달, 때로는 1년 넘게 머무는 경우도 있다. 당시 치앙마이를 중심으로 태국 북부에 살던 샨족은 약 10만 명에 달한다고 알려졌다.

　원래는 여권과 비자가 필요한데 미얀마에서 여권을 취득하기는 쉽지 않다. 태국 정부도 미얀마인에게 비자를 쉽게 발급해 주지 않으며 난민 인정도 하지 않는다. 따라서 장기간 태국에 머무는 샨인은 대부분 불법적인 수단을 쓴다. 사장처럼 태국인의 신분증을 사버리면 마음은 놓이지만 돈이나 인맥과 더불어 본격적으로 태국으로 이주하겠다는 각오가 필요하다. 일반적으로는 국경의 출입국관리소에서 뇌물을 쓰거나 일시적인 출입국 허가로 장기 체류를 한다.

　이 집에서 남성들은 바빴다. 사장의 형은 보석 밀수, 매매

나 쿤사군 관련 업무를 하고 사장은 가이드 일을 하며 그 외에도 무슨 일을 하는지 모를 남자가 몇 명 있었다. 소년병들은 지하 공장에서 보석 가공에 종사했다. 한편 여자는 대부분 밖에 잘 나다니지 않았다.

유흥업소 말고는 샨인 여성의 일자리가 드물고 외부에서 일하지 않으면 태국어를 익힐 기회가 없어 경찰에게 신원 확인을 당하기 쉬웠다. 또한 남자라면 혹시 붙잡혀 일주일 정도 유치장에 들어가도 돈을 내면 풀려나기도 하니 그다지 개의치 않지만 여자라면 그런 일을 겪을까 봐 두려울 수 있다. 여자가 외출하는 경우는 신분증을 가진 사람과 함께 시장에 장을 보러 가거나 다른 샨족의 집을 방문할 때 정도였다. 더구나 얹혀사는 처지라 집안일도 거의 하지 않았다.

그 가운데 사장 형수의 여동생이라는 스무 살 여자도 있었다. 샨주 북부의 중심 도시인 라쇼 출신이라고 한다. "선생님, 얘가 가르쳐줄 거예요"라며 사장이 데려왔는데 샨어는 곤란하다며 깜짝 놀라 손사래를 친다.

나는 사장의 통역을 통해 가르친 경험이 없어도 괜찮다고 전했지만 완강한 거절뿐이다. 도대체 뭐가 문제일까? 군사독재 국가인 미얀마 특유의 사정 때문임을 점차 알게 되었다.

우선 샨어를 읽고 쓸 수 없다. 샨어는 정식 문자인 샨 문자가 있지만 군사정권은 소수민족의 언어를 학교에서든 사적으로든 가르치는 것을 금해서 읽고 쓸 줄 아는 사람이 드물다. 사장과 형을 비롯해 이 집에 사는 누구도 샨어를 읽고 쓸 줄 모른다고 한다.

게다가 애초에 그 여자는 샨어도 능숙하지 않았다. 미얀마에서는 버마어 이외의 언어 교육이 금지되어 있을 뿐 아니라 공공장소에서 말하는 것조차 바람직하지 않다고 여겼다. 그래서 학교 수업도, 텔레비전도, 친구들과의 대화도 모두 버마어뿐이다. 그러다 보니 샨인 부모한테 태어났지만 버마어가 훨씬 능숙하게 되었다. 오히려 버마어가 모어인 셈이다. 샨어는 대강 알아듣기는 해도 말하기는 서툴다.

일본계 브라질인 2세와 닮은 느낌이다. 부모가 일본인이라도 브라질 사회에서 자라는 동안 자연스럽게 브라질인과 동화되어 일본어가 서툰 경우가 많다. 샨인은 자기네 땅에 살면서도 버마 민족에게 동화를 강요당해 마치 이민자 2세처럼 샨어가 서툴게 되었다.

나중에 알게 되었지만 농촌에 사는 사람들은 샨어를 모어로 쓴다. 시골은 민족 단위로 구성되므로 샨인만 모여 사는 경우가 많다. 작은 도시에서는 다른 민족이 있더라도 공통어인 샨어를 일반적으로 쓰게 된다. 하지만 라쇼처럼 큰 도시는 버마족이나 다른 소수민족도 많이 살고 당국의 감시도 심하므로 일상어는 대개 버마어다.

도대체 어떻게 해야 할까? 얼떨떨하던 나에게 여자는 환하게 웃으며 말했다. "버마어를 가르쳐줄게요." 뭐라고? 샨

민족은 버마 민족의 지배로부터 독립하고자 무력투쟁을 벌이고 있으며 여기는 그 거점 중 하나다. 그런데 왜 그곳에서 '적의 언어'인 버마어를 가르치겠다는 것인가?

하지만 사장도 개의치 않고 말했다. "선생님, 괜찮아요. 버마어를 할 줄 알면 미얀마 어디를 가도 말이 통해요. 샨주의 다른 민족들과도 버마어로 통하거든요." 그리고 나는 이런 예상 밖의 전개를 좋아하는 성격이다. 곧바로 계획을 바꿔 버마어를 배우기로 했다. 샨어를 가르쳐줄 만한 딴 사람도 없으니 어쩔 수 없다.

미얀마 초등학교의 '국어' 수업 스타일

바로 수업을 시작했다. 그 여성은 버마어로 ဆရာမ 서야마(여교사)라고 부르기로 했다. 참고로 나는 ချစ်ကိုကို 칙꼬꼬라는 이름을 받았다. 칙꼬꼬는 '사랑하는 오빠'라는 뜻으로 엄연한 버마 남자 이름이지만 한편으로는 아내가 남편을 부를 때도 쓴다고 한다. 그래서 외국인인 내가 이런 버마 이름을 대면 미얀마 사람들이 킥킥댄다. 게다가 당시 둥근 안경을 쓴 칙꼬꼬라는 남자가 주인공인 코미디 만화가 미얀마에서 인기를 끌고 있었다. 나도 마침 둥근 안경을 쓰고 있어서 더욱이 자기소개만으로 폭소를 자아냈다. 이 이름만으로 나는 미얀마 어디를 가든 웃음을 살 수 있었으니 서야마의 공이 크다.

그런데 수업은 기묘했다. 어쨌든 제대로 된 매개 언어가 없었다. 서야마는 영어를 한마디도 모른다. 결국 태국어로 대화할 수밖에 없었는데 나는 그럭저럭 기본적인 회화가 가능한 정도고, 서야마는 아주 간단한 단어밖에 말하지 못하고 읽고 쓰기는 전혀 못 한다. 그래서 태국어로 인사 대신 자주 쓰는 "밥 먹었어요?"가 버마어로는 ထမင်းစားပြီးပြီလား터민 싸삐 빌라라고 한다는 것까지는 알겠는데, 어디서부터 어디까지가 '밥'이고 '먹다'인지 바로 알 수 없다.

애초에 나는 버마어에 대해 아무것도 모르고 태국어와는 전혀 다르다는 것만 알았을 뿐이다. 당시 치앙마이에서 꽤 찾아봤는데도 버마어 교재나 사전은 찾을 수 없었다. 지금이라면 인터넷에서 검색하면 버마어 발음이든 문법이든 뭐든 바로 나오겠지만 당시에는 그런 것은 그림자도 찾아볼 수 없었다. 항상 인터넷이 꺼져 있던 세상이었다.

나도 처음 겪는 일이었다. 콩고에서 여러 현지어를 조금씩 배울 때는 대부분 프랑스어가 매개 언어라서 의사소통에 문제가 없었다. 가끔 링갈라어만 사용할 때가 있었지만 그래도 내 링갈라어는 서야마의 태국어보다 훨씬 나았다.

무엇보다 콩고의 언어는 모두 반투어족이거나 그와 유사한 언어라고 짐작했기에 배우기 쉬웠다. 실제로 문법이 상당히 비슷하고 공통된 어휘도 적지 않았다. 발음도 엇비슷하다.

하지만 버마어는 나에게 완전히 미지의 언어다. 프랑스어나 링갈라어처럼 주어의 인칭이나 시제에 따라 동사가 심하게 변할 수도, 태국어처럼 변하지 않을 수도 있다. 일본어처럼 또 다른 법칙에 따라 동사 활용이 일어날지도 모른다. 어순이 영어나 태국어처럼 SVO(주어+동사+목적어/나-먹다-밥)인지 일본어처럼 SOV(주어+목적어+동사/나-밥-먹다)인지, 아니면 또 다른 어순(예컨대 '먹다-나-밥'이라든지)인지도 모르고 성조의 유무도 확실하지 않다.

서야마는 노트에 동그라미를 무수히 겹쳐놓은 듯한 버마 문자를 빙글빙글 쓰는데 귀여운 무늬로밖에 보이지 않는다. 어학의 4요소는 문법, 발음, 어휘, 문자라고 앞에 썼는데 글자부터 종잡을 수 없다. 잠시 멍하니 있자 서야마가 제대로 가르쳐줄 테니 걱정 말라며 태국어로 말했다.

실제로 수업을 시작하니 의외로 꽤 체계적이었다. 알고 보니 서야마는 자신이 배웠던 미얀마 초등학교 '국어' 수업 스타일을 재현해서 가르쳤다. 스무 살 정도라 학교 교육을 마친 지 아직 몇 년 되지 않았으니 학교 선생님 흉내를 잘 냈다.

서야마는 먼저 문자를 하나씩 써서 발음을 가르쳐주었다. 겉보기에는 태국 문자와 전혀 닮지 않았는데 실은 공통점이 있음을 깨달았다. 거의 똑같다고 생각되는 부분도 있었다.

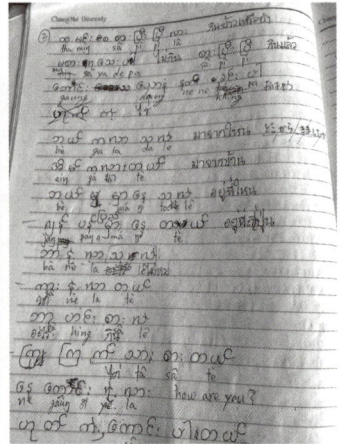

버마어 학습 노트에 '돌격 버마어 회화'라고 제목을 적어두었다(왼쪽). '돌격 링갈라어 입문'도 그랬듯 20대의 나는 꽤나 '돌격'을 좋아했던 모양이다.
버마어 노트의 첫 장(오른쪽). 수업 첫날의 첫 부분이다. 학습 방법이 아직 확립되지 않아 일본어와 태국어, 영어가 뒤섞인 채로 의미를 적어 놓거나 발음과 성조를 적당히 로마자 표기와 기호로 썼다.

태국 문자와 버마 문자는 인도 계통의 문자

남아시아와 동남아시아의 대륙 지역 문자는 인도 계통 문자 세계에 속한다. 마치다 가즈히코 편저 《화려한 인도 계통 문자》(하쿠스이샤)에 따르면 기원전 3세기경 비문에 새겨진 브라흐미 문자가 시간이 흘러 산스크리트어와 현재 힌디어에 쓰이는 데바나가리 문자가 되는 한편 인도의 각 지방과 티베트, 동남아시아에도 전파된다. 다만 고대 인도 문자나 그 계통의 문자를 사용한 각 민족은 모두 나름대로 고치고 바꿔서 각각 글자꼴이 변화했지만 나란히 보면 역시 비슷하다.

이들 인도 계통·동남아시아 계통의 문자는 재미있게도 카·사·타·나·하·마·야·라·와·아라는 발음 순서로 나열된다. 사전도 그 순서로 찾는다. 일본어 히라가나, 가타카나와 똑같다. 일본어는 '아'가 맨 처음 순서라는 점만 다르다. 나라 시대 일본인이 만요가나를 만들 때 불교 경전의 언어인 산스크리트어의 문자 배열을 따랐다고 한다.[2] 결과적으로 문자 계통이 다름에도 불구하고 히라가나와 가타카나 순서는 태국 문자나 버마 문자와 똑같아졌다. 덕분에 일본인은 태국어나 버마어 사전을 찾기 쉽다.

내가 태국 문자를 알고 있었던 것은 이점이 되었다. 그렇다고 해서 버마 문자를 수월하게 외울 수 있었던 것은 전혀 아닌데 이른 단계에서 대략적인 전체상을 파악할 수는 있었다. 문자에서 발음을 추측하기도 가능했다.

아래의 표는 마치다 가즈히코 편저 《화려한 인도계 문자》(하쿠스이샤)를 참고해 인도계 문자끼리 비교해 보았다. '카'행

	인도 (산스크리트어, 힌디어)	타밀어	티베트어	버마어	태국어	라오어	크메르어
'카'행	क	க	ཀ	က	ก	ກ	ក
'파'행	प	ப	པ	ပ	ป	ປ	ប

의 '카/까' 소리, '파'행의 '파/빠' 소리를 나타내는 문자의 글꼴이 언어마다 꽤 비슷하다는 것을 알 수 있다.

고대 인도에서는 브라흐미 문자를 썼지만 현재는 산스크리트어도 힌디어도 데바나가리 문자를 쓴다. 인도계 문자는 인도 각지에 전파되었고 타밀어 문자도 그중 하나다.

인도에서 미얀마로는 먼저 몬족의 언어인 몬어의 문자로서 5세기경에 전해졌고 그것이 버마 문자가 되었다. 몬 문자와 버마 문자는 매우 흡사하다.

한편 인도차이나 반도로는 5~6세기에 캄보디아에 전파되어 크메르 문자가 되었고, 이것에서 타이 문자나 라오 문자(라오스의 언어인 라오어의 문자)가 생겨난 것으로 보인다.

수학적 사고방식을 이용하여 문법을 발견하다

그보다 문제는 문법이다. 백지상태에서부터 조사해야 한다. 기본적으로는 콩고에서 보미타바어 등을 배웠을 때와 같은 방식으로 시도했다. 비슷한 예문을 여럿 만들어달라고 해서 하나하나가 어떤 단어이며 어떻게 변화하는지를 분석했다. 문법 체계가 전혀 예측이 안 돼서 콩고 때보다 훨씬 더 어렵다. 하지만 하나씩 도전해 나갈 수밖에 없다.

우선 확인해야 할 것은 주어의 인칭(나/저, 너/당신, 그 등)에 따라 동사가 변화하는지 여부다. 서야마에게 물어보니 '밥'은 ထမင်း터민 이다.

인칭대명사에서 1인칭 '저'는 ကျွန်တော် 쩌노 (남자) ကျွန်မ 쩌마 (여자), 2인칭 '당신'은 ခင်ဗျား 커먀, 3인칭 '그'는 သူ 뚜 이다.

이를 바탕으로 '밥을 먹는다'라는 예문을 만든다.

저는 밥을 먹어요 → ကျွန်တော် ထမင်းစားတယ် 쩌노 터민 싸데
당신은 밥을 먹어요 → ခင်ဗျား ထမင်းစားတယ် 커먀 터민 싸데
그는 밥을 먹어요 → သူထမင်းစားတယ် 뚜 터민 싸데
우리는 밥을 먹어요 → ကျွန်တော်တို့ ထမင်းစားတယ် 쩌노도 터민 싸데
여러분은 밥을 먹어요 → ခင်ဗျားတို့ ထမင်းစားတယ် 커먀도 터민 싸데
그들은 밥을 먹어요 → သူတို့ ထမင်းစားတယ် 뚜도 터민 싸데

이러한 예문을 만들어보면 모든 문장에서 '먹는다'는 စားတယ် 싸데로 일정함을 확인할 수 있다. 즉 버마어 동사는 주어의 인칭에 따라 변화하지 않는다.

이어서 시제에 따른 동사 변화도 조사해 본다.

어제 나는 밥을 먹었다 → မနေ့က ကျွန်တော် ထမင်းစားတယ်
머네가 쩌노 터민 싸데

내일 나는 밥을 먹을 것이다 → မနေ့က်ဖြန် ကျွန်တော် ထမင်းစားမယ် 머넥퓽 쩌노 터민 싸메

매일 나는 밥을 먹는다 → နေ့တိုင်း ကျွန်တော် ထမင်းစားတယ်
네따잉 쩌노 터민 싸데

여기서도 마찬가지로 '싸'는 안 변한다. 하지만 문장 끝이 달라진다. 과거는 '데(တယ်)', 미래는 '메(မယ်)', 그리고 매일 먹는 경우(현재)도 과거와 같은 '데'를 쓴다. 따라서 잠정적으로는 미래형은 동사 뒤에 '메'를 붙이고, 현재형과 과거형은 '데'를 붙인다는 규칙을 도출할 수 있었다. 다만 현재형과 과거형의 구별을 어떻게 할 것인가는 아직 과제로 남았다. 태국어처럼 현재형과 과거형에 특별한 차이가 없을 수도 있고, 혹은 태국어와는 다른 방식의 구별이 있을 수도 있다.

이처럼 늘 잠정적인 법칙을 찾고 새로운 점을 알면 그 법칙을 고친다. 내가 독자적으로 만들어낸 조사 방식이다. 하지만 현장 언어학의 세계에서는 매우 초보적인 기법일 것이다.

조사 끝에 알아낸 버마어의 특징은 다음과 같다. 어순이 일본어와 같아 '나+밥+먹다'이고, 명사 뒤에 조사와 비슷한 후치사가 붙는다. 성조는 세 종류인데 태국어와 달리 상황에 따라 미묘하게 바뀐다. 형용사가 명사를 수식할 때는 '큰 집' 처럼 앞에도 붙지만 "집 큰"처럼 뒤에 붙는 게 기본이다.

이렇게 쓰면 마치 내가 술술 버마어 문법을 풀어낸 것 같지만 현실은 그렇지 않다. 당시에는 문자도 아직 제대로 익히지 못했고, 귀도 익숙하지 않았다. 정말 모든 예문에서 '터민 싸'라고 말했는지 확신하기 어려웠다. 혹시 내가 눈치 못 챈 부분에서 발음이 바뀌었거나 성조가 어긋났거나 문자가 틀렸을지도 모른다. 서야마의 손글씨는 가끔 엉뚱한 문자로도 보인다.

"이거랑 이거 같아요?" "같아요!" "정말?" "정말요! 칙꼬꼬 왜 제 말 못 믿어요? 나 선생이에요!" "선생님인데 작은 선생님이잖아." "작은 선생님이 뭐야." 이렇게 큰소리로 티격태격하고 때로는 서로의 이상한 태국어에 웃다가 뒤집어지면서 조금씩 손으로 더듬으며 어두운 버마어 동굴 속을 걸어갔다. 완전히 탐험하는 기분이었다.

수업은 한 번에 한 시간 반 정도였고 아지트에는 하루걸러 찾아갔다. 매번 수수께끼 풀이에 도전하는 기분이었다. 하나를 이해하는 데 어이없을 만큼의 노력과 시간을 들였지만 이해되었을 때의 쾌감은 무엇과도 바꿀 수 없었다. 그리고 선생님이나 교과서가 가르쳐주는 문법사항은 좀처럼 못 외워도 스스로 '발견'한 것은 절대 잊지 않는다.

인상이 무서운 사람들한테 언어를 배우다

배운 표현은 주변 사람들에게 써본다. 사장, 사장의 형, 그 가족, 친척, 쿤사군 소년병, 드나드는 쿤사군이나 비즈니스 관계자…… 그렇다. 아지트라서 쿤사 관계자들이 종종 얼굴을 보였다. 버마어로 말을 걸면 모두가 웃음을 띠며 대답해 주었다.

어느새 나는 이 집에 완전히 익숙해져서 그런 사람들이 찾아올 때면 함께 식사에도 초대받게 되었다. 식사 중에는 무슨 이야기를 해야 할지 몰라서 맛있다고 버마어로 말해본다든가, 이게 버마어로 무슨 요리냐고 묻기도 했다. 갑자기 군사나 마약 이야기를 꺼낼 수는 없으니 말이다. 그러면 상대방은, 비록 군의 실세인지 밀수 마피아의 간부인지 잘 모르겠지만, 꽤 열심히 대답해 주었다. 버마어로 호박 튀김이 ဘူးသီးကြော် 부띠쪼 라든가, 볶음밥이 버마어로는 ထမင်းကြော် 터민쪼 인데 샨어로는 ၁၀်းခု၀်း 카오코 라며 가르쳐주었다. 적어도 그 자리는 매우 화기애애한 분위기가 되었다.

버마어 수업을 받고 약 두 달 뒤에 나는 쿤사군 고문을 맡던 장로 쿤차오를 만났다. 샨인임에도 역시 샨어가 서툴고 버마어가 모어였다. "버마와 싸워라. 샨의 나라를 지켜라! 당장 독립하라!"를 버마어로 열정적으로 호소하는 모습은 매우 기이했고 샨족이 처한 독특한 위치를 상징적으로 보여줬다.

나는 그와 아주 친해져 치앙마이의 샨족 독립운동 커뮤니티에도 안내받고 드나들었다. 장로의 친동생은 샨주의 대대로 내려온 게릴라 조직 샨주군SSA의 전직 리더이며 역시 치앙마이에 살고 있었다. 나는 센숙이라는 이름의 그 인물과도 친해졌다. 그들에게 샨주와 샨족에 대해 하나하나 배우다가 어느새 독립운동을 돕기까지 하게 되었다. 난민들에게 담요나 식량을 나눠 주거나, 게릴라 간부를 오토바이로 태워주거나, 회관의 청소 및 유지보수를 하는 등의 허드렛일이었다.

버마어 학습 덕분에 샨주 진입에 한 걸음 가까워졌다. 그러나 갈 길은 아직도 멀었다. 진짜로 마약을 생산하는 마을에 들어가기까지 언어를 두 개나 더 배우게 될 줄은 그때는 꿈에도 생각하지 못했다.

---

2 《언어학대사전 제6권》(1996) '오십음도' 564~567쪽, '실담학(悉曇學)' 657~658쪽 참조.

5장

세계에서 가장 신기한 '나라'의 언어

(중국어)(버마어)(와어)

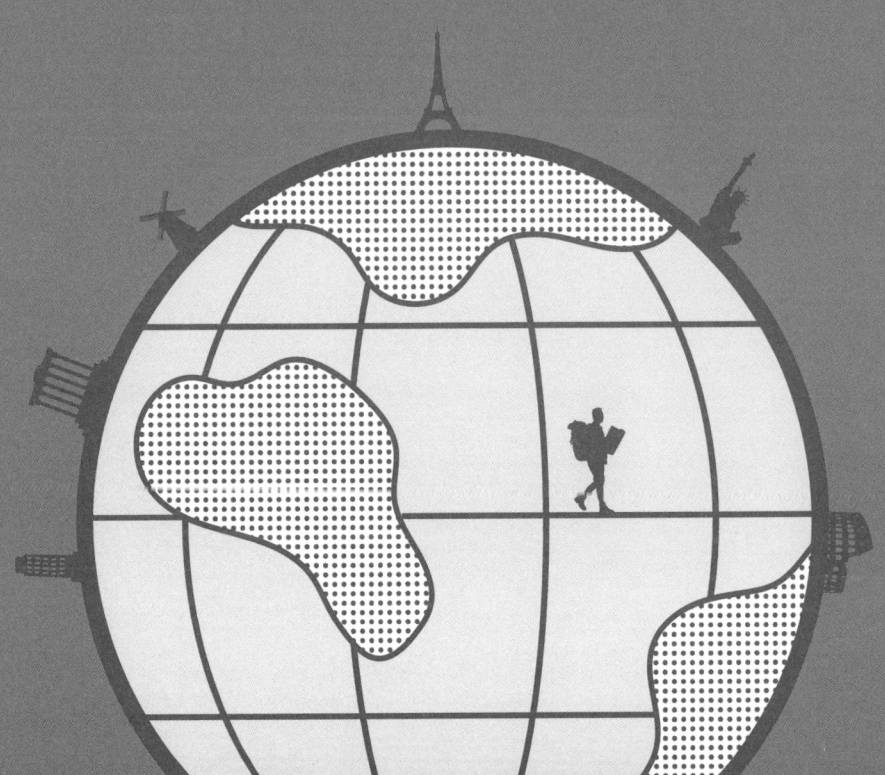

말맛이 살아 있는 중국어의 충격

20대 후반, 나는 긴 방황기에 접어들었다. 하지만 방황하는 본인은 잘 깨닫지 못하는 법이다. 당시 나는 자신이 자유롭게 살고 있다고 믿어 의심치 않았다.

치앙마이대학교에서 1년간 일본어를 가르치다가 대학 강사를 그만두었다. 학생들이 귀여웠고 일본어를 가르치는 일도 좋았지만 그보다는 아무도 못 가는 곳에 가서 아무도 쓸 수 없는 책을 써야겠다는 생각이 더 강해서였다. 그러나 생각만 앞설 뿐 구체적인 일은 하나도 진행되지 않았다. 꾸준하게 밀고 나가지 못하는 내 가장 큰 단점이 여실히 드러났다.

일본어를 배우는
미얀마 학생?

어학 면에서도 그렇다. 태국어는 치앙마이에 와서도 열심히 공부했다. 사용하던 《태일 대사전》은 무려 2000쪽이나 되고 태국 문자가 익숙하지 않아서 처음에는 사전 찾기도 큰일이었다. 목표한 단어를 찾는 데 30초에서 1분쯤 걸렸는데 나중에는 1~3초 만에 찾아낼 수 있게 되었다. 이걸 태국인 학생들 앞에서 하면 귀신같은 솜씨라며 놀라곤 했다.

그런데 치앙마이에 도착하고 겨우 넉 달 만에 버마어 공부를 시작해 버렸다. 외국어를 한꺼번에 여러 개 배우긴 어렵고 나는 눈앞에 있는 것에만 집중하다 보니 태국어를 일상생활에서는 쓰긴 해도 공부는 전혀 안 하게 되었다.

버마어를 부지런히 공부한 덕에 샨족 공동체에 들어가는 데 성공했다. 하지만 치앙마이의 샨인들은 평소에 가능한 한 버마어를 안 쓰려고 했다. 그럴 만도 하다. 미얀마로부터 독립을 염원하는 사람들의 모임이기 때문이다. 서야마처럼 원래 모어가 버마어인 사람도 흔한 만큼 설령 버마어가 가장 능숙하더라도 적어도 공동체 안에서는 사용을 꺼린다.

그들은 샨어 혹은 태국어를 썼다. 미얀마는 옛날에 영국의 식민지였기 때문에 지식층 중에는 영어가 유창한 사람도 많았다. 나는 그들과 태국어나 영어로 대화하면서 버마어는 쓸 일이 없어졌다. 이대로는 너무 아깝다는 생각이 들어서 치앙마이대학교를 그만둔 후 버마어를 쓰겠다는 목적만으로 약 한 달간 미얀마를 여행했다. 그동안은 목적이 있어서 언어를 배우고 현지로 향했는데 순서가 뒤바뀌었다.

당시 수도였던 양곤에 도착한 날의 기억은 지금도 생생하다. 아무것도 모른 채 보족 아웅산 시장의 기념품 코너를 서성거리다가 한 가게에서 천이나 칠기를 사려는 고령의 일본인 부부를 마주쳤다.

노부부는 영어도 전혀 못 하고 가게 사람과 의사소통이 되지 않아 애를 먹고 있었다. 보다 못해 내가 중간에 끼어들어 다른 색은 없는지 묻고 조금 더 큰 사이즈가 있으면 좋겠다는 말도 통역했다. 부탁도 안 받았는데 좀 깎아달라며 흥정까지 했다. 알고 보니 일본인 노부부는 버마 전선에서 전사한 병사의 유족으로 묘소 참배를 하러 왔다고 한다. 쇼핑이 끝나자 나에게 매우 고마워하며 일본어를 잘하는데 대학에서 공부하느냐고 물었다. 나는 잠시 말문이 막혔다.

그때 나는 현지에서 거의 처음으로 버마어를 썼는데 겉보기에는 현지인 같았나 보다. 게다가 왜 그랬는지 모르겠지만 나는 "예"라고 대답해 미얀마인 학생인 척했다. "그럼 일본어 공부 열심히 해요~"라며 노부부는 손을 흔들고 떠났다.

왜 이런 일이 생긴 걸까? 언어는 전혀 못 하는 사람의 눈에는 조금이라도 할 줄 아는 사람이 '엄청 잘하는 사람'처럼 보이는 특성이 있다. 아무리 그래도 같은 일본인 두 사람이 미얀마에 처음 온 젊은 일본인을 미얀마인으로 착각했다는 것도 신기하다.

나는 태국에서 지냈으니 햇볕에 탔고 동남아시아 분위기가 몸에 배었을 것이다. 미얀마인들이 자주 쓰는 '샨 백'이라는 천 가방을 어깨에 메고 고무 슬리퍼를 신은 스타일도 미얀마스럽게 보였을 것이다.

어쩌면 노부부는 버마어는 몰라도 내 말투나 태도가 매우 미얀마인 같다고 느꼈을 지도 모른다. 그리고 그건 내가 서야마에게 어휘, 문법, 표현, 발음 등을 배웠을 뿐 아니라, 버마어 원어민 특유의 '느낌'까지 배웠기 때문일 것이다.

언어마다 다른 말맛

콩고에서 시작한 '흉내 학습법'의 연장선상에 놓인 이야기로 가지각색의 언어를 배우다 보면 언어마다 특유의 느낌이나 말버릇이라든가 어떤 색깔이 있음을 알게 된다. 이런 각 언어의 고유한 맛이 언어 학습에서 결정적으로 중요하다는 사실을 깨닫기 마련이다. 이 책에서는 특히 입말을 논할 때 '말맛'이라고 묶어서 부르기로 한다.

언어마다 다른 말맛에는 문법이나 말의 사용법뿐 아니라 발음, 말투, 말할 때의 태도, 대화의 진행 방식 등이 포함된다. 예를 들어 태국어는 입을 크게 벌리고 발음하는 것이 우선 중요하다. 음정도 항상 높게 유지한다. 태국어 원어민의 대화는 마치 새가 지저귀는 소리처럼 들린다. 말투는 철저히 부드럽고 상냥하다. 태국 사람들은 마초적인 걸 싫어하고 점잖은 몸가짐을 좋아하기에 여성은 물론이고 남성도 나긋나긋하다. 섬세한 유리 공예품을 다루듯이 상냥하게 말하면 태국어답게 들린다. 나도 태국어를 말할 때는 아주 나긋나긋하다.

버마어의 음정은 전체적으로 더 낮고 발성은 혀를 입안에 딱 달라붙게 하는 느낌이다. 말할 때는 태국인보다 당당한 태도를 취하고 상대의 눈을 똑바로 보되 밝고 상냥하게 말하면 딱 좋다.

영어 원어민은 목 깊숙한 곳에서 소리를 낸다. 낱말에 강세가 있고 중간의 t 소리는 성문 파열음이 되어 마치 사라진 느낌을 주거나 ㄹ 비슷한 소리로 바뀌며 어말의 자음도 잘 안 들린다. 태도는 상대의 눈을 보며 늘 웃는 얼굴이 기본이다.

일본어는 어떨까? 일본어는 입 끝에서 발음한다. 입술은 최소한만 움직인다. 도호쿠 지방 사람들이 웅얼거리는 건 추워서 입을 벌리기 싫기 때문이라는 농담도 있지만, 입을 벌리지 않고 웅얼거린다는 특징은 일본어 전체에 해당한다. 외국인이 일본어를 발음하면 말투가 지나치게 또렷해서 위화감을 느끼는 것도 그 때문이다. 목소리는 작고 "그럼, 그런 식으로……"라든가 "잘 몰라서……"처럼 문장을 끝까지 말하지 않는 경우가 많아 외국인에게는 더욱 흐릿한 인상을 준다.

또한 말하는 태도도 눈을 마주치지 않고 수줍어하며 주눅이 든 태도를 보이는 경우가 많다. 일본인은 자신을 상대방보다 작고 여리게 보여야 예의라고 생각하기 때문이다.

이러한 예에서 보이듯이 설령 발음 기호로는 다 똑같은 n이나 a, h라도 언어에 따라 발음하는 방식은 상당히 다르며 강약이나 높낮이, 템포나 리듬, 말할 때의 말투나 태도도 서로 다르다.

발음은 그렇다 치고 말투나 태도는 언어의 특성이라기보다 민족성의 차이일지도 모른다. 하지만 민족 집단은 언어 집단이기도 한 경우가 많고 언어와 화자의 기질은 뗄 수 없는 관계에 있다고 나는 생각한다.

적어도 외국어를 배우는 사람은 그것까지 통틀어서 익히는 편이 좋다. 그렇게 하면 상대방에게 자신의 말이 더 잘 통하고 상대방의 말도 더 잘 들린다. 내가 생각하는 언어마다 특유한 '말맛'은 이 모든 것을 아우른다.

미얀마인으로 오해받은 일로 다시 돌아가자. 버마어를 배울 때 대화 상대는 거의 서야마 한 사람뿐이라서 말투와 발음, 말씨, 표정까지 그대로 따라 할 수밖에 없었다. 그런데 그렇게 하다 보면 정말 자연스러운 버마인의 분위기가 나온다.

버마어를 모르는 노부부에게도 그 자연스러움이 느껴졌던 것 아닐까. 오히려 진짜를 모르는 쪽은 노부부에게 맞춰 거짓말까지 하며 버마인 흉내를 냈던 나 자신일지도 모른다. 뭐, 그냥 좀 재미 삼아 그랬던 모양이다.

정신이 불안정해져서 중국어를 시작하다

아무튼 미얀마는 정말 좋은 나라였다. 버마 민족 사람들은 친절하고 매우 사귀기 쉬웠다. 미얀마가 태국보다 훨씬 경제 발전이 더딘 데다 외국인에게 익숙하지 않다는 점도 크다. 태국에서는 태국어를 해도 "아, 잘하네요"라는 입발림 한마디 들으면 운이 좋은 편이지만, 미얀마에서는 버마어를 조금만 해도 반응이 크다.

하지만 매우 안타깝게도 나는 버마 민족 지역에서 해야 할 목표가 아무것도 없었다. 게다가 버마어는 태국에서는 환영받지 못하는 언어였다. 결국 버마어 학습도 단 넉 달 만에 끝나버렸다. 언어마다 말맛이 다르니 어쩌니 하며 거들먹거렸지만 뭐가 됐든 고작 넉 달 배운 걸로는 말도 안 되는 수준이다. 로켓 스타트를 한 건 좋은데 속도를 잃으면 추락도 로켓처럼 빠르다.

헤매던 건 어학만이 아니었다. 대학은 그만뒀는데 인생의 진로도 여전히 안 보였다. 골든트라이앵글의 중심인 샨주에 본격적으로 들어가 살겠다는 목표는 세웠지만 전망은 전혀 없었다. 그냥 막연히 샨족 독립운동에 관여하고 싶다는 생각만 있을 뿐이었다. 점점 내 앞날이 불안해졌다.

정서적으로 불안정해지면 새로운 언어를 배우는 것도 내 단골 버릇이다. 이번에는 '중국어라도 해볼까'라는 생각이 들었다. 이 무렵 중국은 아직 경제 발전의 전야였다. 중국이 경제 대국이 되리라고는 누구도 꿈에도 생각하지 않았다. 그건 지금의 북한이 30년 뒤에 경제 대국이 되어 있다는 걸 상상하는 정도로 현실감이 없었다.

하지만 그것과는 별개로 태국에 살다 보면 중국계, 화교의 영향력을 생각하지 않을 수 없었다. 대학생의 7할 이상이 중국계이고 유력 정치인이나 사업에 성공한 사람도 중국계가 참 많다. 미얀마도 마찬가지였다. 정치나 군사는 몰라도 비즈니스는 중국계가 쥐고 있는 듯했다.

중요한 골든트라이앵글의 세 지역 샨주, 중국 윈난성, 태국 북부도 마찬가지다. 내가 신세를 졌던 '사장'이나 마약왕 쿤사가 모두 중국계였다. 그들은 중국어라는 공통어로 단단히 이어진 듯 보였다. 사장님도 같은 중국계 사람과 함께 있을 때는 중국어로 더 다정하게 대화를 나눴다. 앞으로 골든트라이앵글에서 취재를 하려면 중국어를 할 줄 알아야 유리할 거라는 막연한 예감이 들었다.

후배들이 멋대로 살면서 집세를 내준 덕분에 와세다대 인근 아파트에 여전히 자취집이 있었다. 그러니 일단 귀국해서 집주인과 이야기도 나누고 몇 달간 아르바이트도 하며 생활 기반을 다시 다지고 나서 육로로 중국을 남하하여 태국으로 돌아가려고 생각했다.

우선 아시아·아프리카어학원의 하계 강좌에서 한 달 정도 중국어를 배우면 기초 중의 기초는 익힐 수 있다. 그다음은 여행하면서 자연스럽게 말하게 되지 않을까 하는, 계획이라 부르기도 민망한 대충의 계획을 세웠다.

왕 선생님이 안겨준 충격

그렇게 해서 1년 반 만에 다시 아시아·아프리카어학원의 수강생이 되었지만, 처음에는 그다지 열심히 공부할 마음이 안 생겼다. 중국어는 너무 메이저 언어이며 교재나 사전도 잘 갖춰져 탐험하는 느낌이 모자랐다. 게다가 명확한 목적도 없었기에 별로 내키지 않았다. 그런 느슨한 마음을 단번에 뒤바꿔놓은 사람이 바로 왕 선생님이었다.

나이는 40대쯤에 차림새에 별 신경을 쓰지 않는 전형적인 중국 남성답게 머리는 자다가 나온 듯하고 흰 폴로셔츠 자락을 평퍼짐한 검은 바지 속에 집어넣고 불룩한 배와 함께 벨트로 조여 입고 있었다.

선생님은 분필을 들더니 칠판에 큼지막하게 '你好' '谢谢' '再见'이라고 썼다. '또 이거야……' 하고 나는 약간 질린 기분이 들었다. 수업은 사흘째였다. 이미 남녀 일본인 선생님 둘이 인사말과 간단한 표현, 문법 등을 가르쳐줬다. 애초에 그 정도 인사는 일본인이면 누구나 안다. 하물며 나는 외국어를 배운 게 몇 번째인지도 모를 만큼 경험자다. 초보자 상대 수업은 너무 따분했다. 역시 어학원 같은 데 등록하지 말걸 그랬다고 잠깐 생각할 정도였다.

그런데 그 순간 선생님이 읽는 소리가 들렸다.

"니하오! 셰셰! 짜이젠!"

몸에 전기가 찌르르 흐르는 느낌이 들었다. 그 전에도 그 후로도 지금까지 기나긴 어학 여정 속에서 그처럼 한순간에 충격을 받은 적은 없었다.

'이게 진정한 중국어란 말인가!'

어쨌든 목소리가 크다. 어투가 세다. 배에서부터 소리를 낸다. 거리낌도, 머뭇거림도 없다. 단 세 단어의 발성만으로도 웅장한 중국 대륙이 눈앞에 펼쳐지는 듯했다. 일본인 선생님 둘이 내뱉은 "니하오" "셰셰" "짜이젠"과는 전혀 다른 언어처럼 들렸다. 내가 중국어에 매료된 순간이었다.

왕 선생님은 그 뒤로도 딱 자기 페이스대로 수업을 이어 갔고, 그러다 '大海啊故鄕다하이아구샹(바다는 고향)'이라는 중국 노래까지 교실에서 혼자 열창했다. 하지만 결코 저 잘난 맛에 그런다는 느낌은 없었고 수강생 모두를 포근하게 감싸는 넉넉한 따뜻함이 있었다. 그야말로 대륙적 웅대함이었다.

중국어의 핵심이 바로 이런 말맛이라고 나는 직감했다. 그 직감은 제대로 들어맞았다. 나중에 중국에 가보니 누구나 정말 그런 어조로 말하고 있었다. 반면 중국어를 할 줄 아는 일본인을 만나면 이상하게도 대개들 말맛이 일본어 같았다. 입술로 중얼중얼 말하는 것이다. 어학원 선생님들처럼 말이 술술 나와도 어조가 약하니까 그 분위기가 중국어같지 않아서 전혀 중국어처럼 들리지 않았다.

중국에서
중국어를 배우고 싶다

왕 선생님은 이런 말도 했다. "중국인은 날씨 얘기 안 해요. 중국인은 생활에 관심 있어서 의식주가 중요해요. 그래서 밥 먹었느냐고 잘 물어봐요. 날씨 얘기 안 해요."

이 또한 내게는 신선한 충격이었다. 왜냐하면 어학원에서 일본인 선생님이 만든 예문이나 출판사에서 나온 중국어 교재에는 날씨를 주제로 한 대화문이나 예문이 자주 등장했기 때문이다.

대화 주제는 어학과 별개 문제 아니냐고 반론할 수도 있다. 하지만 나는 무슨 이야기를 하느냐 역시 말맛이 자아내는 언어의 분위기에 포함된다고 생각한다. 아무리 일본인이라도 중국어 전문가가 왜 이런 중국어의 말맛을 무시한 예문을 만드는지 의문이었다.

나는 왕 선생님과 중국어에 깊은 감명을 받아, 강습을 마치자마자 중국을 여행하려던 계획을 바꾸고 현지 학교에서 한 달쯤 중국어를 배워야겠다고 마음먹었다. 당시 일본은 버블이 터진 직후라서 대학 재학 중이나 졸업 후에 중국으로 어학연수를 가는 젊은이가 늘고 있었다. 취업이 어려워졌다거나 중국 경제가 앞으로 발전할 테니 언어를 할 줄 알면 도움이 될 것 같다거나 그냥 유학 비용이 싸다는 이유였다. 대학이나 학교에 따라서 일본인 유학생이 100명을 넘는 곳도 있다고 들었다. 그런 학교에 가 봐야 시간 낭비다. 일본어를 쓰게 되니까.

마음속으로 '스승님'이라 우러러보는 왕 선생님에게 상담하러 갔더니, 언제나처럼 너그러운 웃음을 지으며 "그렇다면 내가 일본에 오기 전에 일하던 다롄철도학원이 좋아요. 내가 소개하죠"라고 즉시 흔쾌히 응했다.

중국 유학 안내 책자나 잡지에서는 본 적도 없는 대학이었다. 분명 일본인이 적은 대학임에 틀림없다. 다롄은 일본에서도 가까워서 여행의 첫머리에 다닐 어학원으로도 최적이라고 여겼다. 하지만 달리 말하면 그 정도 기대밖에 없었다. 설마 그 이름 없는 대학에 내 어학 인생 최고의 선생님이 기다리고 있을 줄은 꿈에도 몰랐다.

사상 최고의 어학 교사, 모 선생님

　1993년 9월부터 이듬해 2월까지 어학연수로는 다소 어중간한 넉 달은 아직도 나에게 '꿈같은 나날'로서 마음에 남아 있다.

　파란 하늘이 펼쳐진 다롄은 땀이 많은 나도 좀처럼 땀을 흘리지 않을 만큼 공기가 건조해서 고원처럼 상쾌한 땅이었다. 다롄철도학원에는 나 외에 유학생이 단 한 명도 없었다. 일본인은 물론 다른 외국인 학생도 전혀 없었다. 유학생 기숙사도 없었다. 나는 외국인 교사용 숙소에 배정되었다. 거실, 주방, 침실이 있는 쾌적한 투룸 아파트였다.

　이웃에는 일본어를 가르치는 나이 지긋한 일본인 선생님

이 살았는데 나는 가끔 얼굴을 마주치고 인사할 정도로만 교류했을 뿐이었다. 그러니까 넉 달 동안 거의 중국인만 만나고 중국어만 쓰며 지냈다. 어학에는 최적의 환경이었다. 동시에 중국인의 세계관이나 언어관도 조금씩 배워갔다.

'중국어'란 대체 무엇인가?

먼저 중국인의 지리 감각, 다시 말해 세계관이다. 중국은 한어권과 비한어권으로 나뉜다. 약 14억 인구 중 약 92퍼센트가 한족이며 나머지 8퍼센트가 소수민족이다(2022년, 일본 외무성 홈페이지 기준).

다수인 한족은 자신들이 사는 지역을 남북 두 지역으로 나눈다. 황허강 유역 및 그 북쪽인 '북방'과 양쯔강 유역 및 그 남쪽의 '남방'이다. 한족의 기본적인 '중국' 개념은 이 북방과 남방으로 이루어진다. 티베트 자치구, 신장위구르 자치구, 내몽골 자치구 등 소수민족 지역은 마치 외국처럼 느낀다. 더 나아가 한족은 이러한 소수민족 지역과 그 너머에 있는 진짜 외국을 별로 구별하지 않는 듯했다. 베이징이나 상하이 같은 중심에서 외곽으로 갈수록 점차 달라지는 전통적인 중화 세계관이다. 이 정도만 알아두어도 중국 이야기는 훨씬 이해하기 쉬워진다.

중국어를 배우기 시작해서 매우 의외였던 것은 중국에는 '중국어中國語'라는 말이 없다는 점이다. 그뿐 아니라 외국에서 지칭하는 '중국어'에 정확히 대응하는 말도 없다. 상황에 따라 '중문中文' '한어漢語' '보통화普通話' '중국화中国話' 등 여러 표현이 사용된다. 실제로 중국어란 무엇인지 정확히 말하려고 하면 매우 어렵다.

'좁은 의미의 중국어'와 '넓은 의미의 중국어'로 나누어 생각하면 이해하기 쉬울 것이다. 전자는 일본인이 "중국어 할 줄 알아!"라든가 "나 대학에서 중국어 배워."라고 할 때의 '중국어'이다. 일본에서는 '베이징어北京語'라고도 하며 영어의 'Chinese'도 이에 해당한다. 청나라 이전부터 전국 각지의 관청에서 사용되던 '관화(官話, Mandarin)'를 바탕으로 북방의 다양한 방언에서 어휘를 모아 만든 표준어인데 중국에서는 '보통화'라고 부른다. 중국 국영 방송 아나운서가 말하는 것도 학교의 국어 교육에 쓰는 것도 기본적으로 이 보통화다.

그렇다 하더라도 각지에서는 관화에서 유래한 다양한 방언을 쓰며 이를 통틀어 '북방 방언'이라 한다. 이름은 북방인데 실제로는 동남아시아와 국경을 접하는 남방 지역인 윈난성이나 구이저우성 등에서도 쓴다. 비교적 최근인 수백 년 전에 북방 한족이 원래 살던 소수민족을 남쪽이나 산악 지대로 밀어내며 이주한 결과 윈난성과 구이저우성 부근에서도 북

중국어(한어)의 분포 지도. 크게 세 가지로 나뉜다. 첫 번째는 황허강 유역의 '북방'이고 두 번째는 '남방' 중 양쯔강 북부에서 내륙부에 펼쳐진 지역이다. 이 두 지역에서는 베이징어의 여러 방언(좁은 의미의 중국어)이 쓰이는데 그중에서도 북방과 남방에서는 어순이나 발음, 어휘가 상당히 다르다.

마지막으로 '남방' 연안 지역에서는 상하이어나 푸젠어, 하카어, 광둥어처럼 북방계 중국어와는 동떨어진 남방 방언이 쓰이고 있다. 하지만 이들도 한자로 표기되기 때문에 넓은 의미의 중국어(한어)로 생각할 수 있다.

방 방언을 쓰게 되었다.

북방 방언은 말 그대로 방언이며 원어민끼리는 대체로 의사소통이 가능하다. 다롄 사람이 윈난성에 가더라도 도시 지역이라면 말이 통하지 않아 곤란할 일은 없다.

한편 '넓은 의미의 중국어'는 상하이어, 광둥어, 대만어 등 남방 방언을 포함한 표현이다. 실제로 이 남방 방언들은 발음이나 어휘 차이가 커서 각각 다른 언어라고 해도 될 언어군이다. 하지만 이들 언어도 모두 한자로 표기되므로 '한어', 즉 '중국어'라고 볼 수도 있다. 무엇보다, 이 넓은 의미의 중국어를 쓰는 사람들 역시 '한족'인 것이다.

중국도 '언어'가 곧 '민족 집단'으로 이루어진 나라다.

철도부라는 중국의 소속 '단위'

다롄철도학원에서 중국어를 배운 것은 나에게 매우 큰 의미가 있었다. 우선 다롄의 말은 표준어인 보통화에 가깝다 보니 수업에서 배우는 말과 다롄 사람들이 실제로 쓰는 말의 차이가 적어서 당황할 일이 없었다. 물론 그 고마움은 훨씬 나중에 뼈저리게 느꼈지만 말이다.

또 하나는 철도학원이라는 점이다. 왕 선생님의 소개로 갔을 뿐이지만 이 선택은 결정적이었다. 1990년대 초, 당시 중국인들에게는 '단위(单位 단웨이)'가 삶의 모든 것이었다. 단위란 소속 조직이다. 모든 사람은 어떤 형태로든 단위에 속하는데, 예컨대 이 철도학원은 '철도부'라는 단위에 속한다. 철도부에 속한 사람은 가족 모두 철도부의 주택에 살고, 부부는 철도부의 직장에서 일하며, 자녀는 철도부의 학교에 다닌다. 아이들이 성장하면 역시 철도부의 직장을 갖게 된다. 결혼 상대 역시 대개 같은 철도부 사람이다.

  물론 '철도부'라고 해도 조직 규모는 방대하다. 북으로는 내몽골, 남으로는 동남아시아 인근, 서쪽으로는 티베트와 신장위구르 자치구까지 철도가 있는 곳이면 전국 어디든 철도부가 존재한다. 철도부에는 학교도, 병원도, 음식점도 있으며, 건설 사업도 하고, 복지나 경조사 지원도 담당한다. 소속 인구는 수천만 명에 달했을 테니 하나의 국가처럼 느껴질 정도였다. 참고로 이런 사회 구조는 내가 철도학원에서 공부한 지 2~3년 후부터 변하기 시작해 대학이나 고등학교를 졸업한 사람들은 새롭게 등장한 자본주의식 회사에 취직하거나 스스로 창업하거나 외국으로 나가기도 했다.

  따라서 철도학원에 있는 사람들은 교직원도 학생도 모두 철도부 소속이다. 학생은 장차 철도 관련 기술자가 될 사람이 많았다. 그들도 제2외국어 학습이 의무였고 그중에는 일본어를 배우는 이도 있었다. 일본어를 가르치던 교원은 모莫 선생님인데, 나에게 중국어를 가르쳐주기로 했다.

  모 선생님은 색다르고 파격적인 사람이었다. 나이가 거의 쉰에 가까웠는데 10월의 쌀쌀한 날씨에도 반팔에 반바지 차림이었다. 틈만 나면 바다에 가서 수영을 하는 바람에 터질 것 같은 탄탄한 몸과 햇볕에 그을린 구릿빛 피부를 지녔다. 머리는 짧고 눈은 부리부리했다. 씨름꾼처럼 근육질의 배가 불룩했다. 처음 보는 순간 '반어인半魚人!'이라고 생각했다.

처음 사무실에서 만났을 때 선생님은 무뚝뚝한 표정으로 담배를 피우고 있었다. 이렇게 무서운 분이 선생님인가 싶어 기세에 눌렸다. 내가 어눌한 중국어로 인사를 하자, 선생님은 연기를 푸우 하고 내뿜으며 "问题不大원티부다(괜찮다, 문제없다)"라고 말했다.

물론 내 모습도 선생님 눈엔 수상하게 보였을 것이다. 나이는 이미 스물여섯이었고 머리와 수염을 덥수룩하게 기른 데다 동남아시아 햇볕에 그을려서 도저히 평범한 유학생으로 보이지 않았을 것이다.

모 선생님의 일본어 교수법

이튿날부터 매일 모 선생님의 수업이 이어졌다. 선생님은 오전에는 일반 학생들에게 일본어를 가르치고 오후에 일단 집에 가서 점심을 먹는다. 학원 선생님과 직원들은 모두 바로 근처에 있는 일본의 공영주택과 비슷한 공동주택에 살았다. 식사를 마치면 몸소 내 숙소로 왔다. 학생이 한 명밖에 없으니 교실로 갈 바에 이쪽으로 오는 게 낫다는 것이었다. 거실에 칠판을 들여와 차를 마시고 가끔 둘이서 함께 싼 담배를 피우며 오후 1시부터 6시쯤까지 수업을 했다.

선생님은 전혀 사나운 사람이 아니었지만 꾸밈없는 성격은 겉모습 그대로였다. "나는 돌려 말하는 걸 싫어해. 생각에 없는 말도 싫고 뭐든 생각하는 그대로 말해"라는 말대로 수업이 시작된 지 며칠 후에는 "공산당은 '공산당은 인민에게 봉사'한다지만 실제로는 '인민이 공산당에 봉사'한다"라는 예문을 칠판에 써서 나를 깜짝 놀라게 했다. 이런 이야기가 외부에 새 나가면 선생님과 가족은 무사하지 못할 수도 있었으나 선생님은 태연했다.

모 선생님은 기질은 강직해도 언어 감각은 섬세했다. 이는 선생님 자신의 일본어 학습 경험에서 비롯된 듯했다. 다롄은 일본이 중국을 점령했던 시기에 일본인이 만든 도시로, 다롄의 철도부는 만주철도(통칭 '만철')를 계승한 조직의 일부다. 다롄은 당시 중국에서는 예외적으로 일본인이 현지 중국인에게 별로 지독한 짓을 하지 않은 듯했다. 대일 감정은 전시 중부터 내가 방문했을 때까지도 쭉 좋았다. 그래서 모 선생도 일본어에 관심을 가져 대학에서 전공하기로 했다. 그렇다고는 해도 보통의 언어 학습과는 전혀 다른 환경이었다.

"일본은 자본주의 국가라서 당시에 적국이었지. 일본인 선생님도 없고 교과서도 얇은 책 한 권밖에 없었어."

일본어를 가르치는 중국인 교사는 일본어 실력이 초보자가 보기에도 의심스러워 모 청년은 집의 덧문을 닫고 몰래 단파 라디오로 일본 방송을 들었다. 이는 간첩 혐의에 맞먹는

위법 행위였다고 한다. 전파 상태도 매우 나빴다. 하지만 달리 방도가 없었다. 자신의 일본어 발음이 정확한지조차 알 수 없어서 매일 거울을 보며 입 모양을 확인하면서 발음 연습을 되풀이했다고 한다. 이런 방식으로 발음이 맞는지 알 수 있었을까 의문이 들지만 선생님의 절실함이 느껴지는 일화다.

일본어 문장을 읽을 기회조차 없었다. 대학 도서관에는 일본어책이 있었지만 학생들은 열람 금지였다. 유일하게 허용된 것은 옛날에 일본에서 출판된 아동 도서였다. 모 선생님은 처음 접한 일본어책을 탐욕스럽게 읽었다. 내용은 "비 오는 날, 개가 개집에 누워 있는데 닭이 흠뻑 젖어 지나간다. 개는 그 닭이 불쌍해서 자신의 집으로 들여 비를 피하게 해준다"라는 별 볼 일 없는 이야기였다.

하지만 모 청년에게는 너무 놀라웠다. "자본주의 인간은 자기 생각만 한다고 배웠는데 이 책에서는 개가 닭을, 즉 남을 도와준다. 일본인에게도 도덕이 있고 그걸 아이에게도 가르치고 있다니!"

모 선생님은 극히 제한된 정보 속에서 일본어를 최대한 흡수해 나갔다. 때로는 학습자에게 '굶주림'이라는 요소가 매우 중요하다. 예를 들어 일본에서도 외국에서 큰일이 벌어졌는데 일본어 정보가 모자라면 용을 써서라도 BBC나 CNN에서 정보를 얻으려 할 것이다. 메이지 시대의 문인이 영어, 프랑스어, 독일어 등을 예사로 읽을 수 있었던 것도 읽고 싶은 책이 일본어로 번역돼 있지 않았기 때문이다. '굶주림'은 극도의 주체성을 낳는다.

이윽고 일본어가 어느 정도 가능한 수준에 도달하자 선생님은 가끔 다롄을 방문하는 일본인의 통역을 맡게 되었다. 그 역시 놀라움의 연속이었다. 그간 배워 온 일본어와 달랐기 때문이다. 선생님은 나에게 이렇게 말했다.

"일본어 교과서에는 大きいものを取ってください 오오키이모노오 톳테쿠다사이(큰 것을 집어 주세요) 같은 말이 나오지만, 일본인은 그러지 않고 보통 ねえ、あのでっかいやつ、取って 네에, 아노 뎃카이야츠 톳테(저기, 저 큰 놈 집어줘)라고 말하잖아요."

내가 추구해 마지않는 '진짜 원어민의 말'에 선생님도 깊은 감명을 받은 것이다. 게다가 이 말을 할 때만큼은 선생님이 이상하게도 일본어로 말했다. 그때의 말투와 분위기에 오히려 내가 깜짝 놀랐다. 무뚝뚝하던 반어인이 갑자기 몸을 웅크리며 부하가 상사에게 굽실거리듯 어조가 싹 바뀌었다. 발성도 갑자기 변해서 목소리가 가늘어지고 입술로 나직이 소곤거렸다. 정말 일본어의 말맛을 제대로 풍겼다. 그 순간만큼은 '혹시 이중인격자 아닌가?' 싶을 정도였다.

요컨대 모 선생님도 가끔 통역 기회가 있으면 만나는 일본인들을 세심히 관찰하고 말과 행동을 철저히 따라 했던 것이다. 일본어 방송을 보거나 들을 수도 없고 일본에 갈 기회도 당시에는 '평생 없을 거라고 생각했다' 하니 그만큼 엄청나게 집중했다고 한다. 실제로는 몇 차례 일본에 가게 되었고 나도 나중에 선생님과 함께 오키나와 여행을 하기도 했다.

"저도 그래요. 진짜 중국인이 말하는 중국어를 배우고 싶어요"라고 내가 말하자, 선생님은 담배를 피우며 "나도 알아"라고 말했다. "자네를 처음 봤을 때 교과서식 중국어에는 흥미가 없다는 걸 알았어. 안심해도 돼. 내가 地道的中国话디다오더중궈화(진짜배기 중국어)를 가르쳐줄 테니까."

진짜배기 어학 수업

일본어 地道지미치는 '착실함'이나 '성실함'인 반면에 중국어 地道디다오는 '진짜' '순수' '본고장' '원조'를 뜻한다. 덧붙여 여기서 '中国话'는 '중국어 회화'라는 의미다.

나는 일본어의 뜻으로 地道, 착실한 어학에는 유달리 젬병이지만 중국어식으로 말하자면 나는 지금까지 줄곧 地道, 진짜 어학을 추구해 왔던 셈이다. 이후 수업은 모두 '진짜배기'였다. 교과서도 쓰기는 했지만 곧바로 탈선하여 프리토킹이 되곤 했다.

최근 중국에서 유행하는 것, 일본과 중국의 문화나 기질의 비교, 선생님이 젊었을 때 겪은 문화대혁명 회고, '단위'를 중심으로 한 중국 사회의 구조, 마오쩌둥의 언행, 《수호전》이나 《삼국지》 같은 고전 문학, 중국 사회의 부패와 일본 사회의 부패의 차이(중국에서는 뇌물을 주는 데도 인맥이 필요하다든가), 시장에서 고기나 과일을 살 때 쓰는 말 등 온갖 주제로 이야기를 나눴다. 겉치레나 거리낌이 전혀 없었다.

가장 열기가 뜨거웠던 건 당시 엄청난 인기를 끌었던 TV 드라마 〈뉴욕의 북경인北京人在纽约〉이었다. 영화 〈붉은 수수밭〉으로 잘 알려진 명배우 장원姜文이 음악가 지망 청년으로 나와서 미국으로 건너가 밑바닥부터 사업을 일궈 성공하는, 그야말로 중국의 여명기를 상징하는 일대기다. 중국의 텔레비전 방송은 뉴스도 드라마도 대부분 한자 자막이 달려 있다. 방언 차가 큰 나라라서 표준어와 각지 방언을 잘 알아듣지 못하는 시청자들을 배려한 것이리라. 덕분에 나 정도의 중국어 실력이라도 대부분의 프로그램을 이해할 수 있었다. 매번 이 드라마를 본 다음 날에는 모 선생님과 그 장면이 좋았다든지 그 장면은 연출이 부자연스러웠든지 그 대사 뜻은 몰랐을 텐데 이런 뜻이라는 등 온갖 이야기를 나눴다.

나는 하고 싶은 말을 마음껏 했고, 선생님도 그걸 반겼다. 한편 내 중국어가 이상할 때는 가차 없이 멈추고 지적했다. "나는 알아듣지만 남들은 못 알아들어"가 선생님의 입버릇이었다. 그 점에서도 선생님은 프로 어학 교사였다.

특히 자주 지적받았던 건 접속사의 사용 방식이었다. 물론 중국어에도 '그래서'나 '하지만', '그리고'에 해당하는 접속 부사가 있다. 다만 일본어처럼 자주 쓰지는 않는다. "다카노, 자네는 '하지만'을 너무 자주 써"라고 선생님은 말했다.

중국어는 소리가 짧다. 그 소리는 세서 톡톡 쏘듯이 연달아 쏟아진다. 앞서 말한 "나는 알아듣지만 남들은 못 알아들어"도 중국어는 "나는 알아들어. 남들은 못 알아들어"로 역접 접속사를 생략한다.

일본어는 소리 하나하나가 약해도 그 대신 앞뒤의 연결을 중요시한다. 그래서 "그런 일은 없을 것 같지만 혹시 필요할지도 몰라서 일단 사두긴 했는데……" 같은 식으로 장황하게 주절거린다. 소리도 많고 낱말 수도 많다. 중국어는 같은 뜻이라도 훨씬 간결한 표현을 선호한다. 마치 일본인과 중국인의 기질 차이가 언어에 드러나 있는 듯하다.

참고로 지금 이 글을 쓰고 있는 현재까지 내가 배운 모든 언어 중에서 일본어가 접속 부사를 가장 많이 쓸 뿐만 아니라 쓸데없어 보일 만큼 말이 장황하다. 영어, 태국어, 버마어, 소말리어, 아랍어보다도 그렇다. 바로 말맛의 차이다.

그나저나 다시금 떠올려도 감탄이 나올 정도로 정말 기분 좋은 학습 환경이었다. 그전까지는 대부분 내가 어학 선생님을 유도하는 식으로 배워 왔다. 때로는 선생님의 동기를 유지시키는 데 애를 먹기도 했고, '잘 가르치도록 하는 기술'을 내가 구사할 필요가 있었다. 그런데 이번에는 선생님의 의욕과 기술이 범상치 않다.

    매일 다섯 시간의 수업이 고되기는커녕 오히려 즐거워서 눈 깜짝할 새에 지나갔다. 월요일부터 토요일까지 엿새를 이렇게 보내고 저녁과 오전은 복습에 썼다.

    원래는 한 달간 중국어를 배우면 학교를 떠나 중국을 여행하다가 태국으로 돌아갈 예정이었는데 한 달씩 미뤄졌다. 처음 도착했을 때는 모 선생님과 그 제자들하고 함께 바다에서 헤엄치고 바비큐도 구워 먹었는데 어느새 방에 난방이 들어오는 계절이 되어 있었다.

편하게 외우고 싶어서 탐험하다

　중국어는 일본인이 배우기 비교적 쉬운 언어다. 어쨌든 문자(한자)를 이미 알고 그 한자가 의미하는 바가 일본어와 중국어에서 크게 다르지 않다. 특히 글만 보면 중국어를 전혀 배운 적이 없는 사람이라도 내용을 꽤 이해할 수 있다.
　문법도 어렵지 않다. 동사도 명사도 형용사도 변화하지 않기 때문이다. 결국 어려운 것은 발음이다. 일본어와는 너무나 다르다.

일본어 음독과
중국어 발음의 규칙성을 탐색하다

모 선생님은 "다카노는 어떻게 그렇게 발음을 빨리 외우지?"라고 감탄했다. "자네는 언어 천재군"이라고 말해준 적도 있다. 선생님은 다른 대학에서도 수많은 일본인 학생을 가르쳐봤지만 다들 훨씬 더 고생했다고 한다.

이유는 몇 가지 있다. 우선 나는 중국어 전에 태국어를 배웠다. 태국어는 중국어와 발음 체계가 비슷하지만 더 복잡하다. 태국어에는 성조가 5개나 있고 ชอบ촙(좋아하다)이나 เผ็ด펫(맵다)처럼 어말에 자음이 오는 경우가 많다. 이전에도 썼듯이 어말에 자음이 많이 오는 언어는 영어도 마찬가지듯이 알아듣기 어렵다.

반면 중국어는 성조가 4개고 我(wǒ 워), 說(shuō 쉬), 漢(hàn 한), 語(yǔ 위)처럼 어말에 n ㄴ, ŋ ㅇ 이외의 자음이 없다. 참고로 옛날 중국어는 어말 자음이 더 많았지만 현대 중국어에서는 사라졌다. 지금은 광둥어나 푸젠어 등에 남아 있다. 일본어나 스페인어처럼 상대적으로 알아듣기 쉬운 편이다.

즉 복잡한 태국어 발음 세계에서 넘어오면 중국어 발음 세계는 단순하게 느껴지는 것이다. 실제로 태국어 발음을 할 수 있다면 약간 다른 중국어 발음도 대체로 할 수 있게 된다.

그렇다고 해도 중국어 발음에는 태국어에 없는 어려움이

존재했다. 바로 글자를 봐도 발음을 알 수 없다는 점이다. 태국어는 철자 규칙이 복잡해도 규칙을 익히고 나면 글자를 보고 대체로 발음을 알 수 있다. 철자가 발음 기호 같은 것이다.

하지만 알다시피 한자는 발음을 바로 알 수가 없다. 모르는 단어는 읽을 방법이 없다. 읽을 줄 모르는 한자를 사전에서 찾기란 정말 귀찮다. 부수 획수를 먼저 찾은 다음에 다시 전체 획수를 찾고 마지막으로 원하는 글자를 찾는다는 한자사전 검색 절차를 그대로 밟아야 한다. 그 발음을 하나하나 착실하게 외우기는 더 귀찮다.

나는 어떻게든 편하게 외우는 방법을 찾았다. 열쇠는 일본어의 '음독'에 있다. 일본어는 그 옛날 중국어에서 한자를 받아들였는데 음독은 그 당시 중국어의 발음을 나타낸다고 한다. 그렇다면 일본어 음독과 현대 중국어의 음에도 어떤 관련성이 있을 것이다. 그걸 알면 어떤 한자가 어떤 발음인지를 추측할 수 있지 않을까?

우선 제일 먼저 착수한 것은 내가 가장 어려워했던 어말 ㄴ과 ㅇ 발음이었다. 일본인인 내게는 둘 다 그냥 ン응/은처럼 들린다. 예를 들어, 山과 上은 일본인 학습자 귀에는 종종 같은 "샹"으로 들리지만, 중국인에게는 다른 소리이다. 병음으로 쓰면 山은 shān, 上은 shàng이다.

일본인에게 까다로운 ㄴ과 ㅇ 어말 발음이 일본어 음독에서는 어떻게 구별되는가. 일본어 음독과 어떤 관계인가. 교과서에 나오는 단어에서 뽑아 조사를 해봤다. 아래에서 일본어 소리는 히라가나, 중국어 발음은 병음으로 나타낸다.

받침소리가 ㅇ이면 上은 じょう조 / shàng상, 京은 きょう쿄 / jīng징, 送은 そう소 / sòng쑹, 想은 そう소 / xiǎng샹, 公은 こう코 / gōng궁이다. 일본어 음독은 모두 おう오 소리다.

한편 받침소리가 ㄴ이면 山은 さん산 / shan샨, 簡은 かん칸 / jiǎn젠, 單은 たん탄 / dān단, 見은 けん켄 / jiàn젠, 聞은 ぶん분 / wén원이며, 일본어 음독은 ん으로 끝난다. 즉 ㅇ은 "おう", ㄴ은 "ん"에 대응한다. 표로 정리하면 아래와 같다.

한자	어말 발음	上(상)	京(경)	送(송)	想(상)	公(공)
중국어	ng	shàng	jīng	sòng	xiǎng	gōng
일본어	おう	じょう	きょう	そう	そう	こう
한자	어말 발음	山(산)	簡(간)	單(단)	見(견)	聞(문)
중국어	n	shān	jiǎn	dān	jiàn	wén
일본어	ん	さん	かん	たん	けん	ぶん

천수백 년 전, 중국에서 한자를 들여왔을 때 일본인이 중국어 n과 ng을 확실히 구별해서 들었는지는 알 수 없다. 다만 당시 한자 도입에 관여한 일본 지식인은 당연히 발음을 구별했을 테고 그것을 일본어 음에도 반영하려 했을 가능성은 높다. 그 흔적이 지금까지 남아 있는 것이다.

하지만 이것만으로는 아직 모자란다. 더 편하게 외우고

싶다. 일본어 음독에서 유추하면 될 것 같다. 그래서 이번엔 반대로 해봤다. "ん"으로 끝나는 한자는 件켄(건)이든 運운(운)이든 見켄(견)이든 중국어에서는 모두 n으로 끝나는 걸 알게 되었다. 이거다! '음독에서 "ん"은 곧 중국어에선 n이다. 이 사실을 발견한 것만으로도 엄청 편해졌다.

이 기세를 타고 일본어와 중국어의 발음 대응을 닥치는 대로 조사해 목록으로 정리했다. 일본어 음이 りょく료쿠일 때는 어떻게 되는지, 또는 回카이(회)나 対타이(대)처럼 모음이 あい아이일 때 어떻게 되는지를 교과서나 사전에서 찾아 패턴을 분류했다.

물론 처음부터 완벽하지는 않다. 처음에는 틀리거나 빠뜨리기도 한다. 하지만 그래도 괜찮다. 버마어에서 문법을 탐색했을 때와 똑같다. 일단 가설을 세우고 나중에 시간을 들여 조금씩 다듬어 나가면 된다.

이런 식으로 규칙성을 계속 발견하는 건 정말 즐겁다. 중학생 시절 영어에서 가장 많이 쓰이는 동사를 조사했던 것과 똑같은 흥분을 느꼈다. 규칙성을 알면 단어를 외우는 데 매우 효과적일 뿐 아니라, 이 작업을 하는 동안 꽤 많은 단어 발음을 외우는 것도 그때와 똑같았다.

내가 중일 한자 대응에 몰두했던 데에는 또 하나 이유가 있었다. 일본어는 고독하다. 일본어 화자인 나도 그렇다. 외국에 가보면 알 수 있다. 영어를 하는 사람은 프랑스어나 독일어 같은 '동료'가 있다. 조금 떨어진 '친척'으로는 러시아어나 알바니아어가 있고 꽤 먼 친척으로는 힌디어나 페르시아어도 있다.

콩고 깊숙한 곳에 사는 보미타바족은 얼핏 외딴 부족처럼 보이지만 실제로는 주변에 친척 언어가 있으며, 그 친척은 멀리 동아프리카 해안이나 남아프리카 끝 희망봉까지 이어진다. 아프리카 대륙의 절반이 친척인 셈이다. 태국어나 버마어도 동료나 친척이 많다. 그런데 일본어는 유라시아 극동의 작은 열도에만 존재한다. 동료도 없고 친척도 없다. 보미타바어보다 일본어가 백 곱절이나 더 외딴 언어인 것이다.

나는 지금까지 세계 각지에서 언어를 배워왔지만 언제나 일본어와는 무관한 언어였다. 왜 일본어는 동료가 없을까 하고 늘 외롭게 느꼈다. 그러던 차에 중국어가 나타났다. 언어 계통으로는 생판 남이지만 일본어는 반쯤 '중국어 가정에서 자란' 면이 있어서 언어적으로는 '지인' 수준이다. 드디어 동료 같은 언어를 만났다는 흥분을 나는 느꼈다.

불가사의한 음의 규칙
수수께끼 풀이

나를 또 하나 열중하게 만든 요소가 있었다. 그것은 '수수께끼 풀기'다. 모르는 것을 알려는 욕구는 내가 타고난 특성과도 같다.

내가 '발견'한 음의 규칙 중 불가사의한 것이 있었다. 일본어 음독에서 えつ에츠/에쓰라는 소리를 포함한 한자는 중국어에서는 웨(ue) 혹은 이에(ie)의 소리가 된다. 예를 들어 決(결)은 けつ / juě, 雪(설)은 せつ / xuě, 越(월)은 えつ / yuè, 接(접)은 せつ / jiē 라는 규칙 자체는 명쾌한데 이치가 곧바로 눈에 보이지는 않는다. '에츠'와 '웨'는 너무 동떨어진 소리다.

어째서 이런 현상이 일어난 걸까? 이럴 때 정말 열정이 솟아오른다. 셜록 홈스가 암호 '춤추는 인형 문자'를 풀어냈듯이 어떻게든 이 불가해한 법칙의 이유를 밝혀내고 싶다.

해명의 실마리는 일본어로 베트남이 ベトナム베토나무인데 중국어로는 越南위에난(월남)이라는 걸 알았을 때 발견했다. '아하!' 하고 깨달았다. '베트남'은 영어로 Vietnam인데 이는 베트남어의 발음을 그대로 반영한 것이라고 생각해 보았다. 베트남어를 전혀 몰랐기에 그저 추측이었다. 알고 보니 베트남어에서는 越(việt)과 南(nam)의 발음이 '비엣남'이다.

베트남도 일본과 마찬가지로 한때 중화 세계의 변방이었기에 한자어를 차용했다. 중국어는 고대에 어말 자음이 존재했다니 베트남어에는 지금도 그 오래된 소리가 남아 있을 것으로 짐작했다. 그렇다면 일본에 전해질 당시의 중국어에서는 越이 'viet' 혹은 'yuet'라는 소리였을 가능성이 높다.

다음은 일본어의 특성을 생각해 보자. 외래어의 어말 자음 't'는 어떻게 처리되는가? 일반적으로 영어 pet펫에서 유래한 ペット펫토나 프랑스어 à la carte아라카르트에서 유래한 アラカルト아라카루토처럼 ト토로 바꾸지만, 메이지 시대에 수입된 단어들은 영어 shirt셔츠에서 유래한 シャツ샤쓰나 cutlet커틀릿에서 유래한 カツレツ카츠레츠/가쓰레쓰처럼 ツ츠/쓰로 받아들이기도 했다.

이걸 염두에 두면 yuet는 ゆえっつ유엣쓰, viet는 びえっつ비엣쓰나 いえっつ이엣쓰 혹은 그 비슷한 소리로 인식되었고 그것이 점차 えっ에쓰로 변화했다고 보는 것이 자연스럽지 않을까? 확실치는 않지만 接(접)도 아마 원래는 じぇっつ젯쓰같은 발음이었다가 점차 변화해서 최종적으로 せつ세쓰에 정착한 게 아닐까?

"됐다! 수수께끼가 풀렸어!" 뭐, 확증은 없어도 내 안에서 납득이 되면 그걸로 충분하다. 이후 찾아보니 당나라 시대 越의 중국어 발음은 내가 추측한 것과 같은 소리였다.[1]

앞서 얘기한 내용은 한자음을 연구하는 학문인 한어 음운학에 해당한다. 음운 변화의 규칙은 물론 중국어 학자에게는 예전부터 잘 알려져 있었을 것이다. 지금이라면 인터넷 검색으로 일람표도 쉽게 나올지 모른다. 하지만 당시 내가 공부하던 시절에는 비전문가가 이런 정보를 알아내기란 무척 힘들었다. 그보다 더 중요한 점은 '스스로 법칙을 찾는 것'이다.

내게는 탐험의 범주에 들어가서 대단히 흥미롭다.

나는 IT나 기계 관련 매뉴얼이나 지도 읽기를 별로 잘 못한다. 남이 만든 것이기 때문이다. 따라서 학자들이 발견한 문법도 그렇게 좋아하지 않는다. 하지만 버마어를 배울 때처럼 스스로 문법을 탐구하기는 무척 즐겁다. 이런 연구를 며칠이고 계속하면서 일람표를 만들고 고치고, 또 만들고 고치고 하다 보면 단어의 발음은 저절로 외우게 된다.

중국어를 배우는 초급자 중에서 이런 탐험을 하는 사람은 거의 없을 테니 내가 남들보다 압도적으로 빨리 발음을 외우는 건 당연한 일이다.

철도부 젊은이들과의 교류

하지만 음의 수수께끼를 풀었다고 해서 모든 게 정리되지는 않는다. 재미있게도, 혹은 골치 아프게도 성조는 이 규칙성과 아무런 관련이 없다. 순수하게 모음과 자음만이 일본어 음독과 중국어 읽기 사이에 규칙성이 있다. 성조는 하나하나 외우는 수밖에 없다.

태국어 대목에서도 썼듯이 지금은 예문 녹음을 반복해 듣고 흉내 내는 방법이 발음을 외우는 최고의 방법이라고 생각하지만, 당시에는 아직 그걸 깨닫지 못했기에 발음을 외우는 건 다시 실전뿐이었다.

그런 점에서 당시의 중국은 거리를 평범하게 걸으며 대화하기엔 적합하지 않았다. 중국인은 가족, 친척, 친구, 지인을 매우 소중히 여기지만 그 이외의 사람에겐 관심이 적다. 게다가 당시 중국은 경제가 발달하지 않은 사회주의 국가였기 때문에 카페나 술집 같은 것도 거의 없었고, 백화점이나 상점에 가도 점원들끼리 수다를 떨고 있어서 말을 걸어도 '시끄럽다, 방해하지 마라' 같은 태도를 보이는 게 고작이었다. 시장에서 물건을 사려고 해도 시비조로 나오는 경우가 다반사였다.

길거리에서 다른 사람과 자연스럽게 대화할 기회가 너무나 적었다. 이 상황을 개선해 준 사람도 모 선생님이었다. 선생님은 때때로 자기 집에서 식사를 대접했고 그럴 때면 부인과 아들과도 이야기할 수 있었다. 또 선생님의 본가도 아주 가까이에 있어 나를 데려가 부모님에게 인사시킨 적도 있다.

선생님에게 일본어를 배우는 학생 여럿도 소개해 주었다. 대학을 졸업하고 이미 철도부 부서에서 일하고 있는 젊은 기술자들이었다. 제도상 한 달이나 석 달 정도 일을 쉬고 다롄 철도학원에서 일본어 강의를 듣던 중이라고 했다.

베이징, 상하이, 산둥성, 허베이성, 광둥성 등 중국 전역에서 모여든 사람들이었다. 모두 각 지역의 명문대를 졸업한 엘리트였다. 이 철도학원, 특히 모 선생님이 일본어 교육기관으로서 얼마나 우수하다고 평가받았는지를 알 수 있다. 그들에게도 나는 좀처럼 만나기 어려운 '진짜' 일본인이었기 때문에, 선생님은 양쪽을 배려해서 인연을 맺게 해줬을 것이다.

내 숙소는 꽤 넓어서 연회 장소로 안성맞춤이었다. 가끔 일요일이면 서너 명, 많을 때는 일고여덟 명이나 숙소에 모여서 다 같이 요리하고 먹고 마시며 이야기했다. 1940년대생인 모 선생님 세대는 요리하는 남자가 적었던 모양이지만, 나와 같은 1960년대생은 다들 능숙하게 요리를 해냈다. 중국은 일본보다 남성의 가사 참여가 훨씬 빨랐던 셈이다.

그들은 각자 고향 방언을 모어로 사용했다. 다 같이 있을 때는 보통화로 말하지만 사투리를 쓰는 사람도 있었다. 가장 사투리가 심했던 건 베이징 출신의 셰 군이었다. 일본의 표준어가 도쿄말을 기준으로 하지만 도쿄 시타마치(서민적 번화가)의 에도 토박이말은 '베란메 べらんめえ'라 하여 표준어에서 벗어난 말투인데 베이징 사람 말도 비슷하게 사투리가 심했다. 게다가 베이징 사람들은 '도읍 사람'이라는 자부심이 있어서 지방 출신처럼 발음을 고치려고 하지도 않는다.

그런 사람들과 만날 수 있었던 것도 좋은 일이었다. 이 또한 중국의 현실이니까. 이 교류로 나는 더욱 '진짜 地道' 중국어를 익혔다. 마침 그들의 일본어 능력은 초급 수준이었기에 대부분 중국어로 대화했고 "이건 일본어로 뭐라고 하지?" 같은 질문을 받으면 내가 답해주는 식이었다.

'제3의 청춘 시대'와 중국어 실력 향상

다들 상냥하고 지적인 사람이었다. 지금은 연락이 끊겼지만 장 군, 셰 군, 리 군 등 그들의 얼굴은 아직도 선하게 떠오른다. 당시 20대 후반에서 서른 살 남짓의 남성이었고 나와 비슷한 나이에 이미 사회인이어서 어른스러운 면도 있었다. 모두 이과 엘리트였지만 문과 교양도 놀라울 정도로 높았다. 내가 무언가 말하면 곧바로 중국에는 뭐뭐라는 말이 있다며 고전, 속담, 격언, 역사적 일화를 종횡무진하며 쏟아냈다.

우리는 대등한 관계였고 서로 거리낌 없이 토론하거나 농담을 주고받았다. 내 숙소에 모여 밥을 짓다 보면 내가 화장실에서 대변을 보더라도 아무렇지들 않게 문을 열고 "다카노, 큰 접시 어디 있어?"라며 묻고, 나도 문을 잠그지 않았다. "중국에서는 사람 태반을 먹는다던데 나도 먹어보고 싶어"라는 내 무모한 부탁을 듣고 태반을 구해다가 만두로 빚어 준 사람들도 있었다. 다들 구역질이 난다며 먹지 않았고 먹은 건 나 혼자였지만 말이다. 내가 이상한 중국어를 쓰면 별다른 뜻 없이 폭소를 터뜨리거나 "아니야, 다카노는 중국어 잘하는 거야"라며 위로해 주기도 했다.

외국에서 이렇게 친밀하고 대등한 친구를 사귄 것은 사실 처음이었다. 어떤 의미에서는 와세다대학 탐험부, 치앙마이

대학교에 이은 제3의 청춘 시대이기도 했다. 후에 나는 친구들의 고향을 방문하거나 함께 여행하기도 했다. 그들의 가족도 끔찍하게 친절했다. 추운 산둥성의 집에 초대받았을 때는 욕실이 따로 없어서 잠자기 전에 족욕도 받았다. 철도부 병원 외과 의사인 친구의 형이 손수 물을 끓여 내 발을 손으로 씻어주며 "히데유키 군, 기분 어때?"라고 미소 지은 적도 있다. 중국인의 우정은 정말 믿기 힘들 만큼 진하다. 이처럼 특별히 좋은 환경 속에서 내 중국어는 비약적으로 늘었다.

어느새 눈이 쌓이고 대학 캠퍼스는 버려진 배추로 가득했다. 중국 동북부는 추워서 다른 작물이 자라기 힘든지 겨울 채소는 배추뿐이었다. 매일 대학 정문 앞으로 농촌에서 트럭에 배추를 수북이 실어 왔다. 다들 사자마자 바깥쪽 더러운 잎을 뜯어 버렸다. 나는 '다롄 배추 대학'이라는 이름을 붙여 모 선생님과 친구들을 웃겼다.

모 선생님의 수업을 계속 듣고 싶었지만 그럴 수는 없었다. 돈이 바닥났기 때문이다. 결국 일본으로 돌아갈 수밖에 없었다.

---

1 오차노미즈대학의 하시모토 요스케 조교수가 다음과 같은 웹 사전을 알려주었다.
   오사카대학 스즈키 신고 조교수의 '여기는 웹 운도(韻圖)'
   http://suzukish.s252.xrea.com/search/inkyo/yunzi/越

중국, 태국, 일본 사이에서 길을 잃다

"다카노, 자네는 도대체 뭐가 하고 싶은 거야?" 다롄 유학을 마친 지 2년 뒤 모 선생님에게 이런 말을 들었다. 나는 끝없는 방황을 거듭했다. 돌아다니는 것도 생각도 무한 루프에 빠졌다. 두세 달마다 도쿄, 치앙마이, 중국을 돌고 돌았다. 와세다의 아파트 월세는 계속 나갔고 치앙마이 아파트도 그랬으며 다롄철도학원 기숙사는 언제든 묵을 수 있었다.

내가 갑부처럼 보일지 모르지만 오해다. 와세다 아파트는 내가 일본에 없는 동안 탐험부 후배나 누군가가 제멋대로 살면서 집주인에게 월세도 냈다. 비상식적인 생활을 허용해 준 너그러운 집주인이었다. 치앙마이 아파트는 월세가 1만 엔 정도라 어찌어찌 낼 수 있었고 철도학원 기숙사는 갈 때만 싼 값에 이용하면 됐다. 일본에서도 나는 극도로 검소하게 살았고, 중국과 태국은 물가가 싸서 생활하기 쉬웠다.

나는 '중화 문화권의 일본족'?

어중간하게 혜택받은 생활환경 때문에 오히려 방황이 더 깊어졌다. 중국에 갈 때는 다롄부터 들러서 모 선생님께 열흘 정도 중국어를 배우며 어학 재활훈련을 하고 다른 지역을 여행했다.

처음에는 중국 대륙이 순수하게 불가사의한 나라처럼 느껴졌다. 중국은 어떤 면에서 남미처럼 마법적 리얼리즘이 느껴지는 나라였다. 일본이나 프랑스, 태국이 열 개나 스무 개쯤 들어갈 만큼의 광활한 국토 위에 고산과 대하大河가 있고, 바다와 사막이 있고, 초원과 거대 도시와 극빈의 농촌도 있다. 그리고 10억이 넘는 수많은 사람이 북적인다.

앞서 말했듯 한족漢族의 지역은 황허강 유역과 그 북쪽의 '북방' 및 양쯔강 유역 이남의 '남방'으로 크게 나뉘며, 북방과 남방은 사람들의 얼굴 생김새나 체형도 다르다. 북방 사람들은 체격이 크고 피부색이 밝지만, 남쪽으로 내려갈수록 키가 작아지고 피부색도 갈색에 가까워진다. 기질은 북방인이 대범하고 호쾌한 데 비해 남방인은 세심하고 날렵한 사람이 많다고 한다.

음식 문화도 다르다. 북방에서는 밀가루로 만든 만터우(饅頭, 찐빵) 또는 자오쯔(餃子, 만두)가 주식인 경우가 많고, 요리는 짠맛을 선호한다. 국수도 밀로 만든다. 애초에 면麵이라는 말 자체가 밀가루를 가리키는 단어다. 따뜻하고 비가 많은 남방은 쌀을 주로 먹고 고추를 좋아하는 지역이 많다. 국수도 쌀로 만든 것이 많다.

어쩌면 다롄이나 베이징 사람 같은 북방인 눈에는 쌀을 주식으로 하고 몸집이 작고 세세한 것을 좋아하는 일본인이 전형적인 '남방인'의 일종처럼 보였던 것 같다.

언어도 다르다. 표준어인 보통화조차도 북방과 남방에서는 어순이나 발음이 다르다. 남방의 동쪽에는 상하이어, 광둥어, 차오저우어, 푸젠어 등 더 이상 방언이라기보다는 별개의 언어라 할 정도의 한어계 언어군이 넓게 퍼져 있다.

그렇지만 이들 역시 모두 한족이다. 이들 한족 지역 주변이나 산악지대에는, 어디까지나 중국 정부의 공식 입장이긴 하지만, 55개의 소수민족이 살고 있다. 이들은 저마다 독자적인 언어를 쓴다. 비교언어학적으로 보아도 몽골어족의 몽골어, 퉁구스어족의 만주어, 먀오야오어족의 먀오어와 야오어, 오스트로아시아어족의 다오어와 와어, 타이카다이어족의 좡어(미얀마의 산어와 동일)와 둥어, 그리고 중국어와 같은 중국 티베트어족(한장어족)이지만 중국어와는 상당히 먼 친척 격인 티베트버마어파의 티베트어, 징포어, 이어, 한국어족의 한국어, 튀르크어족의 위구르어, 인도유럽어족의 타지크어 등 유라시아의 주요 어족을 망라할 정도다.

이처럼 넓고 다양성이 넘치는 국토에 마찬가지로 갖가지 수많은 사람이 살아간다. 경제 발전 정도도 지역에 따라 극단적으로 다르다. 하지만 어쨌든 같은 하나의 나라 안에 있으니 모든 것이 서로 이웃해 공존한다는 점이 남미와 약간 닮았다.

또 남미와 닮은 점이 중국인의 언어관이다. 10억이 넘는 중국 국민을 결속시키는 힘은 바로 중국어 그 자체일 것이다. 중국 국영 통신사인 신화통신의 기사에 따르면 2020년 현재 보통화 보급률은 인구의 80.7퍼센트에 불과하다.[2] 내가 여행하던 1990년대에는 50퍼센트도 채 안 되었을지 모른다. 물론 보통화를 어느 정도 할 줄 알아야 '보급'되었다고 여길 수 있는지 기준은 불분명하다. 당시 적어도 외국인이 갈 만한 도시 지역에서는, 내가 말하는 수준의 중국어는 어디서든 통했다.

재미있는 것은 지방을 여행하면서 기차나 버스 등에서 동승한 사람들과 대화할 때였다. 내 발음이 현지 말투와 다르고 당연히 어휘도 모자라고 가끔 문법도 틀려서 "당신 어디서 왔는가?"라는 질문은 기본이었다. "북방인가?" "광둥인가?" "소수민족인가?" 등등 자주 물었다. 즉 나를 외국인으로는 상상하지 않은 것이다.

"일본인입니다"라고 대답해도 반응은 재밌었다. "어라" 하며 의외라는 표정을 짓는 경우가 많았고, 당시 일본이 '슈퍼 선진국'이라 중국인에게 동경의 대상이다 보니 반기는 사람도 있었지만 그다지 놀라지는 않았다. "아, 그렇구나. 그런데……"라며 대화를 딴 데로 돌리기도 했다. 지방에서 일본인을 만나기는 흔치 않았는데도 그랬다.

중국인의 세계관이 여전히 중화사상이라고 당시에도 자주 느꼈다. 중화는 국가가 아닌 문명권이다. 중국 문화와 시스템을 받아들이면 그 땅은 중화 세계에 들어가고 사람도 중국인이 된다. '중화 글로벌리즘'이라 해도 좋을 것이다. 중화사상의 핵심은 중국어가 아닐까?

요컨대 중국어를 말하고 중국식으로 행동하면 어떤 민족이든 그다지 상관없다. 나만 해도 중국어를 쓰고 중국 음식을 평범하게 먹는 한 '중국의 일본족'처럼 취급을 받았다. 실제로 나중에 도둑을 맞아서 경찰에 신고하자 담당 형사가 조서의 '피해자 민족명' 칸에 '일본족'이라고 썼다.

이 상황은 유쾌했다. 남미 스페인어권에서 스페인어를 하면 어디든 들어갈 수 있었듯이 중국에서는 중국어를 하면 어디든 들어갔기 때문이다.

하카족의 놀라운
전통 주택, 토루

당시 중국에는 아직 일본에 잘 알려지지 않은 흥미로운 것들이 많이 있었다. 푸젠성에 있는 하카족의 '토루土樓'도 그중 하나다. 대부분 원형으로 된 전통적인 대규모 공동주택으로 가끔 사각형인 경우도 있다. 하카(객가)는 원래 북방에 살던 민족이 방랑하다 남방으로 이주해온 것으로 알려져 있으나 아직 밝혀지지 않은 점이 많은 언어 집단이다.

푸젠성을 여행하던 중 우연히 만난 젊은이에게 무슨 언어를 하느냐고 물어본 적이 있다. 이 일대는 푸젠인이라고 해도 민족과 언어가 복잡하게 나뉘어 있다고 들었기 때문이다. 마을이나 민족 간의 대립도 있을지 몰라 콩고에서 배운 요령을 써서 민족이나 소속 자치단체가 아닌 언어를 물어보았다. 그러자 그는 하카어를 쓴다며 반갑게 말했고 하카 사람이라는 사실이 드러났다. 콩고에서 그랬듯이 곧바로 하카어 몇 마디를 주고받으며 친해졌다. 고향 마을로 데려다 달라고 부탁했더니 그 근처의 토루 몇 군데를 안내받았다.

토루는 정말 놀랍고 기묘한 건축물이다. 말로 설명하기는 어렵지만 굳이 말하자면 '도쿄돔에서 지붕을 뺀 것 같은 건물'이라든가 '4~5층짜리 길쭉한 건물을 둥글게 말아 원형으로 만든 단지'라 해야 할까. 이곳에 수십 세대, 수백 명이 산다. 기본적으로 모두 친족이다. 하카는 소수민족이고 그들끼리도 갈등이 있었던 듯하다. 요컨대 성곽이자 요새인 셈이다.

내부는 한가운데에 조상과 신을 모시는 사당이 있고 그 주변에 돼지와 토끼를 기르는 축사나 우물이 있다. 오리나 거위가 근처를 어슬렁거리고 치파오 비슷한 옷을 입은 할머니가 우물에서 물을 길어 물지게 막대에 걸고 방으로 나른다. 요리는 아궁이에 장작불로 한다. 전기는 들어오고 있었지만 그 외의 생활 방식은 청나라 시대와 거의 변함없어 보였다.

푸젠의 토루는 현재는 세계유산으로 지정되어 전 세계 관광객이 몰려온다. 그 당시에는 외부 세계에, 심지어 중국 내에서도 거의 알려지지 않은 채 마치 타임캡슐처럼 남아 있어서 입이 딱 벌어질 만큼 인상 깊었다. 정말로 중국 전설에 나오는 도원향桃源鄉 같았다.

'야인'을 목격한 부부

나는 대체로 혼자 여행했지만 딱 한 번 모 선생님과 함께 야인野人을 찾으러 간 적이 있다. 야인이란 설인雪人처럼 털로 뒤덮인 의문의 이족보행 동물로 예로부터 중국 각지에서 목격담이 기록되어 왔다. 당시 가장 유명한 야인의 서식지라고 알려졌던 곳은 후베이성의 외진 지역 선눙자였다.

다롄에서 열차에 몸을 싣고 몇천 킬로미터 철도를 달려 선눙자까지 갔다. 하지만 그곳은 외국인에게 개방되지 않는 장소였다. 내가 일본인이라는 사실이 들통나면 곧바로 추방당할 상황이었다. 다행히 여관에서는 모 선생님의 신분증만 요구했고 우리 둘이 중국어 북방 방언으로 대화했기 때문에 숙소 사람들은 우리를 부자지간이라고 여겼던 모양이다.

문제는 취재다. 선생님은 절대 일본인이라고 하지 말라고 명한다. 하지만 나는 중국어가 능통하지 않아서 질문할 때 엉뚱한 발음이나 표현이 섞일 수밖에 없고 무엇보다 상대방의 사투리는 절반쯤밖에 알아듣지 못한다. 이를 하소연하자 선생님은 잠시 생각한 끝에 이렇게 말했다. "좋아, 우리 이제부터 '광둥에서 온 기자'라고 하자. 이 동네 사람들은 광둥 사람을 본 적이 없으니까 몰라볼 거야"라며 도무지 말도 안 되는 소리를 했다. "모르겠으면 나한테 일본어로 물어봐. 그럼 다들 광둥어라고 생각할 거야."

웃지 않을 수 없는 '작전'이었다. 물론 현지 사람들이 진짜로 일본어를 듣고 광둥어라고 생각했을지는 확인할 길이 없었다. 우리는 중국어만으로 취재를 해냈기 때문이다.

내 중국어가 현지 사람들에게 잘 통하지 않을 때는 선생님이 옆에서 말을 고쳐줬고, 반대로 내가 현지인의 말을 잘 알아듣지 못할 때는 모 선생님이 "너는 광둥 출신이라 보통화를 잘 모를 수도 있어……"라고 일부러 덧붙이고는 알아듣기 쉬운 중국어로 다듬어서 말해줬다.

말하자면 중국어로 중국어 통역을 받은 셈이다. 사실 이 수법은 이후 내 특기 중 하나가 되었다. 나는 어떤 언어든 원어민이나 또는 원어민에 가까운 사람의 말을 잘 알아듣지 못할 때가 많다. 특히 처음 만나는 사람과의 대화는 어렵다. 하지만 관계가 형성된 사람과 정해진 주제를 두고 이야기하는 건 비교적 잘할 수 있다.

그래서 현지 취재를 할 때는 '같은 언어의 통역'을 이용한다. 예를 들어 태국어만 할 줄 아는 태국인, 소말리어밖에 못하는 소말리인 중에 좋은 사람을 찾아서, 시간을 들여 내 취재 목적을 정성껏 설명하고 상대가 그것을 충분히 이해하면 같이 취재에 나선다. 그러면 의외로 일이 잘 해결된다. 오히려 둘이서 함께 질문하기 때문에 실수가 적다. 나중에 통역 역할을 한 사람에게 부탁해서 취재 상대에게 전화로 다시 확인도 할 수 있어 좋은 취재가 되기도 한다. 말할 것도 없지만, 원어민에게 전화로 취재하기는 대면 취재보다 훨씬 어렵다.

한편 야인은 발견하지 못했지만 야인을 가까이서 목격했다는 부부를 만났다. 남편은 자연보호국 소속 전문가였다. 두 사람은 산을 걷다가 야인을 마주쳤고 십수 미터 가까이까지 다가갔다고 한다. 남편은 단언했다. "제가 본 것은 인간도 아니고 들창코원숭이(야인의 정체라고도 알려진 원숭이의 일종)도 아니었습니다. 저는 이곳에 사는 동물들은 모두 잘 알아요. 그것은 제가 지금까지 본 적 없는 동물이었거든요."

남편은 총을 가지고 있었는데 아내가 빨리 쏘라고 말했지만 남편은 그 지역에서 허가 없이 동물을 죽이면 처벌을 받기 때문에 결국 쏘지 않았다. 야인은 눈치채고 도망쳤다고 한다. 아내는 "그때 사로잡았다면 세계 최대의 수수께끼 중 하나가 풀렸을 텐데!"라며 격분해서 며칠간 남편과 말도 하지 않았다고 한다. 세계 최대의 수수께끼가 풀렸다면 큰 부자가 되었을지도 모른다는 생각 때문일 것이다. 아내는 우리 앞에서도 다시 화를 냈다.

눈에 덮인 산은 거의 벌거벗은 것이나 다름없다. 야인이 있다면 바로 눈에 띌 것이다. 하지만 아직까지 사체의 일부조차 발견된 적은 없다. 아무리 생각해도 야인이 실재한다고는 믿기 어렵다. 하지만 한편으로는 이 부부의 목격담이 자아내는 기묘한 현실감이 뭐랄까, 바로 마술적 리얼리즘이었다.

피부로 느껴지는 중국의 부자유

불가사의한 나라 중국. 하지만 여행이 2~3주를 넘으면 점점 지쳐가기 마련이다. 중국은 다양성이 풍부하다고 해도 결국은 어디까지 가도 중국이다. 어떤 지방 도시라도 거대한 기차역, 터무니없이 넓은 도로, 무색무취의 박스형 건물, 그리고 어디에나 사람이 있다. 상투적인 풍경이다. 농촌조차 벽돌에 회칠한 비슷한 건물들이 줄지어 있고 개성이 느껴지지 않는다. 전통보다는 가난이 느껴진다.

같은 한족이라 해도 광둥성이나 푸젠성은 말도 다르고 독특한 문화가 느껴져 재미있지만 그래도 역시 한족이다. 그럴 때 남부의 쓰촨성, 구이저우성, 윈난성 등지에서 소수민족을 만나니 눈이 번쩍 뜨일 만큼 신선한 느낌을 받았다.

한족은 자연에 어울리지 않는 느낌이다. 아니면 모든 것을 획일화하려는 중국 공산당 정부 때문일지도 모른다. 하지만 남부의 소수민족은 나무나 대나무로 된 주택에 살고 물소를 이용해 밭을 가는 등 환경에 적합한 생활양식을 유지하고 있는 듯 보였다. 가본 적은 없으나 몽골족이나 티베트족도 아마 마찬가지일 것이다. 음식도, 옷도, 집도, 언어도 한족과는 전혀 다르다. 그 안에 나를 끌어당기는 미지의 세계가 있었다.

문제가 또 하나 있는데 중국은 흥미로운 주제를 깊이 있게 파고들어 취재하기가 어려워 작가에게는 치명적이다. 중국에서는 예로부터 외국인의 민박을 허용하지 않는다. 다른 나라 같으면 흥미로운 마을이나 도시에서 오랜 기간 살면서 취재할 수 있다. 하지만 중국에서는 민가에 묵을 수 없다. 시골에는 숙박 시설이 없다 보니 애초에 체류가 불가능하다.

하카족의 토루도 몇 달 정도 살면서 지냈다면 꽤 흥미로운 사실들을 알 수 있었을 것이다. 빈 방도 있었다. 하지만 머물 수 없다. 마찬가지로 소수민족의 전통 마을에 장기 체류도 할 수가 없다.

또한 본격적인 취재를 하다 보면 결국 붙잡힐 가능성도 있다. 어떤 외딴 지역이라 해도 당국의 감시는 중국 어디든 존재하기 때문이다.

어디까지나 '지나가는 나그네의 눈길'로만 대상을 바라볼 수 있다. 그 외의 방법으로 접근하고 싶다면 기자나 연구자로서 비자를 신청하고 당국의 허가를 받아야 한다. 프리랜서인 나에게는 어려운 절차다.

한번은 출판사에 중국 관련 책을 쓰자는 기획을 내고 취재비도 받아서 이곳저곳을 다녔다. 결국 두서없는 짤막한 에피소드만 모은 바람에 책으로 만들 수 없었다. 작가가 되기로 결심한 이후로는 거의 처음이나 다름없는 큰 좌절이었다.

'안 되겠어, 중국은. 다시 태국으로 돌아가야 해.' 나는 골든트라이앵글에 잠입하고자 하는 야망을 쭉 품고 있었다. 게다가 중국 한족 지역에서 보자면 동남아시아는 '중국 내 소수민족 지역의 연장선'처럼 느껴지기도 한다.

중국에서 태국으로 돌아간 적이 여러 차례 있다. 직접 치앙마이로 비행기를 타고 간 적도 있었고, 일단 일본으로 돌아가 아르바이트 등으로 푼돈을 벌고 나서 돌아간 적도 있었다.

치앙마이에 도착하면 마음속 깊이 안도감이 들었다. 일본에서 치앙마이로 돌아가도 해방감을 느끼지만 중국에서 갈 때는 두 배, 세 배로 느껴진다. 건물도 도로도 사람의 크기에 맞고 환경에 맞춘 것이다. 들려오는 소리도 싸울 듯이 덤비는 중국어가 아니라 품위 있고 부드러운 태국어다. 중국에서는 고함치고 다니던 나도 인격이 싹 돌변해서 고양이처럼 나긋나긋한 목소리를 내게 된다.

낙원의 우라시마 다로처럼 떠돌다

치앙마이는 방콕만큼 덥지는 않아서 아주 지내기 좋다. 겨울에도 결코 추운 정도는 아니다. 거리의 노점은 개방적인 분위기를 풍긴다. 샨인이나 태국인의 친구나 지인과는 중국인만큼 친밀하지는 않더라도 부담 없이 사귈 수 있다.

또한 중국을 떠나보면 중국 내 소수민족이 얼마나 중국화되어 있는지를 잘 알 수 있다. 중국 내에서는 신선해 보였던 소수민족도 학교에서는 중국어를 배우고 중국 문화에 물든 채로 살아간다. 마치 어떤 민족이든 '중화 맛가루'를 뿌린 것처럼 중국의 맛이 나는 것이다.

실제로 먀오족苗族(태국에서는 몽Hmong족)이나 타이족(미얀마와 태국의 샨족)은 중국과 동남아시아 전역에 걸쳐 사는데, 어느 쪽이 더 민족적인 특색을 지니고 있는지를 보자면 동남아시아 쪽이 더 그런 느낌이다. 중국에 사는 이들은 언어나 의식주 모든 면에서 한족의 영향이 짙다.

그렇다고 해서 태국 치앙마이에 계속 머물면 되느냐 하면 꼭 그런 것도 아니다. 이쪽도 두세 달쯤 지나면 '이대로 괜찮은 걸까?'라는 생각이 들기 시작한다. 할 일이 없어서다.

정작 가고 싶었던 골든트라이앵글에 갈 계획은 전혀 세워지지 않았다. 샨족 독립운동 지원이나 샨족 난민 지원 같은 활동을 간헐적으로 하긴 했다. 국경을 넘어 미얀마 샨주의 쿤사군 지역에 들어간 적도 있었으나 큰 마을 같은 곳에 군인이나 승려, 평범한 농민들이 있을 뿐 재미있는 일은 아무것도 없었다. 미얀마를 여행하기도 했는데 여행 자체는 즐거웠을지 몰라도 원고로 쓸 만한 내용은 없었다.

어학의 진전도 없었다. 생활에 필요한 최소한의 태국어는 할 수 있었지만 복잡한 이야기를 나누기는 여전히 어려웠고 공부를 안 하니까 읽기와 쓰기 능력은 점점 떨어져 갔다. 버마어는 미얀마 여행 때 외에는 거의 써먹을 기회가 없었다.

샨어는 두 번 선생님한테 배운 적이 있다. 한 명은 중국 윈난성 출신이었는데 중국의 타이족(샨족)은 로마자 기반의 독자적인 문자가 있어서 교습이 가능했다. 하지만 그건 샨어 북부 방언이었고 내가 평소 교류하던 미얀마 샨족의 언어와는 차이가 커서 결국 그만두게 되었다.

또 한 번은 읽고 쓰기까지 제대로 가르쳐주던 미얀마 샨인 청년이 있었다. 그는 한 달쯤 지나자 어디론가 가버렸다. 타이카다이어족 화자(혹은 타이계 민족)의 특징일지도 모르겠는데, 태국인과 마찬가지로 샨족도 쉽게 자리를 옮긴다. 쉽게 싫증내고 같은 자리에 가만히 있지 못하는 사람이 많다.

내가 남들보고 떠돌아다닌다거나 쉽게 싫증낸다고 투덜거릴 입장도 아니다. 누구보다 나 스스로가 그렇기 때문이다. 애초에 치앙마이에서 나는 도대체 무엇을 하고 있었던 걸까.

낙원 속에서 하루하루가 어영부영 지나간다. 그러다 문득 무서운 생각이 스친다. "이대로 괜찮은 걸까?" 마치 우라시마다로(옮긴이: 일본 설화 속 인물. 거북을 살려준 덕으로 용궁에 가서 호화롭게 지내다가 얼마 뒤에 뭍으로 돌아오는데 작별 선물로 받은 상자를 열지 말라는 금령을 어기고 열자마자 노인이 된다)가 된 기분이다.

수상쩍은 인간이 되어버린 나에게

돌아가야겠다는 생각이 든다. 어디로? 일단은 도쿄다. 어쨌든 고향이니까. 하지만 거기에는 다다미 석 장짜리 좁은 빌라 말고는 내 자리가 없다. 동급생이나 선후배 대부분은 취직해서 평범하게 산다. 중견 사원이 되고 결혼해 가정을 꾸린 이도 드물지 않다. 사람 만나기가 무서워졌다. 아는 사람이든 처음 보는 사람이든 말이다. "뭐 하고 있어요?"라고 물어오면 말문이 막힌다. 왜냐하면 아무것도 안 하니까. 학생 기분을 못 버린 채로 서른이 다 되도록 빈둥거리고 있으니까.

이번엔 중국으로 돌아가자는 생각이 든다. 당시 내가 제일 잘하는 외국어는 회화도 읽고 쓰기도 중국어였다. 모 선생님과 친구들도 있다. 다롄이 마치 고향 같다는 착각에 빠졌다. 중국 전문 작가가 된다면 당분간은 먹고살 만하겠다는 생각도 들었다.

하지만 그런 안이한 생각으로 다롄에 갔다가 모 선생님에게 "넌 도대체 뭘 하고 싶은 거야?"라는 말을 듣고 말았다.

모 선생님은 예전에는 나를 두고 "자네는 어학 천재구먼" 하고 감탄도 했지만 이제는 전혀 그런 말을 하지 않는다. 내가 금방 공부에 싫증 내는 사람이라는 걸 알았기 때문이다.

"다카노, 너한테 제일 마음에 안 드는 점은 바로 나태함이야." 악어처럼 매서운 눈으로 노려보며 언짢은 얼굴로 말했다. 맞받아칠 말이 없었다. 꾸준히 공부하는 데는 영 젬병이다. 꾸준히 일하는 건 더 못한다. 흥미가 생기지 않는 일은 고통스럽기만 하고, 그 고통에 익숙해지려는 끈기도 없다.

결과적으로 일본에서는 찻집의 점원이라든가 간단한 번

역이나 문서 작성, 텔레비전 프로그램의 리서치도 하고, 치앙마이에서는 일본어를 가르치거나, 사업에 크게 성공한 연배 높은 친한 지인을 부추겨 겉으로는 샨족 피난민을 지원하며 인도적인데 실은 샨주 독립을 지원하는 NGO를 세우고 그곳의 전속 스태프가 되기도 하면서, 하루 벌어 하루 먹는 식으로 돈을 벌었을 뿐이다.

어쨌든 나는 완전히 수상쩍은 인간이 되어버렸다. 당시 아시아 여러 나라에는 나 같은 일본인들이 있었다. 여기저기 얼굴을 비추고 이런저런 언어를 조금조금 할 줄 알고 이것저것 아는 척 이야기하지만 정작 뭘 하는지는 알 수 없는 그런 사람들이다.

"우리 집사람이 그러데." 모 선생님이 덧붙였다. "쟤는 이제 젊은이도 아닌데 앞으로 도대체 뭘 하려는 거냐고." 선생님의 부인한테까지 우리 어머니와 똑같은 말을 듣다니…… 나는 국제적으로도 낙오자인가 싶어 더욱 침울해졌다.

어학, 직업, 인생의 '이제 와서'

그제야 어학만이라도 뭔가 하나 정해서 최소한 3년은 제대로 붙들고 노력해 봐야겠다는 생각이 이따금 들곤 했다. 중국어든 태국어나 버마어든. 하지만 '무엇을 위해?'라는 의문이 떠오르면 동기부여는 아침 안개처럼 덧없이 사라졌다.

언어는 어디까지나 도구다. 나의 기본 자세는 이렇다. 무언가 큰 목적을 위해 배우는 것이다. 그런데 아무런 목적 없이 3년간 공부한다고 하면 애초에 무엇을 공부해야 할지조차 전혀 감이 잡히지 않았다. 문법? 듣기? 작문? 영화 보기? 뉴스 듣기? 소설 읽기? 모두 엇나가는 느낌뿐이었다. 누가 어학 꿀팁이라도 알려줬으면 좋겠다고 진심으로 생각할 정도였다.

문제는 어학이 아니다. 번듯한 일자리를 얻는 게 낫지 않을까 하는 생각도 들었다. 앞서 중국에서 깊이 있는 취재나 조사를 할 수 없다고 썼지만 기자나 연구자라면 가능할지도 모른다. 어딘가의 대학원에 들어가 공부하는 편이 나은 게 아닐까 생각했는데 곰곰이 따져 보니 그건 이미 교토대 대학원 입시를 포기했을 때 접은 길이었다.

그럼 기자가 되어야 할까 싶어 후배한테 소개를 받고 농업 전문 신문사에서 아르바이트를 했으나 일주일도 채 못 가서 그만두었다. 일본 농업이든 업계 신문이든 전혀 흥미를 느끼지 못했기 때문이다. 애초에 나는 해외 변방에 더 끌리는 사람이었다. 처음부터 모르던 것도 아닌데 '이제 와서' 이런 결과를 맞아야 하는가.

그러나 가장 큰 '이제 와서'는 내 삶 자체가 잘못된 것이 아닐까 하는 생각이 든 일이었다. 여태껏 어학 중심의 RPG

식 방식으로 목표를 달성해 왔다. 하지만 그것은 어디까지나 몇 달 또는 2~3년짜리 단기 목표 때문이었다. 인생이라는 엄청나게 긴 게임은 그렇게 단순한 방식으로는 공략할 수 없을 것 같았다. 아니, 인생이 과연 게임일까? 아닌 것 같았지만 그것조차 확실하지 않았다. 다행인지는 몰라도 그때까지 한 번도 인생이란 무엇인가 진지하게 고민해 본 적이 없었다.

연구자나 기자가 되고 싶다는 생각을 해본 적은 있다. 그러나 그 또한 막연한 동경이거나 취재나 조사가 쉬워질 것 같다는 생각뿐이었다. 그런 지원 동기를 프로가 듣는다면 "어디서 날로 먹으려는 거야?"라고 말할 게 뻔했다.

유일하게 계속하던 일은 골든트라이앵글에 가려는 준비였다. 영어 자료를 찾아 읽고 정리하는 작업은 일본에서도 태국에서도 멈추지 않았다. 하지만 알면 알수록 가고 싶지 않다는 마음도 들었다. 세계적인 마약 생산지다. 과연 감당할 수 있을까. 나는 어떤 분야의 전문가도 아니다. 스스로 그런 길을 포기해 왔다. 그러나 결과적으로는 앞서 아무도 가지 않았던 길을 스스로 개척해야 했고 가장 어려운 선택을 해버린 셈일지도 모른다.

골든트라이앵글은 나에게 '최후의 보루'가 되었다. 다시 말해 '마지막 변명'이었다. 만약 정말로 가게 된다면 더는 핑계가 남지 않는다.

왠지 깎아지른 낭떠러지를 향해 무한의 포복 전진을 하는 기분이었다. 목적지는 한없이 멀다. 게다가 목적지에 가까워질수록 나의 미래는 좁아지고 위태로워진다. 하지만 그렇다고 가까이 가지 않을 수도 없는 노릇이었다.

2   신화통신 2020년 9월 16일, https://www.afpbb.com/articles/-/3304762.

중국 방언 윈난어로 와어 배우기

"다카노, 와주라면 갈 수 있어." 미얀마 반정부 게릴라 샨주군의 전 총사령관인 센숙이 내게 말했다. 중국에서 치앙마이로 돌아갔을 때였다. '와주?' 놀라운 한마디였다.

오랜만에 솟아오른 RPG적 동기부여

와주는 미얀마 샨주 안에 있는 작은 지역이다. 앞서 말했듯 샨주는 홋카이도와 도호쿠 지방을 합친 것에 버금가는 광

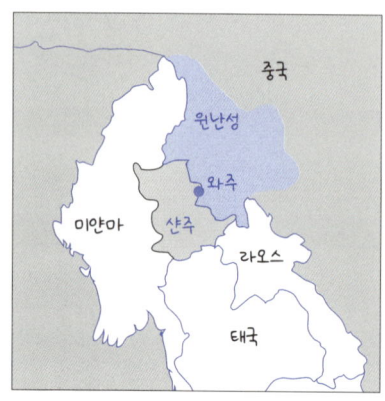

와주는 미얀마 샨주의 북동부에 있으며 중국 윈난성과 국경을 맞대고 있다.

대한 면적을 자랑하며 샨족뿐 아니라 다양한 소수민족이 산다. 와족도 그중 하나다. 중국 국경 근처에 살며 전통적으로 그 지역은 와주라고 불렸다. 와족은 1960년대 무렵까지 머리를 베는 사냥 풍습이 있었고 1990년대에는 와주연합군이라는 무장 세력이 다스렸다. 2022년 현재도 마찬가지다. 샨족이나 버마족이 보기에 와족은 매우 야만적이고 무서웠다.

와주는 골든트라이앵글의 핵심 지역으로 불법 아편의 약 60퍼센트가 이곳에서 생산된다고 했다. 그리고 외국인이 장기 체류한 전례가 없었다.

원래 와군은 미얀마 군사정권과 좋은 관계를 유지하고 다른 소수민족 무장 세력과는 사이가 좋지 않았다. 그래서 외부인을 쉽게 받아들이지 않는 것으로 알고 있었다. 어쩌다가 이

때쯤 와군과 미얀마 정부의 관계가 틀어지면서 와군이 반정부 세력이 된 모양이었다. 전 총사령관인 센슉이 와군 간부에게 내 이야기를 해주자 와군 측도 '기본적으로 오케이'라고 대답했다는 것이다.

기쁨과 당혹스러움이 반반이었다. 와주는 비경 중의 비경이라서 그곳에 갈 수 있다는 것은 기쁜 일이다. 말도 안 되는 행운이라고 해도 된다. 한편으로는 전혀 감이 오지 않는 세계라서 으스스하고 두렵다. 게다가 언어의 문제도 있다. 와주는 미얀마 내에서도 치외법권 지역이다 보니 미얀마의 공통어인 버마어도 샨주의 공통어인 샨어도 통하지 않는다고 한다. 마을 사람이나 군대에서 사용하는 공통어는 와어다. 와어라고? 어떤 언어인지 전혀 짐작조차 가지 않았다.

"그런데, 군 간부나 일부 교육받은 사람은 중국어를 하는 것 같아." 전 사령관이 말했다.

'어어!' 하고 생각했다. 그렇다면 어떻게든 될 것 같았다. 만약 이 당시 내가 중국어를 하지 못했다면 와주에 가기란 거의 불가능했을 것이다. 영어도, 버마어도, 태국어도, 샨어도 통하지 않기 때문이다.

중국어를 해서 다행이라는 생각이 마음 깊이 들었다. 중국이든 골든트라이앵글이든 어느 하나에 전념해야 한다며 재기만 하다가 정작 결심은 못하고 두 곳을 어정쩡하게 오가던 것이 결과적으로 쓸모를 발휘했다. 내 우유부단함에 건배다.

하지만 내 목적은 시골에 들어가 살면서 양귀비 재배를 하는 것이다. 그러려면 중국어만으로는 모자란다. 와어를 배워야 한다. 오랜만에 RPG식 동기부여가 솟아올랐다. "와어를 배워서 와주로 가야겠다!"

기독교인의 언어 연구 덕분에 와어를 배우다

와어는 오스트로아시아어족 몬크메르어파에 속한다. 크메르어(캄보디아어)와 베트남어의 먼 친척이다. 중국어나 버마어처럼 중국티베트어족에 속한 언어나 타이카다이어족의 태국어 및 샨어와는 전혀 다를 것이라는 게 나의 와어 지식 전부였다. 그토록 골든트라이앵글 여행을 준비하며 내 딴에는 여러 언어에 손을 대보았건만 딱히 크게 쓸모가 없을 것 같았다.

비경에 사는 소수민족 언어의 교재 같은 것은 당연히 없었다. 치앙마이에는 와군의 대표가 있었는데 태국에 오래 거주했고 샨인 아내를 둬서 태국어에 능통했다. 그와 의논하고서 치앙마이 교외에 사는 와족 목사를 소개받았다.

목사는 중국 윈난성 출신이었다. 와족은 중국과 미얀마 양쪽에 거의 반반씩 산다고 한다. 과거 영국이 와족의 거주

지역을 식민지로 삼으면서 영국령(현재의 미얀마령)과 중국령으로 지역이 나뉜 것이다.

와족은 전통적으로 조상 숭배나 정령 신앙을 믿어왔는데 20세기 초 미국에서 온 선교사가 중국 영토 내의 와족에게 개신교를 전파하면서 일부는 기독교도가 되었다.[3]

기독교도, 특히 개신교도는 세계의 언어 연구 및 문자화에 지대한 영향을 끼쳤다. 제2장에서 콩고의 언어 사정을 설명하면서도 국제 SIL이라는 기독교계 비영리 단체가 보미타바어 지역에 연구자를 파견한 이야기를 썼다. 또 이 책에서 자주 인용하는 《에스놀로그》라는 언어 정보서를 제작하고 발행하는 곳도 역시 국제 SIL이다.

기독교도의 언어 연구는 특히 오지에서 두드러진다. 아시아, 아프리카, 중남미, 남태평양 등의 외진 지역에서 선교 활동을 해왔기 때문이다. 도시나 개방된 평야 지역에는 불교, 이슬람교, 힌두교 같은 주요 종교들이 뿌리내려 있거나 새로운 종교가 비집고 들어갈 틈이 별로 없다.

선교사는 외딴 마을에 들어가면 우선 물품을 나눠 주거나 병을 치료해 주면서 민심을 얻는다. 그다음 하는 일이 바로 '성서 번역'이다. 성서를 번역 불가능한 경전으로 여기는 이슬람교와 달리 기독교는 신의 말씀을 적극적으로 번역하려 한다. 다만 번역은 정확해야 한다. 그래서 선교사는 현지 언어를 열심히 조사하고 연구한다. 흥미로운 사실은 신을 위해 모든 것을 바쳐 비경에 들어오는 이들 중 상당수가 언어학자라는 점이다.

언어 조사가 끝나고 필요한 어휘, 문법, 발음 등이 파악되면 성서를 번역한다. 오지의 주민들은 문자가 없으니 알파벳을 새롭게 부여한다. 바로 내가 한때 링갈라어를 알파벳으로 표기했던 것과 같은 방식이다. 요한복음에 따르면 태초에 말씀이 있었다는데 선교사는 정말 그런 일을 하는 것이다. 그리고 그 새로운 말에 따라 세례, 미사, 혼례, 장례 등을 집전한다.

언어가 문자화되면 원칙적으로 누구나 그 문자를 읽고 쓸 수 있게 된다. 이 문자가 일반 신자나 해당 언어 사용자 사이에 퍼지기도 하고 좀처럼 퍼지지 않기도 한다. 하지만 최소한 목사만큼은 읽고 쓸 수 있어야 한다. 달리 말하면 현지어의 문자 해독 능력은 목사에게 반드시 필요한 능력이다.

내가 만난 목사가 윈난성에서 치앙마이로 이주해온 사정은 잘 몰랐지만 와어를 읽고 쓸 수 있다는 사실은 확실했다. 나는 주 3회 치앙마이 교외에 있는 그의 집에 드나들었다.

와어는 어떤 언어로 배워야 할까?

목사님은 치앙마이에서도 소수의 와족 신자에게 설교나 성서 해설을 하나 본데 외국인에게 와어를 가르쳐본 적은 한 번도 없었던 것 같다. 그러나 신의 말씀을 전하듯 엄숙하고 자신감에 찬 태도로 일대일 수업을 시작했다.

오랜만에 악전고투의 공부였다. 목사님은 태국어가 수월해서 처음 소개받을 때부터 쭉 태국어를 매개 언어로 삼았다. 수업도 당연히 태국어로 진행했다. 다만 목사 선생님은 태국어를 귀로 익혀서 치앙마이 방언이 섞여 있고 게다가 글은 읽고 쓸 줄 몰랐다.

목사님은 로마자화된 와어의 단어나 예문을 내 노트에 적고는, 태국어로 "이건 '밥 먹었습니까?'라는 뜻입니다" 등으로 설명했다. 나는 설명을 그대로 받아 적었다.

그러나 나는 태국어 실력이 부족한 탓에 듣기나 철자 맞추기가 버거웠다. "어, '사마'가 무슨 뜻이더라?" "짜이뎬 철자가 뭐더라?" 하는 식으로 와어보다 오히려 태국어 쪽에 더 신경이 쓰였다.

그러던 어느 날 내가 이해를 잘 못하고 있는 모습을 보던 목사님은 말은 태국어로 하면서 글은 중국어로 쓰기 시작했다. 과연 이래도 되려나 싶었지만 막상 중국어로 번역한 글을 보니 의미가 쉽게 이해됐다.

'그렇지! 하고 나는 뒤늦게 깨달았다. 가만 보니 이 선생님은 중국어를 할 줄 안다. 처음부터 중국어로 배웠어야 하는데 태국에 있다 보니 나도 모르게 태국어로 해야 할 것 같은 착각에 빠졌던 것이다. 선생님도 내가 중국어를 할 줄 아는지 몰랐다. 다만 본인은 중국어로 교육받았으니 태국어로 말하면서도 글은 무의식적으로 중국어로 쓰게 된 모양이다.

"선생님, 중국어로 가르쳐주세요"라고 내가 중국어로 말하자 선생님은 깜짝 놀랐다. '진작 말하지!'라고 생각한 것이 틀림없다. 그리하여 도중부터 매개 언어를 중국어로 바꾸게 되었다. 하지만 문제가 전부 해결되지는 않았다.

선생님의 중국어는, 어디까지나 다롄에서 북경관화 기반의 보통화를 배운 내 입장에서 보면, 사투리가 심한 서남관화 중 윈난 말씨라서 처음엔 전혀 알아들을 수 없었다. 물론 윈난어는 사실상 별개의 언어나 다름없는 상하이어나 광둥어와 달리 북방 방언 중 하나이므로 문법이나 기초 어휘는 크게 다르지 않다. 다만 발음이 상당히 다르다.

예를 들어 '오르다'는 중국어로 '上去상취'인데 윈난 방언은 '상커'라고 발음한다. ㅊ 소리와 ㅋ 소리는 언어학적으로 상호 대체되기 쉽다. 일본어 음독에서도 '去(거)'는 '쿄'라고 읽는다. 어쩌면 '쿄'나 '커' 쪽이 옛 중국어의 발음에 더 가까웠을지도 모른다. '변방'에는 언어의 옛날 발음이나 단어가 와어 수업 노트. 태국어와 와어(왼쪽) 및 중국어와 와어(오른쪽). 내가 먼저 태국어나 중국어로 예문을 만들어 선생님에게 와어로 번역해 달라고 했다.

남을 때가 있다.

게다가 성조는 보통화와 크게 다르다. 중국어 원어민이라면 어느 정도 이해할 만한 범위이겠지만 외국인에게는 꽤나 어렵다. 사용하는 말도 미묘하게 다른 경우가 있다. 자동차는 보통화에서는 일반적으로 汽车치처를 쓰지만, 윈난어에서는 车子처쯔를 주로 쓴다. 사실 车子도 사전에 실려 있으므로 보통화 어휘이긴 하겠지만 그때까지 들어본 적이 없었다. 그런 경우 문맥에서 이건 '자동차'인가 하고 짐작하게 된다.

또한 윈난어 어휘에는 때때로 소수민족 언어에서 유래한 말이 섞여 있어서 그럴 때는 추측조차 불가능하다. 선생님한테 의미를 물어보고 확인할 수밖에 없다.

모처럼 매개 언어가 입말과 글말 모두 중국어로 통일되었는데 이번에는 윈난어를 알아듣지 못하는 새로운 고민이 시작된 것이다. 다만 한자로 써주면 알아볼 수 있어서 와어와 윈난어를 동시에 배우는 체제로 들어갔다. 와어로도 중국어로도 서로 통하지 않을 때는 태국어도 병용했는데 편리한 건지 혼란을 가중시킨 건지조차 알 수 없었다.

학습 방식은 버마어를 배울 때와 똑같았다. 선생님이 만들어주는 여러 예문을 비교하고 검토하면서 와어의 문법과 발음을 조사해 나가는 방식이다.

실제로 조사해 보니 와어는 중국어, 태국어, 샨어, 버마어와는 꽤 다른 언어였다. 예상보다 다른 부분도 있었고 예상보다 공통된 부분도 있었다.

계통이 다른 언어끼리 주고받는 영향

언어는 어족이나 어파라는 계통에 따라 그 특성이 형성된다. 어족은 동물학으로 치면 목, 어파는 과나 아과에 해당한다고 생각한다. 개와 고양이는 같은 식육목에 속한다. 그래서 어느 정도 형태나 생태가 비슷하다. 하지만 고양이와 사자가 진화론적으로는 더 가깝다. 둘 다 고양이아목 고양이과이기 때문이다. 사자와 표범은 둘 다 고양이과 표범속이므로 더 가깝다.

언어도 기본적으로 비슷하게 볼 수 있다. 그래서 어족이나 어파를 아는 것이 언어를 배우는 지름길이라는 얘기도 했다. 다만 동물과 언어에는 결정적으로 다른 점 하나가 있다.

동물은 일단 종種으로 갈라지면 서로에게 영향을 주지 않는다. 사자와 호랑이를 몇 세대 동안 같이 키워도 서로 닮아 가는 일은 없다. 사자 수컷과 호랑이 암컷이 짝짓기해서 새로운 종이 생기는 일도 없다. 참고로 사자와 호랑이 사이에서 태어난 새끼는 생식 능력이 없어서 다음 세대로 이어지지 않는다. 사자는 사자이고 호랑이는 호랑이일 뿐이며 후대에 영향을 주는 일은 없다.

하지만 언어는 유전자 수준에서 계승되는 것이 아니고 인간의 문화 수준에서 계승되기 때문에, 계통이 다른 언어라도 가까이 있다면 상호 영향을 주고받는 일이 있다. 4장의 태국어 학습 관련 부분에서 태국어, 버마어, 중국어는 발음에 공통성이 있다고 살짝 언급했다.

좋은 예가 중국에서부터 동남아 북부, 즉 인도차이나 반도까지 걸친 성조 언어다. 전 세계적으로 성조가 세 개 이상 있는 언어는 드문데 대부분 이 지역에 집중된다. 중국어와 버마어(중국티베트어족), 태국어와 샨어(타이카다이어족), 몬어(먀오야오어족), 와어와 베트남어(오스트로아시아어족) 등은 각기

계통이 근본적으로 다름에도 모두 성조가 셋이 넘는다. 이는 단순한 우연으로 보이지 않는다. 구체적으로는 알 수 없으나 서로 어떤 식으로든 영향을 주고받았을 것이다.

동아시아와 인도차이나에 공통되는 말맛

범위를 더 넓혀 보면 아시아 대륙 동부에 공통되는 말투의 분위기나 말맛도 있다.

일본어는 문장 끝에 '~ね네' '~よ요' '~よね요네' '~な나' 등을 붙여 말투를 부드럽게 하거나 뉘앙스를 표현한다. 동아시아와 동남아시아 북부의 언어에도 널리 공통되는 말맛이다. 중국어, 한국어, 태국어, 샨어, 버마어에도 비슷한 표현이 있다. 이런 어미는 서양인이 곧바로 이해하기 어려운 듯한데 치앙마이에 살 때 독일이나 구 유고슬라비아에서 온 지인에게 "태국어 문장 끝에 붙는 เนอะ네가 도대체 뭐야?"라는 질문을 받은 적도 있었다. 하지만 일본인에게는 おいしいね오이시이네(맛있는데/맛있네)의 ね네나 遠いな토오이나(멀구나/머네)의 な나와 비슷한 용법이라서 감각적으로 바로 이해할 수 있다.

또한 '한 자루, 두 자루, 세 자루', '한 장, 두 장, 세 장' 같은 '~本(자루)', '~枚(장)' 등의 분류사도 마찬가지로 동아시아와 동남아 북부의 언어에서 어족이나 계통과는 무관하게 공통적으로 사용된다. 다만 사용 방식은 언어마다 다르다.

태국어나 샨어와 버마어, 중국어에 둘러싸인 와어도 분위기가 비슷할 것이라고 예상했다. 우선 비슷한 점은 단어가 전혀 변화하지 않는다. 동사의 변화도 없고, 명사의 성별이나 단수·복수도 없다.

자음 발음에 유기음과 무기음이 구별되고 어말 발음도 n과 ŋ이 구별된다. 이것도 이 지역 언어들과 공통된다.

기본 어순은 주어(S) + 동사(V) + 목적어(O)로 태국어와 중국어와 같다. 형용사는 '마을+오래된'처럼 뒤에서 수식한다. 이 점은 태국어와 같다.

의외로 성조는 없다. 아시아 대륙 동부에 널리 공통되는 문장 끝 '~네' 같은 표현이나 '마리', '장', '자루' 같은 분류사도 없는 듯했다.

오히려 고마운 일이었다. 성조는 외우기도 발음하기도 알아듣기도 어렵다. 없으니 차라리 좋다. 어미에 붙는 토씨 같은 말은 유럽이나 아프리카 언어에도 없으니 별다른 위화감은 없다. 와어는 겁먹지 않아도 되겠다는 생각이 들었다. 문법이나 발음에서 어려움을 느낄 만한 요소가 없었다.

목사 선생님한테 예문을 읽어달라고 하고 그것을 녹음해 집에서 반복해서 발음 연습을 하는 방식도 버마어 학습 때와 마찬가지로 순조롭게 진행되었다. 지금 이 글을 쓰고 있는 시점에도 이 '원어민의 예문 낭독을 나 스스로 반복 연습하기'가 적어도 나에게는 최고의 학습법이다.

선생님한테 와어를 배운 건 두 달 정도였다. 기본적인 회화는 꽤 익혔다고 생각했지만 문제는 실제로 쓸 기회가 거의 없었다. 주변에는 와군 대표 한 사람뿐이었고 그는 매우 바빠 자주 만날 수 없었다. 현지에 가서 정말 이걸로 의사소통이 될지 미지수였다. 잘못하면 포르투갈어 때 같은 비극이 기다리고 있을지도 몰랐다. 하지만 그것은 내 힘으로는 어쩔 수 없는 일이었다.

수업은 1995년 10월 어느 날 갑자기 끝이 났다. 이제 와주로 간다는 연락이 왔기 때문이다. 탁류에 휩쓸리듯 중국 윈난성을 경유해 와주로 향했다.

---

3 중국 윈난성에서의 소수민족 개신교 포교에 대해서는 하라 마코토 〈중국 윈난성의 개신교·기독교에 대한 하나의 고찰 中国雲南省のプロテスタント・キリスト教についての一考察〉(《기독교 연구 基督教研究 67-11》 2005. 11. 05)에 상세히 기술되어 있다. 와인에 관해서 직접적으로 쓴 내용은 없는데 전도가 이뤄진 지역으로 쏭장, 시멍, 창위안, 멍롄, 겅마 등지의 와족 거주 구역이 꼽힌다(97쪽).

세계에서 가장
불가사의한 '나라'의 언어 사정

와주만큼 불가사의한 '나라'는 지금까지 존재한 적도 없고 앞으로도 없을 것이다. 역사상 한 번도 어떤 '국가'의 지배하에 놓인 적이 없다. "19세기 영국과 청나라가 협상하여 와족의 거주지를 정확히 반으로 가르는 국경선을 그었다. 동쪽은 청나라, 서쪽은 영국령이 되었다. 그 시절 와족은 머리 사냥에 몰두했고 양국의 협상 따위는 전혀 몰랐다." 나를 돌봐준 와군 간부 중 한 명이자 행정부 문교위원이기도 한 타쿤 파오가 말했다. 실제로 공식적인 국경선은 훨씬 나중에 그어졌겠지만 대략적인 경위는 그런 식이었을 것이다.

정치적 미지의 땅에서
중국어의 위치

이후 중국 쪽은 와족佤族이라는 명칭으로 중화인민공화국에 통합되었다. 그런데 영국에서 독립하여 버마연방공화국 측에 들어간 '와주'는 버마 정부의 통치가 미치지 않았다. 이후 와주는 버마 공산당이라는 무장 세력의 지배하에 놓였다. 1990년 이후 버마 공산당이 붕괴하면서 과거 그 당의 일원이었던 이들이 '와주 연합군'이라는 와족 무장 민족 세력을 조직하여 통치했다. 사실상 독립 국가다. 실제로 와주 사람들은 와군과 와주 정부를 '궈자(国家, 중국어로 국가)'라고 불렀다. 그리고 와주의 기간산업은 아편 생산이었다.

현지를 직접 방문해 보니 정말 놀라웠다. 와주는 완전한 '정치적 미지의 땅'이었다. 외부 세계로부터 완전히 차단되어 농촌 사람들은 미국이라는 나라가 있다는 것은 고사하고 자신들이 미얀마라는 나라에 살고 있다는 사실조차 몰랐다.

와주 주민은 크게 두 종류로 나뉜다. 하나는 중국어를 할 줄 아는 와족과 중국인(한족), 또 하나는 와어만 사용하는 '순수 와족'이다. 이 두 주민 집단은 세계관이 전혀 다르다. 중국어를 쓰는 와족이나 한족은 중화 세계의 영향을 받지만, 순수 와족은 중화 세계와는 아무 관계도 없는 전통적 애니미즘의 세계에 살고 있었다.

이런 점은 콩고를 떠올리게 한다. 프랑스어를 할 줄 아는 이들이 상층에 있고, 할 줄 모르는 이들이 하층에 있으며, 양자의 세계관에 간극이 있는 것도 비슷하다. 하지만 와주의 이 두 종류 주민 사이의 격차는 더 컸다.

와주의 '수도'는 중국 윈난성과 국경을 접한 팡캄이다. 팡캄은 당시 중국 시골 마을처럼 보였다. 간판과 표지판도 그렇고 공통어도 중국어. 중국 출신의 와족이나 한족이 와주의 와족보다 훨씬 많이 살았다.

와주 연합군 자체도 공용어는 중국어다. 중국 국적의 와족뿐만 아니라 한족도 다수 참여했고 와어의 문자를 읽고 쓰는 법이 보급되지 않아 문서를 작성할 때는 중국어를 쓸 수밖에 없었다.

와군 총사령관이 이 '나라'의 보스인데 이름이 두 개였다. 와어로는 따 빵, 중국어로는 바오유샹鮑有祥이다. '따'는 존칭이고, 본명은 '니 빵'이지만 이를 아는 사람은 와족뿐이다. 바오유샹은 훗날 미국 《타임》에서 '마약왕'으로 지목되어 세계적으로 유명해지는데 어디까지나 중국 이름으로 알려졌다.

중국어 화자들은 중국에서 교육을 받은 경험이 있어서 다른 세상도 알고 물론 '일본'도 안다. 와족은 누구나 와어를 한다. 문교위원 타 쿤 파오에 따르면 일본은 와어로 '호 롬'이라 한다. '호'는 중국, '롬'은 물을 뜻한다. 즉 '물 중국'이다. 와어에서는 중화인민공화국을 '빨간 중국', 대만을 '흰 중국'이라고 부른다.

왜 일본이 '물 중국'인가 하면, 제2차 세계대전 때 일본 병사들이 강을 헤엄쳐 와주를 침입했다는 전설이 있기 때문이다. 실제로 일본군은 와주에 한 발짝도 들어가지 않았는데 어디서 어떻게 생겨났는지 알 수 없는 불가사의한 전설이다.

여기서는
아무도 일본을 모른다

나는 수도 팡캄에서 총사령관과 면담하여 마음에 드는 마을에 원하는 만큼 체류해도 좋다는 허가를 받았다. 이후 양귀비 재배가 활발하고 가급적 와족 전통이 짙게 남은 마을을 찾고자 와군 사람들과 함께 와주 곳곳을 다닌 다음에 동북부 무이레라는 마을에 머물기로 했다. 일꾼 겸 통역 겸 감시자로 '삼'이라는 이름의 와군 청년이 한 명 붙었다.

따 빵 이하 와군 간부들은 일본인이라는 사실은 누구에게도 밝히지 말라고 단단히 일렀지만 이런 지시는 아무런 의미가 없었다. 마을에 들어가 살게 되자 사람들이 나에게 무슨 나라 사람이냐고 묻기에 그냥 '일본인'이라고 중국어와 와어로 대답했는데 아무도 일본을 몰랐다.

앞서도 말했듯이 중국어를 모르는 순수 와족은 자신들이

통역을 맡은 와군 청년 삼의 모습.

미얀마에 산다는 사실조차 모른다. 그들의 세계관에서는 이곳이 '와의 나라'이고, 동쪽에는 중국, 서쪽에는 샨이라는 또 다른 나라가 있다. 샨의 저편에 비로소 미얀마라는 나라가 있다는 인식이었다. 내가 미얀마 지폐를 보여주어도 모두 고개를 갸웃거릴 뿐이고 버마어를 알아듣기는커녕 들어본 사람조차 내가 머문 마을에는 거의 없었을 것이다.

미국이나 일본도 당연히 모른다. 콩고에서는 텔레 호수 근처의 보아 마을에서도 프랑스어를 알아듣는 사람이 다소 있었고 그들은 라디오를 통해 세계 정세를 상당히 파악하고 있었다. 미국이 로켓을 쏘아 달에 도달했다는 사실도 알고 일본인도 달에 갔느냐고 묻는 사람도 있었다. 하지만 와 마을에는 라디오 내용을 이해할 만큼 중국어를 아는 사람도 없었고 라디오 같은 고급품을 가진 사람도 없었다.

나는 '아이 라오'라는 와족 이름을 받았었다. '아이'는 '맏아들', '라오'는 '이야기하다'라는 의미다. 마을 사람들은 아이 라오는 도대체 어느 나라 사람이냐며 고민했고 주로 두 가지 설을 만들어냈다.

하나는 중국인 설. 이는 꽤 설득력이 있다. 와족은 살갗이 갈색인데 나는 한족처럼 하얗고 얼굴 생김새도 중국계다. 중국어를 하고 노트나 메모장에 한자로 무언가를 쓴다.

하지만 어느 날 관찰력이 뛰어난 사람이 내 일기를 들여다보더니 중국어 글자가 아니라고 눈치챘다. の나 は 같은 히라가나를 단박에 발견하고 중국어를 모름에도 불구하고 중국어가 아닌 다른 언어라고 간파한 것이다.

"잘 알아봤어! 이게 바로 물 중국어야."라고 말했는데 그 사람은 일본을 일컫는 '물 중국'이라는 말을 몰랐다. 그러고는 "이건 분명 로 뿌이빠잉일 것이다!"라고 단정했다.

'로'는 '언어', '뿌이'는 '사람', '빠잉'은 '하양'이며 합쳐서 '백인 언어'를 뜻한다. 아무도 백인을 본 적이 없기 때문이다. 우리도 조금 특이한 사람을 보고 "저 사람은 외계인 같다"라고 하곤 하니까. 외계인을 본 적도 없고 어떤 모습인지 명확한 합의도 없는 상황에서 '외계인'이라는 말과 와어의 '뿌이빠잉'은 비슷하다. 내가 쓰는 글이 중국어도 와어도 아니니까 틀림없이 '백인어'일 것이라고 해석한 것이다. 그때부터 내가 백인이고 백인 언어를 쓴다는 설이 더욱 강해진 듯했다.

우주와 교신하는
대필가

삼과 나는 마을 사람들이 회합을 하거나 관혼상제에 사용하는 '마을의 집'에서 살게 되었다. 내가 마을에 들어가 살게 되면서 마을 사람들의 언어 활동에도 변화가 생겼다.

계기는 사진 촬영이었다. 나는 사람의 얼굴과 이름을 기억하는 동시에 세대 조사를 하고 싶어서 가져온 폴라로이드 카메라로 각 가정의 단체 사진을 찍었다.

마을 사람들은 사진이라는 것을 처음 보고는 놀랐다. 그리고 마을에 나와 삼이라는 정체를 알 수 없는 중국어를 쓰는 두 사람이 살기 시작했다고 인식했다.

이윽고 개인적으로 우리를 찾아와 사진을 찍어 달라는 사람들이 생겨났다. 기념이 목적이 아니라 멀리 있는 가족에게 사진과 편지를 보내고 싶다는 것이었다.

와주는 전시 상황에 있는 군사 독재 국가였다. 숙적은 마찬가지로 아편 생산과 판매로 세력을 확장하고 있던 쿤사군이며 당시에는 미얀마 정부군과도 대립하고 있었다. 와의 가정에서는 아들 하나만 남기고 나머지는 모두 병역에 복무하고 있었다. 아들이 둘이라면 한 명이, 셋이면 두 명이 군 복무하는 식이다. 남자만이 아니라 여자도, 남자보다는 수가 적지만, 조리나 청소 등 군대를 돌보는 일에 징집되기도 했다. 또한 중국 공산당의 낡은 체질을 이어받은 와군에는 북한의 '기쁨조' 비슷한 '선전대'가 있어서 젊고 용모가 뛰어난 처녀들이 각 마을에서 징집되었다.

와군은 와주 밖의 산주 어딘가에서 전투를 벌이면서 태국과 국경을 접한 지역에 국외 영토를 확보하고 거기에 주둔하는 병력도 많았다.

군에 복무 중인 가족과는 그동안 연락이 닿지 않았다. 아무도 읽고 쓸 줄을 몰랐기 때문이다. 그래서 그들이 우리 집에 오면 내가 사진을 찍고 삼이 중국어로 편지를 써주었다. 편지지는 장터에서 누군가가 사 온 것이다. 열흘마다 마을에서 도보로 한 시간 걸리는 곳에 장이 섰다.

마을 사람들이 와어로 말하면 삼이 중국어로 번역한다. 매번 "안녕하세요! 혁명으로 바쁘시겠지요"라는 문장으로 시작하는 것이 좀 웃겼다. 와군 사람들은 옛 중국 공산당식 슬로건이나 표현을 좋아했다.

하긴 삼은 한자를 잘 쓰는 편이 아니라서 이내 나를 불러 "아이 라오, '건강'은 어떻게 쓰더라?" 하고 묻는다. 내가 메모장에 '健康'이라고 써서 보여주면, "아, 그렇구나" 하며 내가 쓴 한자를 몇 번이고 확인하며 "건강 조심하세요"라고 편지에 적는다. 너무 자주 물어보는 바람에 나도 중간부터 함께 번역을 돕게 되었다. 나와 삼이 함께 있어야 비로소 하나의 대필가가 되는 셈이었다.

편지를 다 쓰면 삼은 편지지를 중국에서 사 온 봉투에 넣었다. 가장자리에 파란색과 빨간색 선이 그려진 항공우편 봉투였다. 전쟁터나 국외 영토는 '외국'이라는 것이 삼의 인식이었다. 삼은 외국에는 항공우편 봉투로 보내야 한다는 묘한 지식을 갖고 있었다. 약간 교육을 받은 와족 사람들은 항공우편 봉투가 아니면 제대로 도착하지 않는다고 완강히 믿었다. 실제로 그 편지는 사람이 사람에게 전달해서 목적지로 보내지는데 항공우편 봉투가 마을에서 바닥나면 다음 장날까지는 구할 수 없어서 기다려야 했다.

가끔은 거꾸로 편지를 읽어 달라는 부탁도 받았다. 전선이나 국외 영토에 있는 가족으로부터 편지가 왔는데 읽을 수 없으니 대신 읽어달라는 것이었다. 이것도 삼 혼자서는 못 하므로 나도 도왔다. 아마 편지를 보낸 쪽도 누군가에게 번역을 부탁했을 것이다.

언젠가는 놀랍게도 2년 4개월 전 날짜가 적힌 편지가 도착한 적이 있다. "저는 건강합니다"라고 적혀 있었지만 그것은 2년 4개월 전의 정보였다. 외국이라기보다는 다른 천체와 교신하는 느낌이었다. 2광년 떨어진 별의 모습은 2년 전 상태라는 것처럼. 그 편지도 항공우편 봉투에 들어 있었다.

와주 역시 마법적 리얼리즘의 세계였다.

표준어와 시골말의 크레바스에 빠지다

 어느 날 아침, 끓인 맹물을 마시며 집 앞에 앉아 일기를 쓰는데 여러 사람이 뭔가를 크게 외치며 달려왔다. 한 사람을 붙잡고 "무슨 일이야?" 하고 묻자, 긴박한 표정으로 "아이 순 엄마가 밭에서 죽었어!"라고 대답했다.
 "뭐라고?" 나는 얼어붙었다. 아이 순은 옆집 주인으로 이 마을에서 내가 가장 친하게 지내는 친구였다. 이타오라는 아이 순의 어머니는 나를 친척 아이처럼 귀여워하며 항상 말을 걸어주던 자상한 사람이었다. 그 이타오 아주머니가 밭에서 죽었다고!?

충격적인 오해를 부른
내 와어 실력

나도 얼굴빛이 변해서 아이 순의 밭으로 달려갔다. 가파른 비탈의 양귀비 밭은 이미 인산인해였다. 사람들을 헤치고 나아가 보니 가운데 쓰러져 있는 무언가가 있었다. 하지만 이타오 아주머니가 아니었다. 아니, 사람도 아니고 소였다.

이타오 아주머니는 죽은 소 옆에서 심각한 표정으로 말하고 있었지만 지극히 건강해 보였다. 안심하면서도, 문득 깨달았다.

나는 알려준 사람이 "아이 순의 '메'가 죽었다"고 말한 걸로 잘못 알아들었다. 치앙마이에서 배운 와어로는 '어머니'라는 뜻이었다. 하지만 이 마을에서는 어머니를 '모'라고 한다. 그리고 소는 '모이'이다. "아이 순의 모이(소)가 죽었다"고 말했던 것이다. 소는 어느 집이든 매우 큰 재산이라서 밭에서 죽거나 하면 큰일이다. 마치 산 지 얼마 안 된 새 자동차가 폐차된 정도의 충격이다. 그래서 다들 사색이 돼서 달려왔던 것이다. 하지만 나에게는 '어머니'와 '소'도 구별하지 못할 정도의 나의 와어 실력이 충격이었다.

치앙마이에서 배운 와어는 어처구니없을 만큼 안 통했다. 목사님이 가르쳐준 것은 중국 측의 표준 와어(이하 표준 와어)였다. 성립 과정은 불분명하지만 아마 20세기 초 선교사가 중국의 와족 지역에 들어갔을 때, 자신이 거주하던 지역의 방언을 문자화했고 그것이 결과적으로 중국 내 와족 사이에 퍼져 공통어가 되었을 것이다. 내가 와주를 방문했을 때는 이미 학교에서 공통화된 와어를 '표준어'로서 가르치던 모양이다.

더욱이 이 역시 언제인지는 불명확하지만 새로운 표준 와어가 와주의 수도 팡캄의 언어가 되었다. 팡캄은 1980년대에 중국의 와족이나 중국에서 교육받은 와주의 와족이 들어와 한족과 함께 만든 마을이다. 따라서 팡캄에서는 중국의 와어를 공통어로 쓰게 됐다.

한편 와주의 많은 마을은 해발 1000미터 안팎의 산악지대에 흩어져 있다. 땅이 험준한 데다 예전에는 목을 따는 풍습이 있어 마을끼리 서로 다툼이 잦았던 역사 때문에 지금도 다른 마을과의 왕래가 놀라울 정도로 적다. 결혼도 거의 같은 마을 안에서 이뤄지는 것 같았다. 교통이 불편하고 통혼도 하지 않는다면 사용하는 언어에도 방언의 차이가 생기기 쉽다.

표준어와 무이레 마을의 시골말은 발음도, 단어도, 때로는 문법도 달랐다. 단어 수준에서 보면 이런 식이다. 표준 와어에서 '나'는 '아우'이고 '너'는 '마이'인데 우리 마을에서는 '나'는 '우'이고 '너'는 '미'이다. '집'은 표준어로는 '녜'이지만 우리 마을 말로는 '뇨'이다. '어머니'는 표준어로는 '메'이지만 마을에서는 '모'이다. 초심자가 보기에는 "전혀 다르잖아!"라고 말하고 싶어진다.

또 하나 다른 점은 어순이다. 한참 지나서야 조금씩 밝혀진 사실인데 목사 선생님은 '주어-동사-목적어'라는 영어식 어순으로 가르쳤다. 하지만 마을 사람들은 '동사-목적어-주어' 순으로 문장을 만들었다.

와어는 어순을 바꿀 수 있어서 '나-먹다-고기'라고 말할 수도 있다. 목사 선생님은 중국어와 태국어를 아는 내가 이해하기 쉽도록 그렇게 가르쳤던 것일지도 모른다. 혹은 중국 쪽 와족은 비교적 그런 어순으로 말하는지도 모른다.

하지만 다른 지역이 어떻든 상관없다. 내가 사는 이 마을에서는 '먹다-고기-나'가 아주 자연스러운 표현이다. 그렇게 말하지 않으면 통하지 않고 상대방 말도 이해할 수 없다. 동사가 맨 앞에 오고 주어가 맨 뒤에 오는 언어는 처음이라 그 규칙을 알게 된 뒤에도 좀처럼 익숙해지지 않았다. 게다가 '아니다'라는 의미의 부정어 ang앙가 붙으면 돌연 'ang-주어-동사-목적어'(아니다-나-먹다-고기)라는 어순으로 바뀌어 까다롭다.

표준 와어와 시골말의 틈새에서

상황을 더욱 어렵게 만든 건 통역 겸 도우미 겸 감시자 역할을 하는 젊은이의 존재였다. 처음 두 달은 삼과 함께했고 이후에는 '니'라는 또 다른 젊은이로 교체되었다. 둘 다 중국 와족 출신으로 표준 와어와 윈난어로 말한다. 마을 사람들과 이들은 와어로 자연스럽게 대화한다. 삼과 니는 표준 와어, 마을 사람들은 마을 와어를 쓰지만 방언 차이의 범위라서 이해하는 데 문제는 없어 보였다. 하지만 마을의 와어는 나에게는 완전히 다른 언어처럼 느껴졌다.

어느 날 여느 때와 달리 갓절임을 얻어먹었다. 세상에서 가장 소박한 식사만 있는 와족 마을에서 믿을 수 없을 만큼 맛있는 진수성찬이었다. 갓절임을 나눠 준 마을 사람은 절인 채소를 가리키며 '따이노'라고 말했다. 그래서 나는 갓절임이 따이노라고 이해했다. 그런데 감탄하며 삼에게 따이노가 정말 맛있다고 하자, "응, 따우네 맛있지"라고 대답했다. 표준 와어에서는 '따우네'이다. 헷갈리기도 하고 대화하다 보면 리듬도 도무지 맞지 않는다.

어학은 흉내 내기다. 의미를 조금 몰라도 원어민이 말하는 대로 따라 하면 꽤 잘 통하고 그게 곧 맞는 표현이다. 같은 말을 되풀이하면 마음도 공감하게 된다. 주파수가 맞는다고 할까, 기분이 동기화된다고 할까. 원어민과의 대화에서는 이런 유대감이 무척 중요함을 나는 20대의 10년을 들여 세계 각지에서 배워왔다.

그런데 와주에는 원어민이 두 종류가 있다. 에도 시대에 외국인이 에도 사람에게 에도 사투리를 배워서 오사카에 간

것과 비슷하다. 게다가 통역 겸 가이드는 에도 사람이라서 에도 사투리를 쓰고 나머지는 모두 진한 오사카 사투리만 쓰는 상황이다. 가여운 외국인은 에도 사투리와 오사카 사투리라는 상당히 다른 말씨를 둘 다 배워야 했을 것이다. 당시엔 아직 표준어도 확립되지 않았고 라디오도 텔레비전도 유튜브도 없었으니 사투리 둘을 동시에 이해하기는 지금과 비교도 안 될 만큼 어려웠을 것이다. 나도 똑같은 처지다.

결국 나는 '와어'라는 하나의 언어에 대해 표준 와어와 시골말을 둘 다 익혀야 했다. 기본적으로 윈난어도 잘 알아듣기가 어렵다. 게다가 삼은 열여덟 살에 겨우 중학교를 졸업했고 본인도 공부는 별로 좋아하지 않는다고 말하는 사람이다. 중국어의 한자를 제대로 쓰지도 못한다. 필담도 쉬운 일이 아니다. 결국 윈난어도 생활 속에서 귀로 배워야 했다. 나는 익숙지 않은 세 가지 언어를 분간하고 생활하며 책도 쓰려고 취재 비슷한 것도 하느라 무척 힘들었다.

이건 정말로 괴로운 일이었다. 더 힘든 점은 이 고통을 이해해 주는 사람도 없었다는 것이다. 마을에 산 지 2주쯤 지났을 무렵, 나는 표준 와어와 마을 방언 사이에서 완전히 혼란에 빠졌다. 어떤 와어를 들어도 정신이 멍해질 지경이었다. 그러자 삼이 나보고 말했다. "와어를 공부할 마음이 없는 것 같은데."

순간 머릿속이 새하얘졌다. 나는 지금까지 전 세계에서

여러 언어로 "너 ××어 못하네"라며 바보 취급도 많이 받았지만 공부할 마음이 없다는 말은 처음 들었다.

이봐! 내가 대체로 대충 살긴 해도 어학만은 꽤 진지하게 해왔다고! 와어도 지금보다 더 진지할 수 없을 만큼 심혈을 기울이고 있다고! 열심히 하니까 힘든 거잖아. 까불지 마! 거기 무릎 꿇고 앉아봐! ……하고 버럭 핏대를 세울 뻔했다.

마을 아이들이 처음 다니기 시작한 학교

하지만 방언의 차이로 시달린 건 나 혼자만이 아니었다. 마을에도 많은 희생자가 생겼다. 그것도 내가 마을에 온 덕분에 말이다.

나를 이 마을로 안내해 준 문교위원 타 쿤 파오가 "모처럼 마을에서 신세를 질 테니 학교를 만들어 아이들에게 읽고 쓰는 법을 가르쳐라"라고 삼에게 지시를 내렸다.

초등학생용 와어 교과서도 삼이 받았다는 사실이 놀라웠다. 교과서도 중국이 아닌 와군에서 만든 것 같았다. 알파벳 표기로 되어 있었고 내가 목사 선생님에게 배운 철자와 문법 그대로였다. 글자와 단어, 그림이 차례로 나열되어 있었다.

이 교재는 버마어나 태국어 교재를 본떠 만든 것인지 역시 자음이 산스크리트어처럼 (아)카사타나 순서였다. 사전은 없지만 만들어진다면 일본어와 비슷한 순서로 단어가 배열될 것 같았다.

교사 역할을 맡은 삼은 와어의 읽기와 쓰기를 배운 적이 있다고는 하는데 아무래도 어설프다 보니 내가 다시 가르쳐 줘야 했다.

학교는 우리가 사는 '마을의 집'이었다. 내부를 반으로 나누고 칠판과 기다란 책상, 의자가 준비되었다. 칠판도 책상도 의자도 모두 통나무 하나로 만들었다. 심지어 톱이 아니고 손도끼로 자른 자국이 그대로 남아 있었다. 아직 이 땅에는 톱도 없는가 싶어 놀라울 따름이었다.

교실이 준비되고 이튿날 아침 6시부터 학교 수업이 시작되었다. 나의 친구이자 마을 일꾼인 아이 순이 호루라기를 빽 불자 마을의 세 군데 집락에서 아이들이 모여들었다. 아이 순은 중국 국경에서 사 온 공책과 연필을 하나씩 나눠 주었다. 아이들은 왁자지껄하면서도 생각보다 질서 있게 자리에 앉았다. 역시 군사 독재 정권 아래 늘 전시 상태인 와주의 아이들답다. 이런 경험은 처음일 텐데도 규율이 느껴졌다.

아이들은 모두 마흔 명이 넘었고 어른들도 구경꾼으로 참관해 흙벽의 좁은 방이 꽉 찼다. 낙제생이었던 삼은 의외로 교사 역할을 멋지게 해냈다. 먼저 아이들에게 연필 쥐는 법부터 가르쳤다. 교과서는 마을에 한 권뿐이라서 삼 선생님이 칠

삼 선생님에게 수업을 듣는 마을의 어린이들.

판에 알파벳을 백묵으로 옮겨 쓰고 아이들은 그것을 노트에 따라 적으면서 읽는 법을 배웠다.

와주 아이들은 와어 문자로 사용되는 로마자 알파벳을 본 적이 없어 알파벳을 배워야 하는 어려움이 있었다. 평소에 접하는 문자는 거의 대부분 중국어, 즉 한자다. 수도인 팡캄에 가더라도 와어로 된 표기는 거의 볼 수 없다. 아이들은 마치 평범한 일본인이 버마어나 아랍어를 배울 때처럼 본 적 없는 문자를 외워야만 했다.

그런데도 평소 놀 거리에 굶주렸던 아이들은 반쯤은 신나서 떠들고 반쯤은 삼의 호통에 겁을 먹으며 마치 그림을 그리듯 열심히 글자를 써 나갔다.

수업은 당초에 하루 두 시간 아침저녁으로 진행했는데 마을 아이들은 모두 노동자다. 양귀비밭의 잡초를 뽑고 물을 긷고 장작을 나르고 소나 물소를 돌보고 어린 동생들을 돌보는 일로 하루를 보낸다. 저녁에는 참석할 만한 아이가 적어서 결국 수업은 아침 한 시간 반으로 조정되었다.

학교의 탄생 또는 교육의 여명을 눈앞에서 보는 일은 매우 흥미로웠다. 학교라는 것이 획일적인 관리 시스템이라는 사실을 싫어도 알 수밖에 없었다.

우선 학교에서는 우열이 생긴다. 공부를 잘하는 아이와 못하는 아이의 차이가 뚜렷하게 드러난다. 시골의 살림살이는 팍팍해도 남들과 비교해서 어쩌고저쩌고 말하는 법은 없다. 누가 양귀비밭을 잘 관리한다든가 누가 소를 잘 기른다든가 하는 이야기는 들어본 적이 없다. 대체로 모두 가족 구성도 다르고 일하는 방식도 다르다. 돼지를 정성껏 기르는 사람도 있고 밭일에만 전념하는 사람도 있다. 부부가 함께 양귀비밭에서 김매기를 하는 집도 있고 남편은 절대 김을 매지 않고 사냥하거나 아편을 사고파는 집도 있다. 물론 각각의 분야에서 잘하고 못하는 차이는 있겠고 빈부 차이도 분명히 있지만 학교처럼 알파벳 K의 발음을 모른다고 해서 모두 앞에서 망신을 당하는 일은 없다.

이른바 ABC 공부를 끝내고 단어 철자 교육으로 들어가자 학교의 또 다른 관리 시스템이 모습을 드러냈다. 정서법, 즉 올바른 철자법을 가르치는 일은 결국 표준 와어를 가르친다는 것이다. 아이들은 분명한 타격을 입었다.

와어 선생이 되다

지금까지 줄기차게 써왔듯 표준 와어와 시골말은 다르다. 하지만 마을 사람들은 결코 자신들이 사투리를 쓴다고 생각하지 않는다. 중국이나 팡캄에는 그 지역의 말이 있고 우리 마을에도 따로 말이 있으며 다 동등하다고 생각한다. 아마 와주의 어느 마을 사람도 그렇게 생각할 것이다. 특히 무이레 마을은 중국의 와족은 본래 전부 무이레 출신이라는 전설이 있을 정도로 유서 깊은 마을로 여겨진다. 오히려 우리 마을이 더 우월하다는 의식도 있다.

그런데 문자를 배우기 시작하면 어떻게 되는가. '나'는 시골말의 '우'가 아니라 표준어의 '아우'이고 마찬가지로 '너'도 '미'가 아니라 '마이'로 배우게 된다. 자부심을 가지고 사용해 온 마을의 말은 이 순간 '방언'으로 격하되고 만다.

이 책에서 여러 번 방언 이야기를 하는데 결국 순수하게 언어학적으로 생각하면 '방언'이란 존재하지 않는다. 어느 지역이든 역사적 경위 속에서 생겨난 고유한 언어가 있을 뿐이다. 방언은 어딘가에서 표준어가 만들어질 때 부차적으로 생겨나는 정치사회적인 산물이다.

'사투리'라는 표현도 마찬가지다. 표준어가 없다면 사투리라는 개념도 성립하지 않는다. 일본어도 만약 아오모리가 수도였다면 아오모리 사투리가 표준어가 되었겠고 가고시마가 수도였다면 가고시마 사투리가 표준어가 되어 도쿄를 비롯한 딴 지방의 말은 모두 방언으로 여겨 사투리를 쓴다고 수도 사람들에게 지적받았을 것이다.

방언으로 격하된 쪽은 제대로 되지 않는 표준어 발음에 비참해진다. 예컨대 아이들은 '아우'라는 발음이 아무리 해도 안 된다. 무이레 마을 말은 '아우' 소리가 없고 '우'나 '아이'로 대체되기 때문이다.

교과서에는 '가방 안에 들어간다'는 예문으로 'saux daux bau사우 다우 바우'라고 나오는데 아이들은 '사이 두 바이'라고 읽는다. 마을에서는 그렇게 말하기 때문이다. 그러면 삼 선생에게 불호령을 받는다. 한 명씩 불러서 될 때까지 혹은 비슷하게라도 말할 때까지 서서 반복하게 시킨다. 제대로 말하지 못하는 아이들은 거의 울상이다. 그들은 그런 말을 제대로 들어본 적도 없다. 어딘가 멀리 있는 다른 마을의 말을 왜 강요하는지 이해할 수 없을 것이다.

바로 내가 고통받는 표준 와어와 시골말의 크레바스에 아이들 역시 반대쪽에서 빠져버렸다. 그리고 아이들에게는 더 큰 비극이 기다리고 있었다.

표준어 발음을 제대로 하지 못하고 삼에게 계속 꾸중만 듣는 아이는 학교에 싫증이 나서 점점 수업을 빠졌다. 하지만 과거의 낙오자에서 열혈 교사로 변신한 삼은 이를 용납하지 않았다. 아이가 등교하지 않으면 수업을 내팽개치고 잡으러 갔다. 어린아이라면 울고 있는 걸 안아 오고 먼 마을의 아이는 잡아서 돌아오는 데만 30분쯤 걸리기도 한다. 기다리다 지친 아이들이 입을 모아 말한다.

"아이 라오, 읽어줘, 읽어줘!"

왜 내가 와족에게 와어를 가르쳐야 하는가. 그렇게 생각하면서도 이 마을에서 글을 가장 잘 읽고 쓰는 사람은 바로 나였다. 하는 수 없이 교단에 선다. 치앙마이대 일본어과 이후로 오랜만의 교사 역할이다.

삼의 수업을 매일 보니까 비록 일상 회화는 엉망이라도 와어 수업 용어는 어느새 외워버렸다. 평소처럼 흉내 학습법으로 말투와 태도까지 삼을 그대로 흉내 내며 재현한다.

내가 교실 앞에 서면 아이들은 와 하고 웃는다. 그러면 나는 우선 큰 소리로 고함친다.

"포 라 숙삭(시끄러워, 조용히 해)!"

이어서 칠판을 막대기로 두드리며 말한다.

"깃 틴, 깃 틴(여기 봐, 여기)!"

그리고 예문을 읽는다. 내가 수업을 하고 있으면 어른들이 재미있어하며 몰려온다. 원어민 수십 명이 지켜보는 앞에서 자신은 제대로 말하지도 못하는 언어를 가르치는 지옥 같은 형국이다. 하지만 이미 되돌릴 수 없다. 오히려 '왜 내가 이런 꼴을 당해야 하지?' 하는 생각에 화가 나서 나도 삼처럼 스파르타 교사가 된다.

"Kax daux rawm, nyawm tix ih까 다우 롬, 늄 띠 이흐(물고기는 물속에, 먹으면 맛있다)"를 읽고서 모두 따라 읽힌다. 앞줄의 어린아이부터 차례로 일으켜 세워 읽게 한다. 예의 그 '아우' 발음을 다들 하지 못한다. 처음엔 참다가 아무리 해도 자꾸자꾸 틀리는 아이가 있어서 엉겁결에 소리를 지르고 말았다.

"두가 아니라 다우라고. 다시 말해봐!"

결국 원어민의 발음 교정을 하고 말았다. 나는 그 언어를 겨우 몇 마디 하는 주제에. 다른 아이들과 구경꾼들은 그걸 보고 깔깔 웃는다.

정말 무서운 것은 '문자'였다. 만약 이게 그냥 말이라면 이렇게까지 깐깐하게 고칠 필요는 없었을 것이다. 통하기만 하면 되니까. 하지만 지금은 문자 읽는 법을 가르치고 있다. 그래서 올바르게 가르칠 수밖에 없다. 표준어는 문자로 지탱되며 문자의 힘으로 다른 말을 박해한다는 사실을 통감한다. 게다가 나는 그 무자비한 박해에 가담하고 있다. 더는 못 하겠다고 생각하면서도 일단 교단에 선 이상 그만둘 수 없다.

나와 아이들의 대결은 계속된다.

"까 두 롬……"

"다우라니까. 모르겠어? 다우라고 말해봐."

"두."

"아니야!"

이상하게도 나는 와어 수업을 참으로 빈틈없이 해내고 있었다. 하지만 보통은 언어를 할 수 있으면 기분이 좋아야 하는데 지금은 마냥 가슴이 답답하다.

학생들과 구경꾼이 폭소를 터뜨리는 가운데 그 아이는 어찌할 바를 모르고 있다. 그러나 나도 괴롭다. '삼, 빨리 돌아와 줘'라고 바라는 마음은 나도 그 아이도 똑같았다.

'안녕하세요'도 '고마워요'도 없는 세계

나는 달수로 다섯 달쯤 무이레 마을에 머물렀다. 시골 생활은 어려운 일이 많았다. 우선 추웠다. 해발 1000미터 이상의 산악 지대의 겨울은 매우 추웠고 집은 틈새가 많아 실내와 실외의 차이가 전혀 없었다. 낮 동안 어지간히 피곤하지 않으면 밤에는 추워서 잠을 잘 수 없었다.

춥지 않을 때는 항상 몸이 가려웠다. 마을 사람들은 물로 씻는 습관이 없다. 나도 마을에 들어간 뒤 두 달 동안 한 번도 씻지 않았다. 어느 날, 너무 가렵다 보니 혹시 더러워서 그런 게 아닐까 싶었다.

춥고, 가렵고,
허리가 아픈 와주 시골 생활

낮에 다른 마을 사람이 없는 틈을 타 물을 긷는 곳에서 씻으려 했다. 옷을 벗자 깜짝 놀랐는데 온몸에 두드러기 같은 붉은 발진이 나 있었다. 특히 팬티 고무 밴드 부분은 붉은 띠처럼 되어 "으악!" 하며 소름이 돋았다. 하지만 그 소름조차 잘 보이지 않을 정도였다. 알고 보니 옷의 솔기 부분에 서캐(이의 알)가 빽빽이 슬었고 부화한 이가 내 부드러운 살갗에서 피를 빨아먹고 있었다.

이는 추워지면 활동을 멈추는데 그 무렵이면 나는 추위에 떨었다. 요컨대 덜 추우면 가렵고 가렵지 않으면 잠을 못 잘 만큼 추웠다.

요통에도 시달렸다. 아편을 만든다고 하면 매우 음침한 일을 상상하겠지만 실제로 해보니 순수한 농사일이다. 더구나 농약이나 비료도 전혀 안 쓰는 완전 자연농법이었다. 이보다 더 친환경적인 일이 있을까 싶을 정도다. 하는 일은 그저 잡초를 뽑는 것뿐이었다.

매일 아침부터 밤까지 풀을 뽑다 보니 좌골신경통이 심해졌다. 내가 항상 "아야야" 하고 신음하다 보니 마을의 젊은이들이 나를 보면 "아이 라오, 아야야" 하고 흉내를 냈다.

음식도 매웠다. 와족 마을 사람들은 '모익'이라는 나물이나 부추를 넣은 죽을 하루 세 끼 먹는다. 간은 소금과 고추뿐이다. 다른 채소는 거의 키우지도 먹지도 않는다. 고기는 관혼상제 때만 먹으며 그나마 1인당 두 조각이 고작이다. 하지만 마을 사람들은 그런 식생활을 좋아하는 듯했다. 세계에서도 보기 드물 정도로 보수적이고 소박한 식생활을 즐기는 민족이라고 할 수 있다. 내가 마을에 지낼 때의 간절한 바람은 모익 말고 다른 밥 좀 먹고 싶다는 것이었다.

불평을 늘어놓으면서도 외부 세계와 단절된 자급자족에 준하는 원시 공산제적 마을에서 한 생활은 쉽게 얻지 못할 경험이었다. 언어만 봐도 많이 놀라며 여러 발견을 했고 덕분에 언어 전반에 대한 인식도 대단히 깊어졌다.

인사말이 없는 세계

마을에서 쓰는 와어에는 다른 언어라면 당연히 있을 법한 말이 몇 개 빠져 있었다. 예컨대 '안녕하세요, 고마워요, 미안해요' 같은 말이 없었다.

내가 치앙마이에서 배운 표준 와어에는 '안녕하세요'나 '고마워요'가 있었는데 가만 보니 그 말을 하는 사람은 나뿐이었다. 적어도 무이레 마을에서는 안 썼고 와주에 사는 많은 순수 와족 사람들도 그런 인사말이 없는 듯했다.

어차피 와족은 좁은 마을 안에 살아간다. 외부에서 오는 사람도 여간해서는 없고 이쪽에서 다른 마을로 가는 일도 없다. 결혼도 거의 마을 안에서 이뤄져 친척도 마을 바깥에 없다. 매일 같은 곳에서 같은 사람들과 마주친다.

표준 와어에서 '안녕하세요'의 의미로 말하는 'Mhawm maix몸 마이'는 직역하면 '당신 잘 있나'이고, 이는 중국어의 你好니하오를 그대로 와어로 번역한 것으로 보인다. 미사를 드릴 때 필요해서 선교사가 만든 말이 아닐까 생각된다.

그럼 집 밖에서 누군가를 마주쳤을 때 뭐라고 하느냐? 보통은 그냥 이름을 부른다. 나를 보면 마을 사람들은 "아이 라오!"라고 부른다. 나도 "아이 순" "삼 렛" 하고 상대 이름을 부른다. 마을 인구는 약 300명쯤이고 어른은 절반 정도라서 누가 누구인지 다들 잘 안다.

이름을 부르지 않을 때는 (혹은 이름을 부른 뒤에는) "어디 가?" "뭐 해?" "왔어?" "갔다 왔어?" 같이 그때그때 상황에 맞는 말을 한다. "밥 먹었어?"처럼 태국어나 중국어와 공통된 말도 있다.

'고마워요'는 'ting bwanson띵 부안손'이라고 목사 선생님한테 배워서 나는 자주 썼는데 알고 보니 나 말고는 아무도 그런 말을 하지 않았다. 내가 뭔가를 주거나 무슨 일을 도와줘도 마을 사람들은 딱히 별다른 대꾸를 안 했다. 말을 한다면 좋다는 뜻의 'mhawm몸' 정도였다.

친하게 지낸 아이 순이 어느 날 서투른 중국어가 섞인 말로 설명해 줬다. '부안손'은 누군가에게 좋은 일을 해준다는 뜻이라고 한다. 부안손을 행한 사람에게는 부안손이 쌓여서 '좋은 사람'이 된다니 '선행'이나 '덕', '복'에 해당할까. '떵'은 '크다'이므로 '떵 부안손'은 '큰 선행/덕/복'쯤 되는 의미이다. 이것도 아마 선교사가 만든 말일 것이다.

한편 '미안해요'에 해당하는 말은 표준 와어에서도 배우지 않았고 마을에서도 한 번도 들은 적이 없다. 아마 없는 모양이다. 기억에 남을 잘못을 저질러 비난받는 사람은 그냥 조용히 고개를 숙일 뿐이며 만약 사과의 뜻을 전한다면 말이 아닌 행동으로 보여준다. 갓절임이나 메밀가루처럼 모익 이외의 드문 음식을 나눠 주거나 담배나 화주를 주는 식이다. 그럴 때도 지난번은 미안했다는 말은 절대 하지 않고 그런 표정도 짓지 않는다. 마치 아무 일도 없었던 것처럼 밝고 친근하게 행동한다. 그게 와족의 예의다.

전근대 사회엔 인사말이 필요 없다

인사말이 없다니 언뜻 이상하게 느껴지지만 돌이켜 보면

내가 지금까지 배운 많은 언어에서도 많든 적든 그런 측면이 있었다.

인도유럽어족의 유럽 언어들은 인삿말을 자주 쓴다. 언제 어디서든 hello헬로, hi하이(영어), bon jour봉 주르(프랑스어), buenos días부에노스 디아스, hola올라(스페인어), bom dia봉 지아(포르투갈어) 같은 인사를 자주 하고 '고마워요'나 '미안해요'도 표현이 풍부하다. 하지만 딴 언어들은 안 그랬다.

인도에서는 힌디어를 배우지는 않았지만 앞에서 말했듯이 땡전 한 푼 없는 처지가 되어 인도 박물관 직원 숙소에 얹혀살던 시절, 주변에 나쁜 인상을 안 주려고 널리 쓰인다는 인사말 '나마스테'를 익혀 누구에게나 인사했다.

그러자 곧 숙소 아이들한테 नमस्ते वाला나마스테 왈라(안녕하세요쟁이)라는 별명을 얻어 웃음거리가 됐다. 알고 보니 나 말고는 그 숙소에서 나마스테라고 말하는 사람은 없었다. 마찬가지로 धन्यवाद단야바드(고맙습니다)라고 말하는 사람도 숙소에선 나뿐이었다.

콩고의 링갈라어에는 'mbótɛ음보테(안녕하세요)'와 'mɛlɛsi멜레시(고마워요)'가 있지만 전자는 거의 듣지 못했다. 어딘가 과장된 느낌이 든다. 밴드 멤버가 라이브에서 "여러분 안녕하세요!" 하고 외칠 때나 "mbótɛ na bínó!음보테 나 비노"라고 말하는 정도였다. '안녕하세요'라고 말하고 싶을 땐 오히려 프랑스어로 '봉 주르'라고 하는 것이 보통이었다. '멜레시'는 프랑스어 '메르시'의 차용어다.

태국어의 '안녕하세요'인 สวัสดีค่ะ싸왓디카(여자 인사)와 สวัสดีครับ싸왓디크랍(남자 인사)은 1931년 라디오 방송 시작과 함께 만들어진 말이고,[4] 버마어 မင်္ဂလာပါ밍걸라바/밍갈라바는 1990년대에는 학교에서 교사와 학생 사이 또는 외국인과 현지인이 인사할 때 정도만 사용되었다.[5]

샨어 인사말 မ်ႂင်ႈၶႃႈ모우숭카도 1960년대 이후 태국어나 버마어를 본떠 만들어진 말로 1990년대에는 모르는 사람이 더 많았다.

중국인은 '니하오'는 자주 말하는데 적어도 1990년대 중반까지는 '셰셰'는 거의 아무도 말하지 않았다. 모 선생님은 내가 '셰셰'라고 말할 때마다 언짢은 티를 냈다. 뭔가 서먹하게 군다고 느꼈던 듯하다. '미안합니다'에 해당하는 对不起두이부치나 不好意思부하오이쓰도 좀처럼 들을 기회가 없었다.

좀 더 나중에 겪은 일인데 아프리카 소말리아인은 소말리어에 '고마워요'나 '미안해요'에 해당하는 말이 있음에도 거의 안 썼다. 지금도 안 쓰는 사람이 많다. 둘 다 말하는 사람은 나밖에 없는 익숙한 상황이었다.

이처럼 주로 안면이 있는 사람들로 이뤄져 전근대적인 색채가 짙은 사회에서는 정형화된 인사말이나 의례적인 말이 필요하지 않다.

다만 어느 언어 사회든 근대화나 경제 발전, 정보 혁명 등에 따라 불특정 다수의 사람이나 외부인과 접촉하는 기회가 늘어난다. 그럴 때 상대에게 적의가 없음을 알리거나 친밀감을 느끼도록 시간, 장소, 상황에 그다지 구애받지 않고 누구에게나 괜찮을 인사말이나 의례적 표현을 사용하게 된다.

나는 인사말의 가장 큰 의미는 '안전 보장'이라고 생각한다. 세계를 제패한 인도유럽어족의 유럽계 언어에 인사말과 의례적 표현 사용이 잘 발달한 것은 어떤 의미에서는 당연한 일이다.

현대 언어 대부분은 '안녕하세요, 고맙습니다, 미안합니다' 같은 인사말이나 의례적 표현이 만들어져서 점차 퍼져 가고 있다. 하지만 1990년대의 와주 마을에서는 그런 말이 하나도 들어오지 않은 상태를 몸소 체험할 수 있었다.

'친구'도 '병명'도 문명어

외부 세계로부터 고립된 전근대 사회의 시골말에는 그 밖에도 여러 가지 존재하지 않는 어휘나 표현이 있었다. '친구'라는 단어가 없는 것에도 처음에는 놀랐다. 다만 표준 와어에는 있을지도 모른다.

곰곰이 생각해 보면 당연한 일이다. 철들었을 때부터 모두가 서로 안면이 있는데 '친구'라는 말을 쓸 필요가 있을까? '친구'라고 일컬을 필요가 있는 경우는 예컨대 나 같은 외지인에게만 해당된다. 친척도 아니고 같은 마을 사람도 아니지만 '넌 좋은 녀석이야, 내 친구다'라든가 '야, 친구잖아. 술 한 잔 사라' 같은 말을 하고 싶을 때이다. 그런 경우 그들도 중국어에서 朋友평유라는 단어를 빌려왔다. 내가 마을에 머무르는 동안 친구라는 새로운 단어가 꽤 널리 퍼졌을 것이다.

어쩌면 '친구'는 많은 전근대 사회에 없었던 단어일지도 모른다. 지금도 인도 주변부터 중근동과 아프리카까지 이르는 넓은 지역에서는 어족이나 어파를 넘어서 페르시아어 دوست도스트나 아랍어 صاحب사히브가 차용돼 '친구'라는 말로 쓰인다. 이는 원래 '친구'가 없던 언어들이 외부 세계와의 접촉이 늘어나는 과정에서 강력한 언어로부터 받아들인 개념일 수도 있다. '정부'나 '과학' 같은 단어와 마찬가지로 '문명용어'의 일종인 셈이다.

와어에는 '병'을 나타내는 단어도 없다. 예컨대 내가 갑자기 고열이 나서 마을 사람들에게 "이건 무슨 병일까?"라고 물으면 "그건 사으 혹(열병)이야!"라고 대답한다. 당연하다. 열이 나니까. 와어 시골말에서는 머리가 아프면 'saux kaing사으 까잉(머리 아픔)', 배가 아프면 'saux vaig사으 바익(배 아픔)'이라고 부른다. 모두 증상이 곧 병명일 뿐이다.

참고로 내가 걸린 병은 말라리아였다. 몸이 나른하다고

느낀 순간 열이 확 오르는 증상은 콩고에서 감염되어 파리에서 발병했던 말라리아와 똑같았다.

마침 발병한 곳은 무이레 마을이 아니라 대로변에 위치한 큰 마을이었다. 거기에는 '의사'가 있대서 데려다 달랬는데 부재중이라서 침상에 누워 기다렸다. 돌아온 '의사'에게 40도가 넘는 고열을 기록한 체온계를 보여줬더니 놀라서 말했다. "이 예쁜 막대기는 뭐야?"

나는 절망했다. 그러나 의사는 내 심정은 아랑곳하지 않고 "이거 뭐야? 예쁘다."라며 체온계에 매료되어 있었다. 사실 이 사람은 한 달에 한 번쯤 수도 팡캄으로 나가 장터에서 약을 사들여 와 마을에서 팔 뿐이었다. 그럼에도 그 지역에서는 '의사'로 통했다.

우리 둘이서 건배하며 외치는 '아'

반면 다른 많은 언어에는 없고 와어에만 있는 독특한 표현도 있었다. 대표적인 말이 'ax아'이다. '아'는 '우리 둘'을 가리키는 인칭 대명사다. '우리 둘'을 일컫는 인칭 대명사는 세계적으로도 그리 많지 않지만 존재는 한다. 내가 배운 언어 중에서는 중국어에 咱俩짠랴라는 표현이 있다. 이는 '우리 둘이서 다음에 밥 먹으러 가자' 같이 상대에게 권유할 때 자주 쓴다. 친밀감을 어필하는 말이다.

와어의 '아'도 방향성이 같지만 훨씬 구체적이다. 왜냐하면 '아'는 '건배'도 되기 때문이다. 일종의 인사말 또는 의례적 표현이라 할 수 있다.

와족 사람들이 술 마시는 방식은 독특하다. 좁쌀을 발효시킨 전통적인 'plai kaux쁠라이까으'라는 술을 마실 때 열 사람이 넘어도 대나무 잔 하나만 쓴다. 그 잔을 둘이서 들고 '아'라고 외치며 번갈아 단숨에 마신다. 마을에서는 보통 흙바닥이나 땅 위에 쪼그려 앉아 연회를 하므로, 어른 둘이 쪼그려 앉아 입을 딱 벌리고 '아' 하고 외치는 모습은 어딘가 나사가 좀 풀린 것도 같아서 웃음이 절로 나온다. 두 사람이 마시고 나면 그다음 2인 1조가 또 '아'를 한다. 차례대로 '아'를 주고받으며 술자리를 즐긴다.

내가 참가하면 마을 사람들이 나와 '아'를 하려고 경쟁해서 매번 곤란했다. 원샷이 연거푸 이어지니 몸이 맛이 간다. 이젠 못 마시겠다고 거절하려 들면 재랑은 '아'를 하고서 나랑은 안 하느냐며 세계 어딜 가든 흔히 마주치는 술꾼들 특유의 떼쓰기를 당했다. 제발 아 좀 그만했으면 좋겠다는 생각을 몇 번이나 했는지 모른다.

'아'는 술자리뿐만 아니라 다른 상황에서도 쓴다. 와주에서 가장 큰 도시로 나가 문교위원 타 쿤 파오의 집에 머물렀을 때, 그가 배드민턴 라켓을 들고 와 나에게 '아'라고 말했다. 같이 배드민턴 치자는 의미였다. 술이 아니어도 뭐든 둘이 함께할 때는 '아'를 쓸 수 있다. 아마 게임이나 사교댄스, 가위바위보 같은 일에도 쓸 수 있을 것이다. 권유하는 말로서 세계에서 가장 짧고 편리한 단어가 아닐까 싶다.

또 하나 기억나는 와어 특유의 표현은 '죽으려 하다'라는 문구다. 이는 '죽을 것 같다', '이제 안 된다, 죽겠다'라는 뜻이다. 입맛을 잃은 돼지나 설사하는 말부터 열이 나서 몸져누운 노인에 이르기까지 정말 자주 사용되었다.

와주의 마을에서는 동물이나 사람이나 병의 경중을 판단할 수 없다. 단순한 감기일 수도 있고 그대로 죽을 수도 있다. 실제로 내가 머무는 동안 마을 청년이 결혼식을 앞두고 급사한 적도 있고 나도 말라리아로 위태로운 상황을 겪었다. 그래서 혹시나 하는 마음에 최악을 상정해서 그런 말을 하는 걸지도 모른다. 하지만 환자 앞에서 이 사람은 죽으려 한다고 가족이 말하는 모습은 외부인의 보기에는 너무 가혹하다. 본인은 죽고 싶지 않을 테고 불길하기 짝이 없다.

가장 놀랐던 일은 단짝 동무 아이 순의 집에서 두 살배기 막내둥이 아이 룬이 열이 났을 때다. 마침 아이 순은 군 관련 업무로 마을을 떠나 있었는데, 아이 순의 아내와 어머니인 이 타오가 울면서 "아이 룬, 그렇게 죽고 싶으면 죽어버려! 죽어, 죽어!"라고 아우성쳤다.

어쩌면 죽을 지경에 이른 자에게 일부러 재수 없는 말을 퍼부어 생명력을 고무하는 풍습이 있는지도 모른다. 인사말은 아니지만 특정 상황에 대응하는 일종의 상투구일 것이다. 이런 경우 가족이나 친척이 아닌 사람은 뭐라고 해야 할지 알 수 없었다. 가까운 친척에게만 허락되는 표현일 수도 있고 같은 마을 사람이라면 누구든 함께 '죽어!'라고 말하는지도 모르겠다. 어쨌든 나는 잘 모르고 차마 그런 말도 할 수 없어서 그저 멍하니 서 있었다.

다행히도 이튿날 아이는 열이 내리고 아무렇지도 않게 나무 장난감을 가지고 놀았다.

양귀비 재배와 아편 생산 용어가 다양하다

양귀비 재배와 아편 생산은 마을에서 가장 중요한 일이라서 전문적인 표현이 여럿 있다. 이 단어들을 열거하면 곧 나의 와주 체류 기록이 된다.

식물로서의 아편 양귀비나 그 액즙인 아편 모두 이곳에서는 'phen펜'이라 한다. '아편'을 일컫는 중국어 阿片아피엔이나 鴉片야피엔에서 유래한 듯싶다. '양귀비 파종'에 해당하는 말도 있는데 기록이 없어서 불명확하다.

'펜'이 들어가는 용어는 다음과 같다. 동사로도, 명사로도 사용할 수 있는 단어다.

- 렌 펜(양귀비 밭 김을 매다): 이 작업을 끊임없이 한다.
- 봇 펜(양귀비 열매를 베다): 양귀비꽃이 떨어진 후 남은 열매에 의료용 메스 같은 칼로 칼집을 내는 작업을 가리킨다.
- 갓 펜(아편을 뽑다): 칼집을 내면 열매에서 요구르트 같은 수액이 스며 나온다. 이 수액이 아편이다. 수액을 긁어내는 작업을 이렇게 부른다. '갓 펜'에 쓰는, 얇은 철판을 살짝 휜 모양의 도구를 '구아 펜'이라 부른다.
- 욧 펜(아편을 피우다): 채취한 아편은 절반 이상이 와군에 세금으로 징수된다. 나머지 대부분은 팔아 현금화하지만 일부는 자신들이 피운다. 의료 목적이거나 재미 삼아 피운다. 마루에 드러누워 석유램프 불에 달구고 파이프로 연기를 들이마신다. 이를 '욧 펜'이라 부른다.
- 팁 펜(아편 중독에 빠지다): 아편은 몇 번 피운 정도로는 큰 해가 없지만 이틀이나 사흘에 한 번 꼴로 한 달쯤 계속 피우면 의존성이 생긴다. 아편 중독을 '팁 펜'이라 부른다.

아편 중독자는 '뿌이 팁 펜'이라 부른다. 나도 영락없이 그렇게 되고 말았다. 체류 막바지에는 오로지 아편 중독자들과만 어울렸다. 62가구 약 200명 정도의 마을에서 네다섯 명이

양귀비의 열매에 칼집 내는 작업 '봇 펜'(왼쪽), 스며 나오는 아편 수액을 긁어내는 '갓 펜' 작업(오른쪽). '갓 펜'을 할 때 쓰는 도구는 '구아 펜'이다.

아편 중독자였다. 일본의 알코올의존증 비율(2~3%)과 비슷하지 않을까 싶다.

마을과 작별을 고하다

'팁 펜'까지 체험했으니 내가 할 일은 끝났다. 그보다는 더 이상 마을에 머물 수 없게 되었다. 아편 중독이 낫지 않았기 때문이다. 마을 사람들에게 답례로 소 한 마리를 사서 잡아 잔치를 열고, 그 후 작별을 고했다.

이렇게 간단히 썼는데 실제로는 어떻게 이별을 고하는 것인가? 이곳에는 인사말이 없다. 마을의 나이 든 여성들은 내가 떠난다는 걸 알고 '비용 미 사(섭섭할 거야)'라고 말했다. 하지만 남자나 젊은 여자들은 그런 말을 하지 않았다. 어쩌면 여자가 친척 아이에게 쓰는 표현 같기도 했다.

잔치가 끝나고 내가 짐을 꾸려 진짜 출발할 때 마을의 일꾼 아이 순이 그 자리에 있던 사람들을 한 줄로 세웠다. 원래 마을에 이런 작별 의식은 없겠고 아마 아이 순이 군대 방식을 그대로 도입한 것으로 보였다. 아이 순은 중국어로 "경례!"라고 큰 소리로 외쳤다. 모두가 경례를 했는데 군대 경험이 없는 사람이거나 특히 경례를 본 적도 없는 여자들은 남들을 따라 하다가 손바닥이 앞으로 둥글게 말려 마치 마네키네코(행운을 부르는 고양이 모양의 장식물) 같았다. 뭇사람이 진지한 얼굴로 마네키네코처럼 경례하는 모습에 웃음과 눈물이 동시에 북받쳤다.

나는 한 사람 한 사람과 악수하며 '떵 부안손'이라 말했다. 이를 인사말로 인식하는 사람은 없었을지도 모르지만 내 감사를 전하고 싶은 마음은 분명히 전달되었을 것이다. 정든 외지인이 마을 사람들에게 감사의 뜻을 전하는 순간이니 고맙다는 인사가 딱 어울렸다. 단짝 동무 아이 순은 "또 와!"라며 몇 번이나 큰 소리로 말했다.

마을을 떠난다는 것은 20대 내내 추구했던 내 '야망'이 끝났음을 의미했다. 앞으로 뭐가 어떻게 될지는 모르지만 앞으로 나아갈 수밖에 없다. 설령 그 앞이 벼랑 끝이라 할지라도.

나는 '고마워'와 '또 올게'를 몇 번이고 되풀이하며 마을을 떠났다.

4   도미타 다케지로 엮음, 《태일 대사전》(메콩 출판사, 1997)에 따르면, 1931년 라디오 방송이 시작될 때 영어 Good night에 해당하는 말로 쭐랄롱꼰대학교 교수가 팔리어 단어를 활용해 만든 것이다. 이것이 '안녕, 안녕하세요, 안녕히 계세요'의 의미로 라디오와 문학부 여학생들을 통해 퍼졌다고 한다.

5   내 처형인 미얀마 문학 연구자 다카하시 유리에 따르면, '밍걸라바'가 사용되기 시작한 것은 식민지 시대인 1930년대다. 학교에서 인사로 사용하도록 지도하면서 확산된 듯하다. 오랫동안 학교 말고는 일상에서 거의 안 쓰였는데 2016~2020년 사이 5년 동안 급격히 일반화되었다.
처형이 말하기를 "특히 젊은 미얀마인들은 학교나 약속 장소에서 만나면 가볍게 '밍걸라바'라고 인사합니다. 또한 음식점 입구에서도 손님이 오면 점원이 '밍걸라바!'라고 맞이하는데, 이 경우는 '어서 오세요'에도 해당하겠지요. 페이스북에서 친구들에게 말을 걸 때도 '밍걸라바', 미디어가 뉴스를 게시할 때 응원의 뜻으로 자주 '밍걸라바'를 댓글로 달기도 합니다."(내게 보낸 메일에서 발췌). 아마 이것도 미얀마인의 생활이 급속히 근대화된 결과일 것이다.

에필로그

그리고 어학의 여정은 계속된다

 그로부터 20여 년의 세월이 흘렀다. 이 책과 관련된 사항을 간단히 기록해두고 싶다.
 우선 내 인생 최대의 어학 RPG 작전이었던 와주 생활은 《버마 아편 왕국 잠입기》(소시샤, 1998년. 이후 제목을 《아편 왕국 잠입기》로 바꾸어 슈에이샤에서 문고판 출간)라는 책으로 정리했는데, 나도 알고는 있었지만 너무나도 엉뚱한 논픽션이었기에 일본에서는 별다른 평가를 받지도 못했다.
 실망한 나는 역시 이건 세계 무대에서 승부해야 할 책이라는 생각에 사로잡혔다. 그러나 일본어라는 변방 언어는 아무도 읽어주지 않는다. 그래서 일본계 미국인 지인에게 영어 번역을 부탁했고, 일본어책을 영역 출간할 출판사를 찾아 영어판 출간에 성공했다. 《The Shore Beyond Good and Evil: A Report from Inside Burma's Opium Kingdom(선악의 피안: 버마 아편 왕국에서 보낸 보고)》이라는 거창한 제목을 붙였다.

매우 안타깝게도 나는 세계에서는 일본에서보다 더더욱 무명의 변방 언어 작가였다. 그래서 일반인에게는 전혀 팔리지 않았는데 홍콩, 싱가포르, 호주의 영어 신문이나 잡지 등에 서평이 실렸다. 어쩌다가 미국 캘리포니아주 마약 관리 협회에서 추천 도서로도 선정했다. 무엇보다 미얀마나 동남아시아에 관심 있는 세계 각지의 기자나 연구자에게 '이런 미친 책은 처음 본다!'라며 놀라움을 샀다.

얼마 전(2022년 1월) 오랜만에 태국 치앙마이에 가서 현지에 거주하는 호주 사람인 베테랑 미얀마 분석가를 만났더니, 영어판 책을 가져와서 나보고 사인해 달라고 했다. 이 책은 여전히 '전설의 책'으로 알려져 있는 듯하다.

일본에서도 서서히 평가받게 되어 현재는 나의 대표작 중 하나가 되었다. 내 분수에 맞지 않는 '야망'은 그럭저럭 이뤘다고 말할 수 있을지도 모른다.

어학 쪽은 어떻게 되었을까.

이 책에 기록한 일은 내가 19세부터 29세까지 약 10년간이고 연대로는 1985년부터 1996년까지의 이야기다. 그 후에도 쭉 '마법의 검'에 의지해 살아왔다. 수많은 언어를 배웠다. 그러나 대부분은 이제 망각의 저편으로 사라졌다. 내 뇌가 처리할 수 있는 용량은 정해져 있는 듯 마치 찰랑찰랑 물을 채운 컵처럼 새로운 언어를 넣으면 이전에 담겼던 언어가 밖으로 넘쳐흘러 버린다. 배운 언어 수가 늘수록 각 언어의 능력은 떨어지는 아쉬운 구조가 됐다. 마치 마법의 검으로 두더지 잡기를 하는 기분이 들 때도 있다.

기본적으로 언어 학습 스타일은 20대 때와 변함없다.

· 누구라도 좋으니 원어민에게 배우기.

· 사용하는 표현부터 외우기(목적에 특화된 학습).

· 실제 현지에서 써보며 반응 보기(현지에 있을 때 즉흥적으로 배우는 경우도 많음).

· 목적을 달성하면 학습을 끝내고 빨리 잊기(매우 안타깝지만 말이다).

한편 지난 20여 년 동안 크게 달라진 부분도 있다.

우선 나 자신이 나이가 들면서 기억력이 현저히 떨어졌다. 30대에 들어서면서부터 벌써 기억의 정착률이 뚝 떨어졌다. 지금 현재 낮은 수준이나마 어떻든 말이라도 할 수 있는 언어는 영어, 프랑스어, 스페인어, 중국어, 태국어, 버마어(재활 훈련을 한다면), 소말리어 정도인데, 소말리어를 제외하면 모두 20대에 배운 언어다. 30대 이후에는 뚜렷하게 자리 잡은 언어가 거의 없다. 어학에 그다지 열심이지 않았던 탓도 있을 것이다.

40대 중반을 넘어서자 언덕을 굴러 떨어지듯이 기억력이 쇠퇴했다. 아무리 배워도 금세 잊어버린다. 버마어 속담으로 말하면 '구멍 난 자루에 개구리를 주워 담는 것'과 같다. 줄줄 새는 상태를 가리킨다. 자루(뇌)에 넣자마자 개구리(단어, 동사 활용 등)는 펄쩍 튀어나온다.

물론 이런저런 방법으로 애쓰고 있다. 하지만 자주 사용하는 단어를 정리한다든지 규칙성을 찾아 리스트를 만든다든지 하는 젊었을 때 개발한 '편하게 외우는 방법'도 그다지 도움이 되지 않는다. 생각해 보면 이웃 사람 이름이나 새로 알게 된 편집자 이름조차 좀처럼 기억하지 못하는데 새로운 외국어 단어와 활용형을 잘 외울 리 없다.

그래서 최근에는 학습법을 바꿨다. 원어민에게 예문을 녹음해 달라 부탁하고 매일 반복해 듣기까지는 예전과 같지만 억지로 외우지 않기로 했다. 단어장도 안 만들고 스스로 테스트도 하지 않는다.

오히려 현지에 가서 다시 익히는 방식으로 한다. 현지 사람들에게 '배고프면 뭐라고 말해?' 같은 초급 표현부터 막 물어본다. 대답을 들으면 '아, 배운 적 있네' 싶은 것도 있고 '어, 그런 식으로 말했나?' 싶은 것도 있지만 신경 쓰지 않고 메모해서 써본다. 이미 연습한 표현이라서 비교적 빠르게 머리에 들어오고 적어도 체류 중에는 기억할 수 있다. 가끔은 현지 사람들의 대화를 듣다 보면 깊은 늪 바닥에서 환상의 물고기가 떠오르듯 잊은 줄 알았던 예문이 둥둥 떠오를 때도 있다.

옛날에 자주 불렀던 노래는 의외로 기억이 난다. 자전거 타는 법이나 크롤 영법, 기타 연주 같은 것도 뇌는 잊었어도 몸이 기억하는 경우가 있다. 이와 마찬가지로 언어도 뇌와 몸을 함께 작동시키면 훨씬 기억하기 쉬운 듯하다.

나는 원래 여행 중에 현지어를 즉흥적으로 처음부터 익히는 경우도 드물지 않다. 그래서 이제는 일본에서의 학습을 '예습'이라 여기고 현지에서 바로 쓸 수 있으면 행운, 그렇지 않으면 현장에서 다시 익히면 된다는 마음가짐으로 임한다.

또 하나의 큰 변화는 IT의 등장이다. 2000년대에 인터넷, 2010년대에 스마트폰이 보급되면서 어학 환경은 격변했다.

앞서 말했듯이 내 녹음 반복 학습도 카세트테이프에서 스마트폰으로 바뀌었다. SNS로 해외의 친구나 지인과 채팅하는 것이 일상이 되었다. 그전에는 컴퓨터로 태국어나 아랍어 같은 알파벳 외 문자를 입력할 수 없었다. 키보드 배열을 외우지 못했기 때문이다. 하지만 스마트폰에서는 터치패널이므로 50대의 녹아내린 뇌로도 쉽게 입력할 수 있다.

채팅은 좋다. 전화와 달리 생각할 시간이 있다. 모르는 단어나 표현이 나오면 사전 대신 구글 번역에 묻는다. 구글 번역은 2010년대 중반까지는 오류투성이였는데 최근 몇 년 사이 눈에 띄게 정확도가 올라갔다.

원어민 친구들이 인터넷 뉴스나 사진, 동영상을 직접 보내오기도 한다. 예전에는 그런 친구들의 이야기를 한 다리나 여러 다리 건너서 듣는 수준이었는데 이제는 원본 정보에 바로 접근할 수 있다.

온라인 수업도 보편화되었다. 최근 다시 샨어를 배웠는데, 샨어를 읽고 쓸 수 있는 사람은 좀처럼 찾기 힘들다. 그래서 미얀마 양곤에 사는 샨족 선생님에게 줌 레슨을 부탁했다. 인터넷만 연결되면 선생님이 세계 어디에 있어도 상관없다.

그 후 여러 사정으로 샨어를 중단하고 대신 버마어를 이번에는 오프라인으로 다시 배우기 시작했다. 도중에 나는 코로나에 감염되어 도쿄 시내 호텔에서 격리 요양을 하게 됐다. 가족이나 누구와도 만나지 못하는 상황에서도 인터넷은 정상적으로 쓸 수 있어 온라인으로 버마어 수업을 계속했다. 선생님과 그 친구들인 미얀마 사람들이 화면 너머로 "어디서 감염됐어요?"라고 물으면, "저도 몰라요. 코로나 바이러스에게 물어보세요"라고 대답해 웃음을 자아내기도 했다.

정말 대단한 시대가 되었다.

자, 여기까지 쓰다 보면 독자 여러분은 중요한 의문을 느낄지도 모른다. 적어도 나는 느낀다.

"기계 번역이나 통역이 이렇게까지 진화한 지금, 과연 어학을 하는 의미가 있을까?"

어차피 채팅도 처음부터 구글 번역이나 더 뛰어난 번역 어플로 통째 번역해 버리면 그만이다. 트위터나 페이스북 혹은 인터넷 뉴스도 마찬가지로 버마어든 아랍어든 소말리어든 번역할 수 있다. 100퍼센트 정확하다고는 할 수 없지만 대강의 뜻은 충분히 파악된다.

회화도 마찬가지다. 통역 기계나 어플이 발달하여 이제는 여행이나 비즈니스 현장에서도 충분히 사용할 수 있는 단계에 들어섰다. 앞으로는 더 빠르게 언어 장벽이 사라져 갈 것이 틀림없다.

나는 이런 상황을 반쯤은 환영하고 반쯤은 두려워한다. 환영하는 까닭은 내가 예전부터 용납할 수 없다고 생각해 온 '영어 및 유럽 언어의 부당한 특권'을 줄여줄 것이기 때문이다. 영어와 일본어가 모두 자동 변환된다면 우리 같은 변방 언어 사용자의 핸디캡은 상당히 줄어들 것이다.

두려운 것은 내가 지금까지 해 왔던 '서투른 언어로도 목적을 달성하는' 마법의 검이 의미를 잃을지도 모른다는 점이다. 더 이상 수수께끼 같은 괴수나 괴어怪魚를 찾으려고 현지어를 배울 필요는 없어질 것이다. 나의 몇 안 되는 강점은 풍전등화와 같다.

그럼에도 나는 어학의 필요성이 완전히 사라지지는 않을

것이라고 생각한다. IT 시대에 어학의 의미를 생각한다면 이 책에 쓴 내용이 중요하다. 나는 여러 번 말해 왔다. 언어에는 '정보를 전달하는 언어'와 '친해지는 언어'라는 두 종류가 있다고 말이다.

IT가 대신할 수 있는 것은 오로지 '정보를 전달하는 언어'뿐이다. 반면에 '친해지는 언어'는 애초에 정보 전달에는 필요가 없다. 프랑스어로 대화가 통한다면 굳이 링갈라어를 안 써도 될 것이다. 그러나 링갈라어로 말하면 '공감'을 얻을 수 있다. 친해질 수 있다.

그런 어학은 없어지지 않을 것이다. 예컨대 BTS를 필두로 한국 아이돌 그룹이나 케이팝이 젊은이들과 어린이들 사이에서 대인기를 끌며 한국어를 배우는 사람이 늘고 있다. 순간 '왜지?' 하고 생각한다. BTS의 노래 가사나 발언 등은 모두 번역되어 있을 텐데 새삼스럽게 한국어를 배울 필요가 있을까? 하지만 팬이 되면 번역으로는 모자라고 더 가까워지고 싶다는 마음이 생긴다. 나 스스로도 그런 입장에 놓였다고 생각하면 쉽게 납득이 된다.

번역이나 통역은 유리창을 사이에 두고 대화하는 것과 같다. 흥미를 품은 타인과 유리창을 사이에 두지 않고 몸소 닿고 싶다는 마음은 인간의 본능에 뿌리를 두고 있을지도 모른다. 우리가 서로의 심장 박동을 들으려 하는 한 어학은 살아남으리라고 나는 확신한다.

낙관적으로 생각하면 내 방식의 외국어 학습법은 오히려 지금 시대에 잘 맞을지도 모른다. 최근에 내 어학 방법을 '브리콜라주 학습법'이라고 이름 붙여보았다. 브리콜라주란 문화인류학자 클로드 레비스트로스가 제창한 개념으로 '주변에 있는 도구나 재료를 사용해 스스로 무언가를 만드는 것' 혹은 '임시변통의 일'을 뜻한다. 대립 개념은 엔지니어링이다. 설계도에 따라 전문가가 정해진 재료와 도구를 사용하고 정해진 절차를 밟아 완성하는 일이다.

브리콜라주 방식은 전근대 사회에서 자주 볼 수 있다. 이를테면 콩고의 마을 사람들은 종종 제대로 된 창을 만들지 않고 창날만 들고 다녔다. 필요할 때 근처에 자라는 야자수 가지를 잘라 자루로 쓴다. 자루가 부러지면 또 근처에서 새로운 가지를 찾아 쓴다.

또 이라크 습지대에 사는 배 만드는 목수는 설계도도 없이 널빤지 길이도 제대로 재지 않고 냅다 배를 만들기 시작한다. 만들면서 대충 널빤지 길이를 맞춰간다.

예전에는 브리콜라주 방식이 선진국 사람들에게 '원시적인 방법'이나 '대충 하는 일'로 여겨졌지만 장점도 있다. 예를 들어 엔지니어링은 전문가가 없으면 할 수 없고 적절한 도구와 재료가 필요할 뿐 아니라 완성까지 오랜 시간이 걸린다. 아무리 세계적인 건축가가 있은들 당장 비바람을 피할 집을 지을 수 없다면 오늘밤 묵을 곳이 없다. 하지만 미얀마 산악

민족이나 콩고의 수렵 채집 민족 같은 변방의 사람들은 대나무나 나뭇잎을 엮어 30분 정도 만에 꽤 괜찮은 오두막을 만들어낸다. 지금 필요한 것을 해결할 수 있으면 된다.

어학도 마찬가지 아닐까 생각해 봤다. 기존 학교 교육은 엔지니어링식 언어 교육이다. 기초부터 시작해 초급, 중급, 고급으로 체계적으로 나아가 최종적으로는 완성에 이른다고 여겨진다. 마치 초고층 빌딩이나 오사카성을 건설하는 듯한 웅장한 어학이라 완성까지 상당한 시간과 노력이 소요된다.

반면 나의 어학은 변방 민족의 오두막 같다. 그때그때 도움이 되면 좋고 내일부터 더는 안 쓸 수도 있다. 일주일이 지나면 썩어 없어질지도 모른다. 그런 어학을 해도 좋지 않을까.

혹은 브리콜라주와 엔지니어링을 조합하는 것도 때로는 효과적일 것이다. 브리콜라주는 주변의 것을 좋은 쪽으로 골라 쓰므로 전통적 어학과 부분적인 결합 자체도 넓은 의미의 브리콜라주라 할 수 있다. 개인의 목적, 학습 기간, 나이에 따라 유연하게 조정할 수 있는 것도 브리콜라주의 강점이다. 오히려 시대 변화에 강할 수도 있다고 본다. 어학 본연의 자세와 브리콜라주 학습법에 대해서는 아직 착상 단계다. 앞으로 더 깊이 고찰하고 싶다.

마지막으로 30여 년 동안 세계 각지에서 25개 이상의 언어를 배우고 실제로 사용해 본 소감을 한마디 남기고 싶다. 자주 받는 질문인데 지금까지 제대로 답한 적이 없다.

재미있게도 초기에 나는 왜 언어들은 이다지도 다른 걸까 생각했다. 이를테면 태국어, 프랑스어, 일본어는 모두 인간이 말하는 언어임에도 차이가 너무 크다. 태국어 동사는 변화하지 않는다. '가다'는 어제도 내일도 '가라'도 '가는 것'도 모두 '빠이'다. 그 대신 성조가 다섯 개라서 태국인은 하루 종일 작은 새처럼 지저귀는 것 같다. 입문자에게는 그렇게 느껴진다. 프랑스어는 주어의 인칭에 따라 매번 동사 형태가 변한다. 어제인지 내일인지에 따라 동사 활용도 달라진다. '왜 그렇게까지 변해야 해!?' 하고 화가 날 정도다. 일본어는 중국어에서 유래한 한자와 일본어 단어를 문자까지 섞는 말도 안 되는 기교를 만들어내어 외국인 학습자를 절망시킨다.

그런데 배운 언어 수가 늘어갈수록 인상이 달라졌다. 오히려 '인간의 언어는 모두 어쩜 이렇게 닮아 있을까' 하고 느끼게 되었다. 많은 언어에서 공통되는 예를 떠오르는 대로 들자면 다음과 같다.

- '~해주세요'보다 '~해주시겠습니까?' 같은 표현이 더 정중하다.
- '당신'이라는 2인칭을 직접 사용하는 것이 실례로 느껴져 이름을 부르거나 '형', '언니' 같은 식으로 여러 완곡한 방법을 쓴다.
- 명사를 분류하는 경향이 있다. 중국어, 일본어, 태국어

처럼 '~개', '~장' 같은 분류사를 쓰거나, 프랑스어, 스페인어처럼 남성형/여성형으로 나누거나, 반투어처럼 10여 가지 이상의 종류class로 나누기도 한다.

- 소리가 비슷한 단어가 있으면 강세나 음의 높낮이로 구별한다.
- '가다'나 '하다'처럼 사용 빈도가 높은 동사는 불규칙 변화하기 쉽다.

거꾸로 말하면 딴 언어들과 극단적으로 다른 언어도 없다. 발음으로 따지면 음악의 화음처럼 두 개의 소리를 동시에 내는 단어를 가진 언어라든가 돌고래처럼 초음파를 발산해서 소통하는 언어 같은 것은 들어본 적이 없다. 인간의 신체 구조를 넘어서는 발음은 할 수 없다.

이상할 정도로 기묘한 문법을 가진 언어도 보이지 않는다. 예를 들어 목적어 안에 동사가 파고들어 '밥 먹는다'가 '바 먹는다 ㅂ'처럼 되는 언어는 본 적이 없다. 아마 인간의 뇌가 처리할 수 없겠고, 컴퓨터를 사용해도 처리가 어려울지 모른다. 설령 처리가 된다고 쳐도 비합리적일 것이다. 각 언어가 발전시킨 시스템의 완성도에도 감탄하게 된다.

앞에서도 말했듯이 각각의 언어는 언뜻 보면 놀라울 만큼 다르다. 태국어나 와어는 동사에 시제가 없다. 과거형도 미래형도 없다. 그렇다고 해서 과거나 미래를 표현할 수 없느냐

하면 전혀 그렇지 않다. 영어처럼 다양한 시제를 구사하는 언어처럼 표현을 할 수 있다.

영어의 명사는 정관사 the, 부정관사 a/an이 붙고 단수와 복수도 구분한다. 반면 일본어 명사는 관사가 없다. 그렇다고 해서 일본어가 불편하냐 하면 그렇지 않다. 다른 문법 기능이나 문맥을 통해 충분히 표현할 수 있다. 예를 들어 '이 근처에 가게 같은 거 없을까?'라고 말하면 불특정한 가게를 뜻하고 '잠깐 가게에 와봐'라고 말하면 특정한 가게를 가리킨다.

대체로 어떤 언어든 표현을 못 할 일은 없다. 보미타바어든 와어든 어떤 주제를 두고도 이야기할 수 있다. 보미타바어로 상대성 이론을 논의하기도 원리상 가능하다. 만약 표현할 수 없는 이야기가 있다면 개념 자체가 없을 경우다. 개념이 없으면 단어나 표현도 존재하지 않는다. 예컨대 메이지 초기에는 일본어에 서양 문명과 거기서 나오는 사물의 개념이 없었기에 어휘도 없었다. 그래서 '회사'나 '권리' 같은 용어를 만들어내고 '맥주(ビール비루)'나 '셔츠' 같은 외래어를 도입했다. 그러자 예사롭게 대화를 할 수 있게 되었다.

아름다운 언어나 아름답지 않은 언어도 없다. 프랑스어가 세계에서 가장 아름답다거나 중국어는 소리가 지저분하다고 말하는 이가 있지만 편견에 불과하다.

어떤 언어든 다 아름답다. 십여 년간 나는 항상 개인 교습으로 원어민 선생에게 예문을 배우고 그것을 녹음하여 나중에 반복 연습을 해왔다. 무슨 언어든 선생님이 예문을 읽어 줄 때 녹음하면 그 아름다움에 넋을 잃고 귀를 기울이게 된다. 나를 가르치는 사람들은 모두 아마추어 교사일 뿐 아나운서도 아니고 낭독 훈련을 받지도 않았다. 목소리가 특별히 좋다거나 하는 것도 아니다. 예문의 내용과도 무관하다. 누구든 어떻게 읽든 원어민이 말하는 언어는 모두 아름답다.

일류 피겨스케이터의 연기로 비유해 보자. 스케이터가 링크를 한껏 활용하듯이 원어민도 입과 목을 넓고 균형 있게 사용한다. 결코 어색하지 않고 매끄럽게 입술과 혀와 목이 연동된다. 불필요한 동작을 피하고 다음 소리로 자연스럽게 넘어가므로 소리가 겹칠 때도 있고 반대로 소리가 사라질 때도 있다. 스케이트 점프처럼 약간 어려운 연속음은 자연스럽게 입안에서 준비가 이루어지고 끝날 때도 사뿐히 착지한다. 각각의 언어는 고유한 리듬과 템포가 있으며 강약과 억양이 완만하게 반복된다. 무엇보다 그 모든 것에 의미가 담겨 있고 세부에 의도가 숨겨져 있다. 언어의 아름다움은 완성된 체계가 지닌 조화의 아름다움이다.

어떤 언어든 원리적으로 표현할 수 없는 것은 없다. 모든 언어가 비슷한 성질을 공유한다. 모든 언어가 아름답다.

그래서 나는 절실히 느낀다. '사람은 다 똑같구나.' 인간은 평등해야 한다거나 인권이라는 관점에서 말하는 것이 아니다. 어학을 통해서 보면 이런 결론밖에 나올 수 없다.

다소 거창한 결론을 내린 것도 같지만 위에 쓴 말은 모두 진심이다. 그러나 내가 어떤 언어에도 똑같이 흥미를 느끼는 것은 그런 이유 때문만은 아니다. 길모퉁이나 전철 안에서 어느 나라 사람인지 어떤 민족인지 알 수 없는 이들이 친구끼리 혹은 부모와 자식끼리 즐겁게 대화하는 모습을 보면 '함께 그 말을 하고 싶다!'라는 생각이 절로 든다. '반드시 할 수 있을 거야'라는 확신도 있다.

그래서 또 새로운 언어에 손을 대고 전에 배운 말을 잊어버린다.

어학 천재까지 1억 광년.

하지만 어학의 빛은 언제까지나 밝게 빛날 것이다.

감사의 말

이 책은 슈에이샤 인터내셔널의 《노트》에 연재했던 〈언어 천재까지 1억 광년〉을 대폭 윤문하고 수정하여 엮은 것이다. 지금까지 서른 권쯤 책을 써왔는데 이번만큼 어려운 적은 없었다. 상정하는 독자의 폭이 너무 넓었기 때문이다. 아마 이 책의 독자 중에는 어학이나 언어를 좋아해 열심히 공부하고 있거나, 어떤 형태로든 언어나 어학 관련 일을 하는 분도 있을 것이다. 그런 독자들은 언어나 어학에 대해 근거 있는 깊은 이야기를 읽고 싶을 것이다.

한편 학교에서 영어를 배운 정도지만 어학에 흥미가 있다든가 어학은 잘 모르지만 외국의 낯선 세계 이야기를 읽고 싶은 분도 있을 것이다. 예전부터 내 책을 좋아해 주제에 관계 없이 읽어주는 고마운 분도 있으리라 생각한다. 이런 독자를 위해서는 가능한 한 전문적인 설명이나 용어를 줄이는 편이 좋다.

양쪽 독자가 모두 흥미롭게 읽을 수 있도록 쓰기란 대단히 어려운 일이다. 자칫하면 양쪽 모두 '시시하다'고 느낄 가능성도 있다. 《노트》에 연재하는 동안에도 '제 무덤 파는 건 아닐까……' 하고 몇 번이나 생각했다. 이리저리 고민했는데 결국 두 가지를 내 마음속에 새겼다.

첫 번째, 언어나 어학 측면에서 틀린 내용을 쓰지 않을 것.
두 번째, 이야기로서 재미있고 알기 쉽게 쓸 것.
이 두 가지다.

이 둘을 달성하고자 많은 분에게 신세를 졌다. 첫 번째로 언어와 어학에 관해서다. 〈일러두기〉에도 썼듯이 짓센여자대학의 야마우치 히로유키 교수와 세이신여자대학의 이와타 가즈나리 교수에게 원고 전체를 보여주고 언어학 일반과 일본어에 대해 의견을 들었다. 마찬가지로 오차노미즈여자대학의 하시모토 요스케 조교수에게는 중국과 중국어에 관한 부분(도표 포함)의 검토 및 여러 조언을 받았다.

오사카대학의 고모리 준코 교수는 반투어 전반, 가지 시게키 교토대학 명예교수/교토산업대학 교수는 자이르(현 콩고민주공화국)의 언어와 링갈라어에 관해 가르쳐줬다.

코쿠시칸대학의 스즈키 히로유키 교수는 링갈라 음악과 '무샤시노'에 대해 이야기해 줬다. 시부야의 아프리카 요리점 로스 바르바도스의 오너 다이스케 씨도 링갈라어와 링갈라 음악에 대해 알려줬다.

전 도야마대학 교수 다케우치 기요시 선생은 콩고의 수렵채집민을 연구하는 프랑스인 연구자의 언어 사용 실태를 알려줬다.

교토외국어대학의 오카모토 노부테루 교수는 스페인어에 대해 가르쳐줬다.

처형이기도 한 호주국립대학교 강사 다카하시 유리 씨는 미얀마의 인사 관습을 알려줬다.

한편 두 번째 요소인 재밌는 이야기를 담고 쉽게 읽히는 글이 되도록 슈에이샤 인터내셔널의 담당 편집자인 가와이 요시미 씨가 전체 내용부터 문장의 한 글자 한 글자까지 세심하게 검토해 주었다. 가와이 씨는 보기 드문 칭찬의 달인이며 때때로 좌절할 뻔했던 나를 한결같이 격려해 주었다. 가와이 씨 없이는 이 책이 완성되지 못했을 것이다.

다만 가와이 씨가 영어뿐 아니라 프랑스어, 아랍어, 스와힐리어(우연히도 오사카대학의 고모리 교수와 동급생)까지 배웠다는 꽤 본격적인 어학 체험자였던 탓에 오히려 불안해져, 언어나 어학에는 특별히 관심이 없던 같은 회사의 고바야시 에리코 씨에게도 원고를 읽어달라고 해서 내용이 재미있는지 설명이 알기 쉬운지 검토를 받았다.

여러분 정말 고맙습니다.
마지막으로 그동안 내게 언어를 가르쳐준 모든 '선생님'께 진심으로 감사를 드립니다.

옮긴이의 말

다카노 히데유키라는 작가를 처음 알게 됐을 때는 나와 꽤 다른 사람인 것 같았다. 그런데 번역하면서 이런저런 면에서 동질감을 느꼈다. 언어 공부를 좋아한다는 것은 같더라도 태도나 관점은 얼마든지 다를 수 있는데 나도 동감하는 바가 많기에 그런 점에서 특별히 반박하거나 따로 보탤 말은 없는 듯싶다. 물론 우리 둘은 사는 방식이 서로 꽤 다르다. 저자는 세계 방방곡곡을 몸소 탐험하려고 언어도 배운다면 나는 언어를 탐험하며 세계를 만난다. 둘 다 저만의 인생길을 걷고 있지만 삶을 바라보는 마음가짐은 닮았다고나 할까.

바야흐로 어학 천재의 시대다. 세계화와 더불어 여행과

이주가 늘고 그간 접근이 어렵던 온갖 자료를 인터넷으로 접하며 실시간으로 온 세상이 소통할 수 있게 되면서 어학에 관심 많은 사람들도 황금기를 맞았다. 여기에다가 유튜브를 비롯한 각종 소셜미디어 플랫폼에서 어학을 잘하거나 좋아하는 이들이 모이기도 하고 각자 솜씨도 뽐내면서 알려진 사람도 많다. 저자 다카노 히데유키는 그런 시대가 오기 전부터 언어들을 익히고 온 세상을 누비며 이야기보따리를 풀어낸다.

사실 누군가를 천재라고 부르는 것은 대개 일종의 과장된 찬사다. 굳이 천재의 학술적 정의를 따지기보다는 그런 호감의 표시를 좋게 받아들이면 그만이겠지만, 특별히 자만심이 높지 않은 한 막상 그런 말을 듣는 사람은 대개 손사래를 칠 텐데 저자도 그렇다. 역자인 나한테도 어쩌다 보니 언어 천재니 언어 괴물이니 하는 쑥스러운 수식어도 붙긴 했으나 저자가 어학 천재까지 1억 광년이라면 나는 한 10억 광년쯤 되려나. 다카노 히데유키는 어학 천재까지는 아니라고 겸손하게 말하지만, 그렇다 쳐도 인생 여행 천재는 충분히 될 것 같다. 그럼 나도 어학을 즐기는 데는 천재라고 나름대로 갖다 붙여도 되지 않을까 싶다. 스스로 즐기는 것이니 어떤 특별한 규칙이나 기준은 없고 재미도 주관적이다. 나한테 재밌는 게 우선이다. 식도락가가 있듯이 나는 어도락가語道樂家라서 말맛을 두루두루 맛보고 싶다.

책에서는 아시아와 아프리카 오지의 여러 언어부터 프랑

스어나 스페인어처럼 유럽의 주요 언어인 로망스어군까지 넓게 다룬다. 나는 유럽 언어는 능동적으로 배워서 알지만 오지의 언어는 이름만 들어본 것도 많아서 책을 번역하기 전에 살짝 긴장도 했다. 책에서 언급하는 언어들을 번역자가 몰라도 큰 상관은 없을지 모르나, 제대로 모른 채 번역하기란 아무래도 영 찜찜하다. 그런데 잘 모르는 언어일지라도 마치 퍼즐처럼 풀어보는 게 내 취미이기도 하다.

책에서는 아무런 해설 없이 낯선 언어의 텍스트가 나오지는 않고 저자가 다 설명을 덧붙이니 그런 외국어가 번역에서 큰 곤란을 일으키지는 않았다. 그럼에도 내 스스로 확인을 해야 직성이 풀리다 보니 동원할 수 있는 온갖 자료와 사전을 참고해서, 원문에는 없는 원어도 찾아서 병기하기도 했다. 게다가 일본어의 표기만 보고 발음과 한글 표기를 단정하기 어려울 때도 있기에 당연히 찾아봐야 했는데 오히려 그것이 신나는 여정이었다.

거의 모르던 이탈리아어 번역을 아르바이트로 맡았더니 하필 생소한 의학 분야 논문이라서 고생한 이야기에서는 공감의 웃음이 나왔다. 나도 대학교 4학년 때 처음 번역에 발을 들였을 때 받은 게 독일어 의료 장비 사용 설명서였다. 지금 돌이켜보면 막상 그렇게 어려울 일도 아니었지만 당시에는 잘하지 못할 것 같으니 안 하는 게 낫겠다 싶어서 건드리지도 않고 관뒀다. 맨 처음에야 그랬고 그다음부터는 기술 번역이든 출판 번역이든 할 만한 작업이라면 맡아서 여태까지 번역가로서 일하고 있다.

보통의 언어학 책에서 자주 못 보던 정보를 얻을 수 있었던 것도 색다른 재미였다. 예컨대 콩고공화국과 콩고민주공화국(구 자이르)의 링갈라어가 조금 다르다는 것인데 물론 나라가 다르니 언어도 조금씩 다른 거야 상식적으로도 마땅하겠지만 내가 잘 모르는 언어라서 구체적으로 생각해 본 적은 없었다. 콩고민주공화국에서는 영어 be에 해당하는 동사로 'kozala'를 쓰는데 대개의 링갈라어 사전은 그게 표제어다. 하지만 더 작은 나라인 콩고공화국에서는 'koyala'를 쓴다는데 내가 가진 링갈라어-프랑스어 사전에는 안 나온다. 그래서 검색하다가 틱톡에서 링갈라어-네덜란드어 사전 얘기를 하는 영상과 archive.org에서 링갈라어-영어 사전을 찾아내서 그 차이를 확인했다. 저자를 못 믿어서가 아니고 스스로 재차 검증을 하고 싶었던 것이다. 실제 현장을 찾아간 저자를 마치 뒤따르듯 나도 그곳을 둘러보는 동시에 알차게 언어 여행까지 했다.

어학 에세이도 종류가 다양하다. 여러 언어를 연구하는 언어학자가 쓰면 학술서 느낌도 크고, 통역사나 번역가가 쓰면 언어 전문가의 냄새가 물씬 풍기고, 어떤 언어를 사랑하게 된 사람이 쓰면 낭만이 넘친다. 여러 언어를 잘 익힌 사람의 방법론도 도움이 된다. 그런 면에서 이 책은 꽤 독특하다.

앞서 말한 유형 중 어느 하나에도 들지 않지만 각각의 장점도 적당히 포괄한다. 큰 틀은 여행기 같은데 언어 공부 얘기가 잘 녹아들었고, 게다가 웬만한 사람들은 생전 들어보지도 못한 언어들도 다룬다. 다카노 히데유키는 언어학자가 아님에도 관련 지식을 꼼꼼히 확인해서 풀어내려는 태도가 또한 돋보인다. 덕분에 나도 새로이 알게 된 내용이 적지 않았다.

기계 번역의 꾸준한 발전으로 외국어 학습 회의론이 슬슬 대두되더니 마침내 어학이나 (인간) 번역 무용론이 여기저기서 나오는 AI 시대가 느닷없이 다가왔다. 언뜻 보면 그럴 것도 같다. 이른바 언어 천재들보다 더 천재 같은 AI 챗봇이 여기저기서 활약한다. 천재天才는 하늘이 내린 사람이니, 인간이 만든 인공지능이 인재人材의 자리를 차지할까?

이 책의 원제는 '어학 천재까지 1억 광년'이다. 성격은 좀 다르지만 《언어의 우주에서 유쾌하게 항해하는 법》이라는 내 저서와도 공교롭게 우주라는 은유를 공유한다. 언어의 우주를 만나는 방법은 우주만큼 무궁무진하다. 나와 다른 언어를 쓰는 누군가와 대화를 나눌 수 있게 되면서 그동안 못 봤던 그의 우주를 탐험할 수도 있고, 어떤 낱말이 지나온 역사를 살피며 그 안에 얽힌 세상의 날줄과 씨줄을 들춰낼 수도 있다. 유튜브에 나보다 외국어 잘하는 사람이 수두룩하다고 지레 주저앉을 것도 없다. 인공지능이 겉보기에 매끈하게 말을 잘하고 글을 잘 쓴다고 해서, 비록 성길지라도 속 깊은 우리의 말과 글을 냅다 집어던질 일도 아니다. 우주에는 앞뒤도 위아래도 없다. 저마다 갈 길을 정하고 나아가면 그만이다. 그러다 마주치면 서로의 이야기를 주고받으면 된다.

운동이나 음악, 미술처럼 어학도 실력을 쌓아 간다는 점에서는 비슷하나 그럼에도 어학은 개인에 따라 목표나 지향, 방법이 달라도 즐길 만한 요소가 많기에 인생길에서 좋은 길동무 노릇을 할 수 있다. 이 책은 우리가 인생이라는 나그넷길을 나아가는 데 또 하나의 작은 길잡이가 될 것이다.

참고 문헌

・梶茂樹＋砂野幸稔編著《アフリカのことばと社会 多言語状況を生きるということ》(三元社、2009)

・ヒーター・フォーバス著《コンゴ河 その発見、探検、開発の物語 (田中昌太郎訳、草思社、1979)

・日本アフリカ学会編《アフリカ学事典》(昭和堂、2014)

・エマニュエル・ドンガラ著《世界が生まれた朝に》(高野秀行訳、小学館、1996・絶版)

・ジョゼフ・コンラッド著《闇の奥》(岩波書店ほか)

・伊谷純一郎他監修《アフリカを知る事典》(平凡社、1989)

・黒田龍之助著《はじめての言語学》(講談社現代新書、2004)

・斎藤純男・田口善久・西村義樹編《明解言語学辞典》(三省堂、2015)

・互盛央著《言語起源論の系譜》(講談社、2014)

・吉田和彦著《言葉を復元する 比較言語学の世界》(三省堂、1996)

・岡本信照著《スペイン語の世界》(慶應義塾大学出版会、2018)

・ガブリエル・ガルシア＝マルケス著《百年の孤独》(鼓直訳、新潮社、1999)

・イサベル・アジェンデ著《エバ・ルーナ》(木村榮一・新谷美紀子訳、国書刊行会、1994)

・西江雅之著《ピジン・クレオル諸語の世界 ことばとことばが出会うとき》(白水社、2020)

・《小学館の図鑑NEO 動物》(小学館、2002)

・町田和彦編著《華麗なるインド系文字》(白水社、2001)

・橋本萬太郎著《言語類型地理論》(弘文堂、1988)

・新谷忠彦編《黄金の四角地帯 シャン文化圏の歴史・言語・民族》〈アジア文化叢書 東京外国語大学アジアアフリカ言語文化研究所歴史・民俗叢書II〉(慶友社、1998)

・亀井孝・河野六郎・千野栄一編著《言語学大辞典》全6巻 (三省堂、1988－1996)

・冨田竹二郎編《クイ日大辞典》(めこん、1997)

・土井忠生・森田武《新訂国語史要説》(修文館出版、1975)

・金水敏著《コレモ日本語アルカ？ 異人のことばが生まれるとき》(岩波書店、2014)

・大貫良夫他監修《ラテン・アメリカを知る事典》(平凡社、1987)

・S.R.ラムゼイ著《中国の諸言語 歴史と現況》(高田時雄・阿辻哲次訳、大修館書店、1990)

・Emmanuel Dongala, "Le Feu des Origines" (Albin Michel, 1987)

・Ethnologue, Languages of Africa and Europe, Twenty-Second Edition (SIL International, 2019)

・Ethnologue, Languages of Asia, Twenty-Second Edition (SIL International, 2019)

- The World Atlas of Language Structures (Oxford University Press)
- 다카노 히데유키 지음

  《와세다 1.5평 청춘기》(책이좋은사람, 2007)

  《환상의 괴수 무뱀베를 찾아라》(미래인, 2008)

  《별난 친구들의 도쿄 표류기》(미래인, 2008)

  《巨流アマゾンを遡れ》(集英社文庫、2003)

  《怪しいシンドバッド》(集英社文庫、2004)

  《アヘン王国潜入記》 (集英社文庫、2007)

  《世界のシワに夢を見ろ!》(小学館文庫、2009・現在は電子版のみ)

  《間違う力》(角川新書、2018)

  《辺境メシだから食べてみた》(文春文庫、2020)

논문

- 杉本豊久〈明治維新の日英言語接触 — 横浜の英語系ピジン日本語(1)〉《Seijo English Monographs》No.42, 2010.02

- 原誠〈中国雲南省のプロテスタント・キリスト教についての一考察〉《基督教研究》67-1, 2005.11.05

사진

- 伊豆倉守一   본문 p.69, p.89
- 鈴木邦弘   본문 p.215
- 三浦憲治   본문 p.245, p.267

옮긴이 신견식

한국외국어대학교 스페인어과를 졸업하고 서울대 언어학과 석사과정을 수료했다. 기술번역에서 출판번역까지 다양한 부문의 번역 일을 한다. 여러 언어의 말맛을 즐기는 어도락가(語道樂家)이며, 다수의 미디어 업체와 출판사의 언어 자문 및 감수를 맡고 글도 쓴다. 비교언어학, 언어문화 접촉, 전문용어 연구 등 언어와 관련된 다방면의 분야에서 활동 중이다. 《불안한 남자》《블랙 오로라》《박사는 고양이 기분을 몰라》《미친 듯 푸른 하늘을 보았다》《언어 공부》《파리대》 등을 옮겼고 《콩글리시 찬가》《언어의 우주에서 유쾌하게 항해하는 법》 등을 썼다.

언어로 지구 정복

초판 1쇄 인쇄 2025년 6월 11일
초판 1쇄 발행 2025년 6월 25일

지은이 다카노 히데유키
옮긴이 신견식
펴낸이 김선식

부사장 김은영
콘텐츠사업2본부장 박현미
책임편집 최현지 **디자인** 마가림 **책임마케터** 오서영
콘텐츠사업5팀 마가림, 남궁은, 최현지, 여소연
마케팅1팀 박태준, 권오권, 오서영, 문서희
미디어홍보본부장 정명찬 **브랜드홍보팀** 오수미, 서가을, 김은지, 이소영, 박장미, 박주현
채널홍보팀 김민정, 정세림, 고나연, 변승주, 홍수정
영상홍보팀 이수인, 염아라, 김혜원, 이지연
편집관리팀 조세현, 김호주, 백설희 **저작권팀** 성민경, 이슬, 윤제희
재무관리팀 하미선, 임혜정, 이슬기, 김주영, 오지수
인사총무팀 강미숙, 이정환, 김혜진, 황종원
제작관리팀 이소현, 김소영, 김진경, 이지우, 황인우
물류관리팀 김형기, 김선진, 주정훈, 양문현, 채원석, 박재연, 이준희, 이민운

펴낸곳 다산북스 **출판등록** 2005년 12월 23일 제313-2005-00277호
주소 경기도 파주시 회동길 490 다산북스 파주사옥
전화 02-704-1724 **팩스** 02-703-2219 **이메일** dasanbooks@dasanbooks.com
홈페이지 www.dasan.group **블로그** blog.naver.com/dasan_books
용지 스마일몬스터 **인쇄** 민언프린텍(주) **코팅·후가공** 제이오엘엔피 **제본** 국일문화사

ISBN 979-11-306-7000-3(03190)

- 책값은 뒤표지에 있습니다.
- 파본은 구입하신 서점에서 교환해드립니다.
- 이 책은 저작권법에 의하여 보호를 받는 저작물이므로 무단 전재와 복제를 금합니다.

> 다산북스(DASANBOOKS)는 책에 관한 독자 여러분의 아이디어와 원고를 기쁜 마음으로 기다리고 있습니다. 출간을 원하는 분은 다산북스 홈페이지 '원고 투고' 항목에 출간 기획서와 원고 샘플 등을 보내주세요. 머뭇거리지 말고 문을 두드리세요.